Poetik der Mitte
Walter Kempowski im literatur-
und ideengeschichtlichen Kontext

Poetik der Mitte

Walter Kempowski im literatur- und ideengeschichtlichen Kontext

Herausgegeben
von Tom Kindt,
Marcel Lepper
und Kai Sina

Wallstein Verlag

Inhalt

Gabriele Radecke

Vorbemerkung

Es war eine kleine Sensation und das Ende eines langen Weges: Im Herbst 2005 wurde das Walter-Kempowski-Archiv nach zehn Jahren intensiver Verhandlungen in der Akademie der Künste eingerichtet. Kempowski hatte sich bewusst für Berlin und eine Institution entschieden, die 1993 infolge der Wiedervereinigung wieder zusammengeführt worden war. »Jetzt, da Berlin wieder Hauptstadt Deutschlands ist, gehört das Archiv in das Zentrum«, hatte der 76-jährige Autor auf der Pressekonferenz am 25. Oktober 2005 im Akademiegebäude am Pariser Platz verkündet. Kempowski hatte sein »Jahrhundert-Archiv« (Wolfgang Trautwein) zunächst für die eigene schriftstellerische Arbeit verwendet. Er legte Karteien und Verzeichnisse an, die später als Grundlage für die Aufnahme in der Archivdatenbank der Akademie dienten. Das Kempowski-Archiv, das fünfzig Jahre Schreiben und Sammeln dokumentiert, umfasst drei Teile, wie es der Autor schon 1981 in seinem Tagebuch festhielt: das persönliche Archiv seiner Manuskripte, Familienpapiere und Unterrichtsmaterialien, das Archiv der Alltagsfotografien mit über 300.000 Fotos aus deutschen Familienalben und das Archiv der unveröffentlichten Autobiografien.

Mit seiner beeindruckenden Sammlung biografischer Unterlagen von etwa 8000 Privatpersonen vom 18. bis zum 20. Jahrhundert ist das Bio-Archiv einmalig. Kempowski habe den Deutschen etwas geschenkt, was wohl kein anderes Volk besitze, sagte Bundespräsident Johannes Rau 2004 während seines Besuchs bei Kempowski in Haus Kreienhoop. Zu dieser Zeit hatte Kempowski in seiner Wohn- und Arbeitsstätte im niedersächsischen Nartum sein Bio-Archiv bereits für die Wissenschaft geöffnet. Es wurde von der Geschichts- und Literaturwissenschaft rege genutzt und zu einem »zentralen Ort des kollektiven Gedächtnisses« (Dirk Hempel). Es bietet einen Querschnitt von Erlebnis und Erinnerung inmitten des deutschen Alltagslebens.

Bis heute hat das Kempowski-Archiv mit seinen 3,5 Millionen Blatt nichts von seiner herausragenden Bedeutung eingebüßt. Inzwischen auf 615 laufende Meter angewachsen, bildet es den größten personenbezogenen Bestand des Archivs der Akademie der Künste. Wie kein anderes Schriftstellerarchiv dokumentiert es biografisches Erzählen und Erinnern gleichermaßen.

Für sein Lebenswerk wurde Kempowski wenige Monate vor seinem Tod im Frühsommer 2007 noch mit der umfassenden Ausstellung *Kempowskis Lebensläufe* in der Akademie der Künste geehrt. 1600 Exponate entwarfen über die Biografie des Autors und sein literarisches Lebenswerk hinaus ein umfassendes Panorama von 100 Jahren erlebter und dokumentierter, archivierter wie literarisch gestalteter deutscher Geschichte.

Anlässlich seines 90. Geburtstags fand am 12./13. September 2019 nun eine weitere Würdigung Kempowskis mitten in Berlin statt: die wissenschaftliche Tagung *Poetik der Mitte? Walter Kempowski im literatur- und ideengeschichtlichen Kontext*. Sie wurde gemeinsam vom damaligen Leiter des Literaturarchivs der Akademie der Künste, Marcel Lepper, und von Tom Kindt, Professor an der Universität Fribourg, und Kai Sina, Professor an der Universität Münster, veranstaltet. Die Durchführung der Tagung erfolgte in Kooperation mit der Niedersächsischen Landesvertretung beim Bund in Berlin, Karl-Friedrich Kempowski und der Nartumer Kempowski Stiftung. Vierzehn Literaturwissenschaftler:innen, darunter auch die für das Kempowski-Bio-Archiv verantwortliche Akademie-Mitarbeiterin Maren Horn, fragten nach den literarischen und ideengeschichtlichen Konstellationen des großen Prosaisten, der in seinen monumentalen Textcollagen stets die politische und ästhetische Mitte gesucht hat.

I. Einführendes

Tom Kindt • Marcel Lepper • Kai Sina

Niemals über den Menschen hinaus

Zur Einführung

Über den Schriftsteller, den Archivar, den Romancier Walter Kempowski gab und gibt es zwei verbreitete Missverständnisse, die einander genau entsprechen. Das eine besagt: Walter Kempowski sei lediglich ein in die Literatur verirrter Archivar, ein geradezu manischer Sammler, der sich mit seinen populären Werken der Katastrophengeschichte des 20. Jahrhunderts kleinkrämerisch und dadurch tendenziell verharmlosend annehme. Das andere lautet: Walter Kempowski sei ein weithin unterschätzter Autor in der Tradition des literarischen Modernismus, der auf den Schultern von Thomas Mann, Arno Schmidt, James Joyce und anderen Großautoren einen gewichtigen Beitrag zum literarischen Kanon geliefert habe.

Die Wahrheit liegt, meinen wir, in der Schnittmenge dieser längst zu Stereotypen verhärteten Rezeptionsklischees. Walter Kempowski ist immer schon beides zugleich, genau das macht die Eigenständigkeit seines Werks in der deutschsprachigen Literatur nach 1945 aus – und seine besondere Komplexität. In seinen Arbeiten vereinigen sich Traditionen der literarischen Avantgarde mit Elementen und Verfahren der Populärkultur, Publikumsorientierung trifft auf elitäres Außenseitertum, klassische Werkförmigkeit und marktgängige Serialität begegnen einander. Jeder Versuch, Autor und Werk in der einen oder anderen Hinsicht festzulegen, zielte an diesem Grundzug seiner Poetik vorbei – einer Poetik, die wir im Titel dieses Bandes als eine ›Poetik der Mitte‹ bezeichnet haben. Was wir damit meinen, soll hier versuchsweise erläutert werden: zunächst in Bezug auf Walter Kempowskis Werk, dann mit Blick auf die literarischen und intellektuellen Traditionen und Kontexte, schließlich in Hinsicht auf das vorliegende Buch.

Die spannungsreiche Vermittlung des Heterogenen – sie bestimmt nicht nur die äußeren Koordinaten von Kempowskis Werk, also Aspekte der kulturellen Selbst- und Fremdzuordnung, der Publizität und Materialität, sondern auch dessen innere Struktur. Das gleichermaßen sozialpsychologisch wie kunstreligiös bestimmte Vorhaben, in der Literatur eine durch Faschismus und Krieg ideell zerstörte und materiell vernichtete Welt ›wieder heil zu machen‹, so Kempowskis immer wieder benutztes Wort, ja sie gar erlösen zu wollen – dieses ganz und gar exzentrische Vorhaben[1] realisiert sich in einem Werk, dessen markanteste Eigenschaften ausgerechnet das Fragment und die Polyphonie sind. Ein Roman wie *Tadellöser & Wolff* von 1971 stellt in seiner Form, also in seiner ensembleartigen Zusammenstellung von Textblöcken, geradezu demonstrativ heraus, dass sich die Vergangenheit in der Literatur immer nur annäherungsweise, vor allem jedoch nie in Gestalt einer fugenlosen Synthese und zudem nur unter dem Vorbehalt der Fiktionalität wiederherstellen lässt. Was von der angestrebten Synthese aus individuellen und familiären Erinnerungen sowie historiographischen Elementen aus unzähligen Quellen bleibt, sind, um mit Gert Uedings Bestimmung des romantischen Fragments zu sprechen, nur »Bruchstücke«, die »das Ganze virtuell, als eine Art Fahrplan aufs unerreichbare Ziel hin repräsentieren«.[2]

Auf einer dergestalt prekären Mitte bewegt sich auch das *Echolot*, jenes kollektive Tagebuch des Zweiten Weltkriegs. Zwar formuliert Kempowski in seinem ebenso knappen wie pathosgeladenen Vorwort zu den ersten vier Bänden nichts Geringeres als den Anspruch, das »Zauberwort« finden zu wollen, »mit dem wir unsere Geschichte bezeichnen und besiegeln können.«[3] Aber was für eine Romantik ist es, die hier mit Eichendorffs »Zauberwort« beschworen wird? Es ist eine skeptische Romantik, eine Romantik des zweiten Konjunktivs, die zwar an der Vorstellung eines Unbedingten festhält (das heißt an der

Vorstellung einer kollektiven Erlösung von den Traumata der Vergangenheit), dieses Unbedingte aber nicht benennen, sondern nur als poetisch verschleiertes Geheimnis zum Ausdruck bringen kann.[4] Vor allem aber konterkariert der vieltausendseitige Haupttext des *Echolot* das Ziel einer Synthese, das folglich nur ein regulatives Postulat bleibt; die Vorstellung, dass die »alten Geschichten«, von denen im Vorwort im Brüder-Grimm-Sound die Rede ist, »zusammengerüttelt« auf ein erlösendes »Zauberwort« hinauslaufen könnten, erscheint angesichts des Stimmengewirrs, das sich in den insgesamt zehn Bänden entfaltet und nur vergleichsweise schwache Strukturmomente aufweist, als völlig paradox. Kempowskis Poetik der Mitte – in formaler Hinsicht ist sie getragen von einer romantischen Ironie, also von einer Haltung, die zwar auf ein Unbedingtes hinauswill, sich dabei aber stets der Bedingtheit ihrer Möglichkeiten bewusst ist.

Über die formale Dimension hinaus kann der Mittebegriff zudem als Ansatzpunkt für eine inhaltliche Auseinandersetzung mit Kempowskis Werk, vor allem mit den Romanen der sogenannten *Deutschen Chronik* dienen. Selbst wer keinen dieser Romane gelesen hat, kennt doch zumindest einige der Sprüche, von denen man sagt, sie gehörten in den siebziger Jahren zum Alltagsjargon auf den Schulhöfen westdeutscher Gymnasien: ›Wie isses nun bloß möglich‹, ›Miesnitzdörfer & Jensen‹, ›Don Pedro Gutsmann‹ – und so weiter. Was bei der zusammenhanglosen Wiedergabe dieser idiosynkratrischen Phrasen verlorengeht, ist das Bewusstsein für ihre erzählerische Funktion. Dies zeigt sich erneut besonders klar an *Tadellöser & Wolff*. Der Roman berichtet, bei aller Lakonie im Ton, von der gänzlichen Zerstörung familiärer und gesellschaftlicher Strukturen in Zeiten der Diktatur und des Krieges. Während der Roman allerdings von Vernichtung spricht, stellt er zugleich »die Wiederherstellung durch Sätze« dar, »die […] nicht eine selbstständige Leistung ihrer Sprecher sind, sondern auch einem Repertoire entnommen werden, das […] konventionell […] ist.«[5] Noch die extremsten

Ereignisse, Erfahrungen der Gewalt und des Verlusts, können so in den Bereich familiärer Normalität gerückt werden, ja sie werden buchstäblich *weggeredet*. Der Preis dafür, auch dies macht *Tadellöser & Wolff* deutlich, sind Vereinzelung und Entfremdung, im Kleinen der Familie wie im Großen der Gesellschaft.

Deswegen ist die literarische Schilderung der bürgerlichen Familie im nationalsozialistischen Deutschland, die sich ohne ideologische Begeisterung, aber ebenso ohne Widerstand oder ein Übermaß an Reflexivität in der Diktatur einrichtet, nur auf den ersten Blick harmlos, wie einige Kritiker bemängelten. In diesem Sinne hat Kempowski die Komik in seinen Romanen in einem Gespräch mit Volker Hage als »süße Couverture« über »bitterer Medizin« beschrieben.[6] Kempowskis Komik – nicht nur in der *Deutschen Chronik*, sondern auch in den Tagebüchern sowie in den autofiktionalen Romanen *Hundstage* und *Letzte Grüße* mit ihren bürgerlich-unbürgerlichen Exzessen – ist insofern eine Komik der Mitte, als sich in ihr das Harmlose und das Grauenvolle unauflöslich miteinander verbinden. Auch hier gilt: Kempowskis Werk ist kein Werk des Entweder-Oder, der Extreme also, sondern des Sowohl-als-auch, der komplexen Mischungsverhältnisse. Es weiß, anders gesagt, um die Ambivalenz der menschlichen Dinge.

Synthese und Komplexität

So deutlich Walter Kempowski die Mitte als Lebensform in seinen Romanen reflektiert und problematisiert, so unverkennbar ist sein Gesamtwerk von dem Wunsch nach einer literarischen Wiederherstellung des Verlorenen und Zerstörten geprägt. Weil dies stets im Bewusstsein der Unmöglichkeit geschieht, gerät sein Werk selbst in eine Lage des Intermediären, das vielfältige Spannungen und Widersprüche einschließt. Kempowski knüpft damit an eine Tradition der literarischen und intellektuellen Moderne an, an ein Verständnis von Mitte und Vermittlung, das in der ersten Hälfte des 20. Jahrhunderts Gestalt und in der zweiten Hälfte Geltung gewinnt.

In der ästhetischen und poetologischen Reflexion im deutschsprachigen Raum besitzen Ideen der Mitte, der Balance und des Ausgleichs bekanntlich schon seit dem 18. Jahrhundert kontinuierliche und oft zentrale Relevanz, in der Kultur der Empfindsamkeit zum Beispiel, bei Winckelmann und Lessing, in Romantik und Poetischem Realismus, im George-Kreis, in Expressionismus und Magischem Realismus. Neben die in diesen Kontexten jeweils leitenden Vorstellungen tritt in der Zwischenkriegszeit des 20. Jahrhunderts nach und nach eine Konzeption, die Vermittlung nicht als ein Aufheben, sondern als ein Aushalten von Gegensätzen fasst und Mitte in diesem Sinne nicht als Synthese-, sondern als Komplexitätsformel.

Die betreffende Konzeption bildet sich in den ersten Jahrzehnten jener historischen Periode heraus, die Eric Hobsbawm treffend das ›Zeitalter der Extreme‹[7] genannt hat, ja, sie formiert sich ganz dezidiert gegen dieses Zeitalter, dem das Konzept der Mitte hoch suspekt ist, als künstlerisches Versagen und gesellschaftlicher Verrat gilt. »Kein schlimmrer feind der völker als DIE mitte!«, heißt es in einem George-Gedicht von 1907.[8] Eine solche Aversion bleibt in den Jahren der Weimarer Republik die dominierende Haltung; ihr stehen nun aber zusehends positive Verständnisse von Mitte und Vermittlung entgegen.[9] Eine Vielzahl literarischer und poetologischer Tendenzen der 1920er werden erkennbar durch den Versuch geprägt, zu einer Mitte zu gelangen, in deren Einheit Vielheit und Gegensätze erhalten bleiben – zu denken ist hier etwa an die Montageverfahren und Stilmischungen bei Döblin, den Essayismus im Roman bei Musil und Broch, die Humorstrategien in der Gebrauchslyrik bei Kästner oder die Verschränkung von Höhenkamm- und Populärkultur bei Brecht.

Geradezu modellhaft lässt sich die Neudeutung und Aufwertung des Intermediären in der Zwischenkriegszeit anhand der Entwicklung des Werks von Thomas Manns nachvollziehen.

Von der monistischen Vorstellung einer ›deutschen Mitte‹ in den *Betrachtungen eines Unpolitischen* gelangt Mann in dem Jahrfünft nach Ende des Ersten Weltkriegs Schritt für Schritt zur ›pluralistischen‹ Idee einer bürgerlichen Mitte, die sein Werk der mittleren zwanziger Jahre entfaltet, seine Reden und Essays, vor allem aber *Der Zauberberg*. Indem der Roman ein unauflösbares Spannungsverhältnis zwischen den figural repräsentierten Weltdeutungssystemen inszeniert und im Kriegsgeschehen kulminieren lässt, führt er eindringlich den Wert eines Bekenntnisses zum sozial und kulturell Intermediären vor Augen.[10] In seiner Rede über »Lübeck als geistige Lebensform« von 1926 hat Mann *Der Zauberberg* entsprechend als »ein bürgerliches Buch« gedeutet, das seine Hauptfigur und seine Leser »zwischen die pädagogischen Extreme« stelle und auf diesem Weg »die Idee des Lebens selbst und der Menschlichkeit« erscheinen lasse. »Es ist die Idee der Mitte«, so fasst Mann zusammen.[11]

Die umrisshaft charakterisierte Poetik Manns ließe sich in ihrer Verfeinerung und ihrer Wirkung bis in die Nachkriegszeit verfolgen. Wichtiger ist im vorliegenden Zusammenhang allerdings der Hinweis, dass zeitgleich und in vielfältigem Austausch mit den Ansätzen zu einer Poetik der Mitte auch zunehmend Beiträge zu deren Philosophie und Psychologie entstehen, insbesondere in existenzphilosophisch inspirierten Intellektuellenkreisen. Bilanz und eindrucksvolles Dokument dieser Tendenz ist Felix Weltschs Abhandlung *Wagnis der Mitte* von 1936. Im Geiste der Prager Kreise um Kafka, Brod und Werfel liefert Weltsch hier ein Plädoyer für die Mitte, das anthropologisch von der Überzeugung getragen wird, »daß die menschlichen Fähigkeiten nur dann fehlerlos funktionieren, wenn sie sich in einer Mittelzone bewegen, die zwischen dem Allzugroßen und dem Allzukleinen gelegen ist«, und das ethisch-politisch für ein Aushalten von Widersprüchen und eine »schöpferische Mitte« eintritt, die beide Seite eines Gegensatzes zu berücksichtigen versucht.[12]

Nach 1945 kommt es – formelhaft gesprochen – zu einer Wiederentdeckung der Mitte. In der unmittelbaren Nachkriegszeit wird diese Wiederentdeckung vielfach von dem Bedürfnis nach Orientierung und dem Wunsch nach Rezentrierung getragen – und sie gilt darum anderen Konzeptionen von Mitte, als sie bei Mann, Weltsch und anderen leitend sind. Bekanntestes Beispiel hierfür ist Hans Sedlmayrs umstrittene Studie *Verlust der Mitte* von 1949, aber auch viele literarische Texte folgen diesem Trend.[13] Wolfdietrich Schnurre zum Beispiel dichtet 1946: »Wir möchten still und einfach sein / Und wollten alle unsere Schritte / Sie führten uns, uns ganz allein / Zur großen, lang ersehnten Mitte.«[14] Weit einflussreicher als die letztlich religiöse Syntheseformel der Mitte wird in den Jahrzehnten nach dem Zweiten Weltkrieg aber die literarische, poetologische und politische Komplexitätsformel der Mitte. Dies lässt schon ein flüchtiger Blick in die Werke prägender Autoren dieser Zeit vermuten wie etwa Enzensberger, Lenz, Frisch, Grass – oder eben Kempowski. Autoren, die bei aller Unterschiedlichkeit eine Haltung zu verbinden scheint, die Grass 1969 in einer Stellungnahme mit dem Titel »Unser Grundübel ist der Idealismus« als einen »Skeptizismus« zusammengefasst hat, der auf das folgende Ergebnis hinausläuft: »Widerstand (und oft genug Angriff) gegen und auf jede Ideologie, die sich anmaßt absolutes Maß zu setzen. Ich bin – um es schlicht zu sagen – gegen jede Zielsetzung die über den Menschen hinausweist …«[15]

Fliehkraft und Beharrung

›Keine Experimente‹, das war der Slogan der CDU im Wahlkampf 1957, und glaubt man den Kempowski-Biographen, dann war er, der nach der Haftentlassung und Ausreise in die Bundesrepublik im nämlichen Jahr 1957 in Göttingen sein Abitur nachholte, einer derjenigen, die das damals und in den folgenden Jahren ganz vernünftig fanden: ›Keine Experimente‹. Fast vierzig Jahre später, retrospektiv, im Tagebuch, Dezember 1994, sieht das durchaus anders aus. Da heißt es über die Enttäuschung der versagten Anerkennung nach dem Häftlingshilfegesetz von 1959: »Das war ein Schlag! Er treibt mich bis heute an, der Urknall, und es fliegt sich immer schneller. Antrieb. Ich habe alles hinter mir zurückgelassen.«[16]

Experimentverzicht oder Urknall: Die poetische wie die politische Realität, ihr Niederschlag in über 600 laufenden Metern Archiv, lässt sich so plakativ nicht fassen. Der vorliegende Band möchte die Forschungsleistungen der vergangenen Jahre prüfen und sie mit literatur- und ideengeschichtlichen Methoden höher aggregieren. Walter Kempowski gehört zu jener Generation 1929, die in der Nachkriegssoziologie bei Helmut Schelsky 1957 die ›skeptische‹ genannt wurde – mit so prominenten Jahrgangsgenossinnen und -genossen wie Hans Magnus Enzensberger, Jürgen Habermas, Peter Rühmkorf, Christa Wolf, Günter Kunert, Heiner Müller. So unterschiedlich die Denk- und Schreibwege der genannten verlaufen: Unverkennbar ist die Absage an diskreditierte Traditionen, an elitäre und autoritäre Strukturen genauso wie an plumpe Volks- und Deutschtümelei. Die literarische Generation des Jahres 1929, die 1989, als die Mauer fällt, auf der Höhe ihrer Möglichkeiten ist, hat das energische Pathos der Modernisierung unter Beweis gestellt, aber auch den Zweifel, die reflexive Brechung. Aber woher speist sich eine Poetik der Mitte, in welchen offengelegten und überraschenden Traditionen steht sie?

Der vorliegende Band nähert sich möglichen Antworten in betonter Vielstimmigkeit an, durchaus im Geiste jener polyphonen Poetik, die Kempowskis Werks selbst auszeichnet. Nach einer zweiten, an diese Vorbemerkungen anschließenden Einführung, in der Maren Horn den ›langen Weg nach Mitte‹ schildert, den das Walter-Kempowski-Archiv vom niedersächsischen Nartum aus genommen hat, bevor es in der Berliner Akademie der Künste eine neue Heimstätte gefunden hat, folgen zwei Sektionen: Im Kapitel »Konstellationen« wird

Kempowskis Stellung in einer Literatur- und Ideengeschichte der Mitte skizziert. Dabei verbinden sich diachrone Betrachtungen – ausgehend von Goethe im Beitrag von Frieder von Ammon, von Karl Jaspers im Essay von Dieter Lamping – und synchrone Vergleichungen: Matthias Löwe situiert Walter Kempowski und Hans Magnus Enzensberger im literarischen Feld der achtziger Jahre. Mark Schweda und Kai Sina stellen Kempowskis Poetik in Zusammenhang mit Odo Marquards Philosophie (und Apologie) des Bürgerlichen. Tilo Wesche erkundet die Mitte zwischen Erzählen und Musik in Adornos ästhetischer Theorie und Kempowskis literarischem Werk.

Die Essays im hieran anschließenden Kapitel unternehmen Lektüren der Mittepoetik Kempowskis. Aus archivarischer Perspektive beschreibt wiederum Maren Horn, wie die Praxis der Serialität und das Streben nach werkästhetischer Finalisierung in Kempowskis Schreibprojekt produktionsästhetisch zum Ausgleich kommen. Edo Reents fragt anhand der Tagebücher nach der politischen Haltung und Zugehörigkeit Kempowskis – ein zentraler Punkt, der in Forschung bisher, und vielleicht bezeichnenderweise, kaum adressiert wurde. Hanna Engelmeier rekonstruiert die literarischen Repräsentationen einer ›noch nicht nivellierten Mittelstandsgesellschaft‹ in Kempowskis Romanen und denen Gerhard Henschels, seines literarischen Schülers. Mit den impliziten Geschichtsbildern in Kempowskis Geschichtsmontagen und ihren überraschenden Entsprechungen in der Frühen Neuzeit beschäftigt sich Daniel Fulda, während Kevin Kempke den gleichermaßen ›konservativen‹ und ›avantgardistischen‹ Schreibverfahren in Kempowskis Romanen und Tagebüchern nachgeht. Abschließend stellt Carsten Dutt die gebrochene Komik in *Tadellöser & Wolff* vor: Gerade im Modus der komischen Verharmlosung, die man Kempowski seitens der Kritik fälschlicherweise zum Vorwurf gemacht hat, gelinge es dem Roman, eine von Ungerechtigkeit und Gewalt entstellte Wirklichkeit zur Anschauung zu bringen.

Die meist nur stillschweigende Vorannahme, dass die Mitte,

also »das, was nicht das Absolute ist«,[17] ästhetisch und intellektuell reizlos sei, hat dazu geführt, dass ihre literarischen Repräsentationen von der Literaturwissenschaft bislang kaum systematisch in Betracht gezogen worden sind – während etwa die Politikwissenschaft, die Soziologie und die Ideengeschichte bereits einschlägige Forschungsarbeiten in ihren jeweiligen Bereichen geleistet haben.[18] Den Gegensatz zu einer Literatur der Entgrenzung, die Helmuth Kiesel als zentrales Charakteristikum der modernistischen Poetik im 20. Jahrhundert begreift,[19] bildet die Poetik der Mitte, die getragen ist von der letztlich anthropologischen Grundannahme, dass nicht »das Vollkommene und Außerordentliche«, sondern allein »das Unvollkommene« menschenmöglich ist.[20] »Das Wahre«, schreibt Odo Marquard, »ist das Halbe«,[21] und das gilt unweigerlich auch für diesen Essayband: Er liefert bestenfalls eine kleine Episode in einer sehr viel umfangreicheren, künftig zu erzählenden Geschichte der literarischen Intermediarität.

1 Rekonstruiert wird es in Kai Sina: Sühnewerk und Opferleben. Kunstreligion bei Walter Kempowski, Göttingen 2012. Dort finden sich auch weiterführende Quellenangaben und Belegstellen.

2 Gert Ueding: Klassik und Romantik. Deutsche Literatur im Zeitalter der Französischen Revolution 1789–1815, München/Wien 1987, S. 133.

3 Walter Kempowski: Das Echolot. Ein kollektives Tagebuch. Januar und Februar 1943, München 1993, Bd. 1: 1.1.–17.1.1943, ohne Seitenangabe (»Statt eines Vorworts«).

4 Zu diesem Brechungsverhältnis Kai Sina: »Erlösung«, in: Neue Romantik. Eine kleine Literaturgeschichte 1989–2019, hg. von Hendrikje Schauer und Marcel Lepper, Berlin/Weimar 2019, S. 51–55.

5 Helmut Arntzen: »Sprachverwirrungen. Zum Prozeß negativer Bildung in deutschen Romanen des 20. Jahrhunderts (Musil, Kafka, Horváth, Kempowski)«, in: Ästhetik und Bildung. Das Selbst im Medium von Musik, Bildender Kunst, Literatur und Fotografie, hg. von Stephanie Hellekamps, Weinheim 1998, S. 81–96, hier S. 93.

6 Volker Hage/Walter Kempowski: »›Eine Art Gedächtnistraining‹. Interview in Nartum, Januar 1972«, in: V. H.: Walter Kempowski. Bücher und Begegnungen, München 2009, S. 26–39, hier S. 32. Weiterführend

zu diesem Aspekt Tom Kindt: »›Ich bin traurig und pfeife vor mich hin‹. Zur Komik bei Kempowski am Beispiel des Tagebuchs *Alkor*«, in: Walter Kempowski. Bürgerliche Repräsentanz, Erinnerungskultur, Gegenwartsbewältigung, hg. von Lutz Hagestedt, Berlin/New York 2010, S. 275–292.

7 Vgl. Eric Hobsbawm: The Age of Extremes. The Short Twentieth Century 1914–1991, London 1994.

8 Stefan George: Werke. Ausgabe in vier Bänden. Vollständige Ausgabe. Nachdruck der von Robert Boehringer hg. Ausgabe […], München 1983, Bd. 2, S. 107.

9 Vgl. dazu Tom Kindt/Hans-Harald Müller: »›Es ist nicht die mittlere Linie, die wir einschlagen wollen‹. Ernst Jünger und die Moderne der Zwischenkriegszeit«, in: Ernst Jünger. Politik – Mythos – Kunst, hg. von Lutz Hagestedt, Berlin/New York 2004, S. 193–203.

10 Vgl. hierzu Kai Sina: Kollektivpoetik. Zu einer Literatur der offenen Gesellschaft in der Moderne mit Studien zu Goethe, Emerson, Whitman und Thomas Mann, Berlin/Boston 2019.

11 Thomas Mann: »Lübeck als geistige Lebensform« [1926], in: T. M.: Appell an die Vernunft. Essays 1926–1933, hg. von Hermann Kurzke und Stephan Stachorski, Frankfurt am Main 1994, S. 16–38, hier S. 35f.

12 Felix Weltsch: Das Wagnis der Mitte. Ein Beitrag zur Ethik und Politik der Zeit [1936], Stuttgart u. a. 1965, S. 16 und 33ff.

13 Vgl. Hans Sedlmayr: Verlust der Mitte. Die bildende Kunst des 19. und 20. Jahrhunderts als Symptom und Symbol der Zeit, Salzburg/Wien 1948.

14 Wolfdietrich Schnurre: »Gehetzt«, in: Horizonte 7/1946, S. 3.

15 Günter Grass: »Unser Grundübel ist der Idealismus« [1969], in: G. G.: Werkausgabe. Bd. 14: Essays und Reden I. 1955–1969, hg. von Daniela Hermes, Göttingen 1993, S. 472–474, hier S. 472.

16 Tagebuch vom 22. Dezember 1994 (zitiert nach Dirk Hempel: Walter Kempowski. Eine bürgerliche Biografie, 3. aktualisierte und ergänzte Auflage, München 2007, S. 106).

17 Odo Marquard: Glück im Unglück. Philosophische Überlegungen, München 1995, S. 9.

18 Einen guten Überblick auf die verschiedenen Ansätze und Perspektiven bietet weiterhin das Heft *Aus Politik und Zeitgeschichte* 49 aus dem Jahr 2004 (online abrufbar unter https://www.bpb.de/apuz/196701/mitte; letzter Zugriff am 1.11.2021). Einschlägig in diesem Zusammenhang ist darin der Essay »Die Entstehung des Mitte-Paradigmas in Politik und Gesellschaft« von Herfried Münkler. Die wenigen einschlägigen Beiträge aus dem Bereich der Literaturwissenschaft stammen u. a. von Torsten W. Leine (Magischer Realismus als Verfahren der Späten Moderne. Paradoxien einer Poetik der Mitte, Berlin/Boston 2019), Terence J. Reed

(Die klassische Mitte. Goethe und Weimar 1775–1832, Stuttgart u. a. 1982) und Ernst Osterkamp (Poesie der leeren Mitte. Stefan Georges Neues Reich, München 2010). Anschlussfähig erweist sich außerdem die bereits recht differenzierte internationale Forschung zu einer Ästhetik des *middle brow*, etwa in Tom Perrin: The Aesthetics of Middlebrow Fiction. Popular US-Novels, Modernism, and Form, 1945–75, New York u. a. 2015.

19 Helmuth Kiesel: Geschichte der literarischen Moderne. Sprache, Ästhetik, Dichtung im 20. Jahrhundert, München 2004.

20 Marquard: Glück im Unglück (Anm. 17), S. 9.

21 Ebd.

Maren Horn

Ein langer Weg nach Mitte

Das Walter-Kempowski-Archiv in der Berliner Akademie der Künste

Der geschichtsträchtige Ort in der Mitte Berlins, die Akademie der Künste, Pariser Platz 4, ist nicht zufällig als Ort der Tagung zu Walter Kempowski und der ›Poetik der Mitte‹ gewählt. Hat der Autor doch selbst beglückt die Würdigung seiner Lebensleistung durch die große Ausstellung *Lebensläufe* im Jahr 2007 in den Räumen dieses Hauses noch erleben können, wenngleich er gesundheitlich bereits zu angeschlagen war, um noch persönlich daran teilzunehmen. Präsentiert wurden damals Schätze aus seinem Archiv in fünf Ausstellungsräumen.

Möglich wurde diese Schau durch die seit 1996 erfolgte schrittweise Übergabe – anfangs als Depositum – von Kempowskis literarischem Archiv in die Obhut der Akademie der Künste. Werkmanuskripte, Arbeitsmaterialien, Korrespondenzen, biographische Unterlagen, Fotos, Sammlungen und Erinnerungsstücke, Werke anderer Urheber, audiovisuelle Medien, Unterlagen zu Literaturseminaren und zu Schriftstellertreffen sowie Belege seiner pädagogischen Tätigkeit, kurz sein persönliches, d. h. literarisches Archiv, die sogenannte ›erste Abteilung‹ gelangte zuerst von Nartum nach Berlin. Bereits 1981 hatte Kempowski in seinem Tagebuch notiert: »DAS KEMPOWSKI-ARCHIV umfaßt drei Abteilungen. In der ersten Abteilung werden die Manuskripte aufbewahrt, die dem Romanwerk des Autors Kempowski zugrunde liegen. In der zweiten Abteilung befinden sich Fotos, die dazu dienen können, soziologische + historische Aspekte der bürger[lichen] Gesellschaft zu erhellen. Demselben Aspekt dient auch die dritte, umfangreichste Abteilung. In ihr finden unveröffentlichte Autobiografien Aufnahme.«[1] Fast genau auf den Tag, 25 Jahre später, am 10. Januar

Abb. 1: Fassade des Gebäudes Akademie der Künste, Berlin, Pariser Platz 4, mit dem Ausstellungsplakat: »Kempowskis Lebensläufe«, 20. Mai bis 15. Juli 2007

2006, erfolgte der Umzug der beiden anderen Abteilungen, des Biographienarchivs und des Fotoarchivs, in die Akademie, nachdem im Herbst 2005 der Vertrag mit Kempowski unterzeichnet worden war.

Den Abtransport kommentierte Kempowski teils lakonisch:

> Heute also trenne ich mich. Das ist kein halber Tod – Trennungsschmerz stellt sich nicht ein. Die Firma heißt »Kühne«. 1947 fuhr ich mit einem Lastwagen von Kühne + Nagel über die Grenze nach Lübeck. D. H. auf dem Lastwagen fuhr m[ein] Koffer, und ich ging zu Fuß über die Grenze. Und nun fährt dieselbe Firma meine ›Koffer‹ nach Berlin.
>
> Um 14.00 [Uhr] fahren sie ab, adieu! Bin froh, alles los zu sein.[2]

Insgesamt umfasst das Kempowski-Archiv etwa 600 laufende Meter (lfm) und ist damit der größte personenbezogene Bestand im Literaturarchiv. Etwa ein Viertel des Gesamtbestan-

Abb. 2: Walter Kempowski in der Akademie der Künste anlässlich der Übergabe seines Archivs im Jahr 2005

des, ca. 125 lfm, entfallen auf das literarische Archiv, welches Kempowskis Tätigkeit als Schriftsteller, Pädagoge und Archivar widerspiegelt. Die lückenlose Überlieferung des Bestandes bezieht sich auf alle Phasen des literarischen Schaffens: von der Auseinandersetzung mit der Familiengeschichte seit der Haftentlassung aus dem Zuchthaus Bautzen 1956 über die bis 1984 dauernde Arbeit an den Romanen und Befragungsbänden der *Deutschen Chronik*, an den Romanen der *Zweiten Chronik* und an den literarischen Tagebüchern 1988–2007, an der zehn Bände umfassenden *Echolot*-Collage, deren letzter Band 2005 erschien, bis hin zur Beschäftigung mit dem multimedialen Projekt *Ortslinien*. Dass der Archivar Walter Kempowski mit den Handschriften auch das Findhilfsmittel übergab, verstand sich beinah von selbst. Diese Übersicht ermöglichte gleich nach der Bestandsübernahme in die Akademie die Benutzung durch die interessierte Öffentlichkeit. Sukzessive erfolgt hier die detaillierte Erschließung, d. h. die Ordnung der Archivalien und ihre Verzeichnung in der Datenbank.

Das Biographienarchiv füllt 385, das Fotoarchiv 90 laufende Regalmeter. Die Gründung des offiziell als »Archiv der unpublizierten Autobiographien und Alltagsfotografien« bezeichneten Archivs (in der Kurzform schlicht Biographienarchiv genannt), beschäftigte Walter Kempowski bereits Jahrzehnte vorher. Die Schritte zur Umsetzung dieser Idee verdichteten sich zum Jahr 1980 hin. »Ungezählte Leute haben ihre Biographie geschrieben, die liegen in den Schränken herum. Man müßte diese auf Büchsen gezogene Erfahrung speichern und der Gesellschaft nutzbar machen. Ich stelle mir das so vor, daß man hier auf unserm Grundstück ein Extragebäude dafür baut und dort die vielen, wahrscheinlich tausende Biographien archiviert. Man kann sie auswerten und Einzelveröffentlichungen starten«, schrieb Walter Kempowski in einem Brief an seinen Sohn Karl-Friedrich im März 1978.[3] Zwei Jahre später schied der mit Leib und Seele dem Lehrerberuf verpflichtete Schriftsteller nach zwanzig Jahren aus dem aktiven Schuldienst. Die Berufung zum Lehren und zur Schriftstellerei verband er künftig als Lehrbeauftragter für Fragen der Literaturproduktion an der Universität Oldenburg. Parallel zur beruflichen Veränderung erfuhr sein literarisches Schaffen eine neue Akzentuierung, die einherging mit der Gründung des Biographienarchivs. Der Schriftsteller wagte damit den Schritt von der rein werkbezogenen Sammlung von Arbeitsmaterial zum Aufbau eines Archivs, das sich durch den bewussten Verzicht auf jegliche inhaltliche Auswahlkriterien auszeichnete, seinem Werk neue Impulse verlieh und zugleich ein nicht unbeträchtliches Maß an Arbeitszeit forderte. Das Archiv wuchs schnell, seine Rufe nach Tagebüchern, Briefen, Fotos wurden gehört. Bandbreite und Vielzahl des Materials eröffnen einen schier endlosen Horizont individueller Erfahrungen vor dem Hintergrund geschichtlicher Ereignisse, sie spiegeln das ›Leben und Leiden dieser sogenannten Normalmenschen‹ wider. Auch das Biographienarchiv wurde mit Findhilfsmitteln ›geliefert‹: Karteien und Archivblätter, welche in überarbeiteter Form die Grundlage der Verzeichnung in der Datenbank bilden.

Das Fotoarchiv mit über 300.000 Aufnahmen steht mittlerweile vollständig erschlossen zur Online-Recherche in der Datenbank zur Verfügung. Etwa 1200 Digitalisate von Fotos wurden bisher erstellt. Sie veranschaulichen die Vielfalt der Überlieferungen.

Öffentliche Archive bieten solchen Lebenszeugnissen naturgemäß nur in Ausnahmefällen Raum, obwohl insbesondere für Historiker, Soziologen, Psychologen, Philosophen, Erziehungs- und Literaturwissenschaftler derartige Quellen wertvolle Ergänzung und Korrektiv sein können gegenüber den amtlichen Überlieferungen und der allgemeinen Geschichtsschreibung in ihrer Tendenz zur Abstrahierung von vielfach namenlos bleibenden Einzelschicksalen. Walter Kempowskis universal angelegte Sammlung befördert nachhaltig den Versuch, ein vollständigeres Bild des Vergangenen zu beschreiben. Sie verkleinert damit die Lücke in der hierzu notwendigen Materialbasis.

Sogar Kempowski selbst hat einiges Material dem Biographienarchiv zugeschlagen und so die Vernetzung seiner Archive gestärkt. Das Bio-Archiv diente dem Autor direkt oder indirekt als Arbeitsgrundlage für seine Werke. Die Grenzen zwischen den drei Archiven sind durchlässig. Eine Vermischung der Materialien erfolgte dann, wenn der Autor Aufnahmen aus dem Fotoarchiv in seine Manuskripte der sogenannten *Deutschen Chronik* einklebte oder lose hinzufügte. Im Biographienarchiv verwahrte Kempowski beispielsweise die Tonaufnahmen und Aufzeichnungen seiner Bürgerbefragungen zu historischen Themen. Auch eine Sammlung von Speisekarten aus der Provenienz des Autors ist hier überliefert – eine alltagsgeschichtliche Quelle, die er durchaus als archivwürdig betrachtete.

Bekanntlich regte Kempowski die Publikation einer »Bio-Reihe« an, für die er Lebenserinnerungen auswählte. Durch die Veröffentlichung bleiben sie nicht mehr lediglich Arbeitsmaterial des Schriftstellers, sondern sind als selbständige literarische Werke einem breiten Publikum zugänglich.

Dass Kempowskis Entscheidung für Berlin alles andere als eine selbstverständliche war, lässt sich erahnen. Seine Tagebücher geben detailliert darüber Auskunft, über die wechselvollen Überlegungen Kempowskis bei der Suche nach dem passenden Ort für seine Archive auf ›Dauer und Ewigkeit‹.

Zur Frage der späteren, dauerhaften Unterbringung seines Archivs äußerte sich Walter Kempowski im Januar 1980: »Als ich schon einige Bücher geschrieben hatte, und als sich das Archiv bedrohlich vergrößerte, tastete ich vorsichtig nach Interessenten, die sich dieses noch ungemünzten Schatzes annehmen könnten.«[4] Damals bezog sich die Überlegung des Schriftstellers nur auf das persönliche, d.h. literarische Archiv. Die Gründung seines »Archivs der unpublizierten Autobiographien und Alltagsfotografien« stand im selben Jahr erst noch bevor. In den sich anschließenden arbeitsintensiven Jahren als Schriftsteller, Pädagoge und Archivar wuchs der gesamte Bestand auf mehrere hundert Regalmeter an. Dieser wurde ab dem Jahr 2000 in einem eigens errichteten Anbau des Hauses Kreienhoop, dem Nartumer Wohnhaus des Schriftstellers, beherbergt. Schon bald nach dessen Fertigstellung war Kempowski klar, dass er auch mit dem hochmotivierten Team in Nartum die Materialmassen auf Dauer nicht bewältigen könne. Zudem wäre auch eine intensive Nutzung und Auswertung der Dokumente in einer Institution viel besser gewährleistet.

Überraschend ist die Tatsache, dass Kempowski frühzeitig seine Fühler bis in die USA und Kanada ausgestreckt hatte. Auf einer Reise im Frühjahr 1981 gab es mehrere Begegnungen und Gespräche, die das Archiv und die Möglichkeit des Verkaufs betrafen. Dabei wird jedoch deutlich, dass es nicht wirklich um den physischen Verbleib der Papiere in den Staaten ging, sondern eher um die Werterkundung oder Eröffnung von Dependancen: »Chicago scheint der rechte Ort für eine Zweigstelle des K[empowski]-Archivs in Amerika zu sein [...].«[5] Im eigenen Land hatte er zu dieser Zeit schon die Universität Oldenburg im Blick,[6] deren Ruf er 1980 gefolgt war und wo er über zehn Jahre in den Fächern Germanistik und Pädagogik lehrte. Auch mit dem Leiter der Niedersächsischen Landesbibliothek Hannover, Wilhelm Totok, war er 1981 im Gespräch und überlegte: »Vielleicht lässt es sich bei der Sache zweigleisig fahren.«[7] Und Kempowski sollte in den kommenden Jahren nicht zwei- sondern mehrgleisig fahren. Häufig wurde zwar seitens verschiedener Institutionen freundliches Interesse signalisiert, jedoch bei der praktischen Umsetzung und angesichts der teilweise unrealistischen finanziellen Vorstellungen Kempowskis kamen viele positive Ansätze zum Erliegen. Totok hatte sich als Bibliograph und vor allem mit dem sechsbändigen *Handbuch der Geschichte der Philosophie* (1964–1990) einen Namen gemacht und verfügte offenbar über ein gutes Gespür für den Autor und für das Material, welches er in Nartum vorfand. Erste Übernahmen erfolgten. Dennoch notierte Kempowski im Sommer 1985 enttäuscht: »Hannover hat den Erwerb des Archivs abgelehnt, als Leihgabe wollen sie es behalten. Ich werde das alles zurückfordern und ihnen zu fotokopieren erlauben.«[8] Die möglichen Aufbewahrungsorte erfasste Kempowski im März 1986 unter Punkt 7 in einer systematischen Auflistung von insgesamt 13 noch offenen Projekten (4.3.1986):

7. Archiv. Hier gibt es mehrere Abnehmer:

a) Oldenburg. Sie würden es sofort nehmen, aber ich habe nichts davon.

b) Hannover. Auch sie würden es nehmen, aber die zahlen ja noch nicht einmal etwas für mein eigenes Archiv.

c) Stiftung Niedersachsen. Ist angelaufen, vorläufig aber noch nichts Definitives. Sie neigen der Großlösung zu.

d) Hagen. Von hier kommt geistiges Interesse. Sie würden die Bios auch auswerten.

e) Ich selbst. Neuerdings neige ich wieder dazu, die Sachen zu behalten. Falls Knaus weitermacht, könnte ich hier auch finanziell irgendwann auf meine Kosten kommen. Pro 1.000 Stück bekomme ich bei der Zacharias 360,–. Dazu Taschenbuchrechte usw. Wenn nun alle halbe Jahr ein Titel dazukommt, dann handelt es sich um das berühmte Kleinvieh.

f) Bertelsmann. Ich habe nochmals einen Vorstoß gemacht. Vielleicht beißen sie ja doch an.[9]

Darüber hinaus bemüht sich Kempowski im selben Jahr noch vergeblich um die Förderung seines Archivs durch die Volkswagen-Stiftung;[10] auch zum Deutschen Literaturarchiv in Marbach gab es Kontakte.

Während Oldenburg und Hannover zeitweilig in der Gunst sanken, intensivierten sich die Verhandlungen mit der Fernuniversität Hagen und schienen auf einem aussichtsreichen Wege. Sie führten über die Jahre zu einer Übernahme von Kopien von über 300 Positionen aus dem Biographienarchiv. Dort standen und stehen sie bis heute ganz in Kempowskis Sinne zur Benutzung zur Verfügung. Auch in der Presse blieb der Hagener Standort nicht ohne Resonanz, wie Kempowski erfreut feststellte.[11] 1990 wurde mit der Fernuniversität Hagen ein Vertrag unterzeichnet, jedoch war Kempowski mit den dort geleisteten Aktivitäten unzufrieden.

Bei allen deutschen Institutionen, die interessant schienen, blieben auch die US-Amerikaner noch im Spiel, namentlich die Brigham Young University in Provo, einer amerikanischen Kleinstadt im Bundesstaat Utah. Dort lehrte der Germanistikprofessor Alan Keele, der sich sehr für Kempowski und sein Werk einsetzte und u.a. eine mehrere tausend Seiten umfassende Konkordanz der Werke der *Deutschen Chronik* Kempowskis erstellt hatte. Eingeladen bei der Deutschen Sommerschule am Pazifik der Portland State Universitiy im Bundesstaat Oregon, hielt Kempowski seine Gedanken auf dem Hinflug am 10. Juli 1987 nach Seattle fest: »Vielleicht klappt es ja mit Provo doch auch. Das wäre herrlich. – Merkwürdigerweise bleibt in Oldenburg alles still. Denen ist meine Existenz, Archive hin oder her, ganz egal.«[12]

Obwohl ihn die Ablehnung des Archivankaufs aus Provo erreichte, nutzte Kempowski die Reise für die weitere Suche und sprach ausgerechnet in den USA mit dem Archivdirektor der Ost-Berliner Akademie der Künste: »Mit Dietzel geredet über eventuelle Übergabe einzelner Archivstücke. Dadurch kann ich mir vielleicht eine Reise nach drüben erkaufen. Daß ich alles schon katalogisiert habe, sei ein sehr großes Prä [sic!] gegenüber jedem Archiv, sagt er. Die meisten Autoren gäben ihre Nachlässe in wüsten Haufen her.«[13] Die Chemie zwischen beiden Männern scheint gestimmt zu haben, auch Ulrich Dietzels Vortrag über Heinrich Mann kommentiert Kempowski wohlwollend. Nach einem weiteren vertrauten Gespräch übergab er dem ›DDR-Mann‹ »eine Kopie der ›Block‹-Korrekturen [...], sowie das Faktorenmodell meiner Prosaformel.«[14] Dass dieser Kontakt möglicherweise auch als Türöffner für die Einreise in die DDR fungieren könnte, schien Kempowski denkbar. Jedenfalls fühlte er sich respektvoll behandelt und angenommen: »Alles in allem eine wundervolle Reise. Wohltuend. Die Eindrücke schmelzen zusammen in breite Straßen, langsame Autos, hübsche Amerikanerinnen, Bewässerungsspringbrunnen, Jugendherbergs-Unterbringung (erotisierend), Obst, Speiseeis, Salat. Ausgelassene Stimmung, interessante Aspekte. [...] die gute Laune wich nicht, wie die ganze Zeit über, Geist ist frei, Seele entspannt, von Magen keine Spur. Die USA bleiben das einzig akzeptable Land, in das es zu reisen sich lohnt.[15] So konnte Kempowski auf eine erfolgreiche einwöchige Reise zurückblicken, wenngleich sich alle Archivpläne in den USA zerschlagen hatten und auch »die hochnäsige Art, mit der mein Archiv [in Yale 1981] zurückgewiesen wurd«[16] ihn im Nachklang noch einmal negativ berührte.

Neben allen parallel geführten Verhandlungen, ob in Hagen, Hannover, Oldenburg, rückte mit dem Mauerfall und nach der Wiedervereinigung der beiden deutschen Staaten für Kempowski der eigentliche Sehnsuchtsort zur Unterbringung seiner großartigen Sammlungen in greifbare Nähe, die Heimatstadt Rostock. Am 18. Januar 1990 hatte er sie – abgesehen von zwei kürzeren Aufenhalten Mitte der 1970er Jahre – erstmals wieder besuchen können.[17]

Mit dem aus Lübeck stammenden Manfred W. Gläser-Mührenberg, der von 1991 bis 1994 Direktor des Kulturhistorischen Museums Rostock war, führte Kempowski am 7. August 1991 ein konstruktives Gespräch:

> Ich spielte sofort mit offenen Karten, offerierte also beide Archive plus aller K-Objekte. Nach anfänglicher Reserve erwärmte er sich zusehends und machte dann den Vorschlag, eines der Klosterhäuser als Kempowski-Archiv auszubauen. Er meinte sogar, daß das bis 1994 im April zu schaffen wäre. Wir besichtigten die Häuser, und ich war begeistert. Wir erhitzten uns im Gespräch und verschworen uns, die Sache durchzuführen.
>
> Ich machte also das Angebot:
>
> 1. K-Archiv
> 2. K-Objekte
> 3. Bio-Archiv
> 4. Foto-Archiv,
>
> in dieses Haus zu überführen. Im vorderen Teil sollten Schaustücke stehen, die das bürgerliche Leben der Familie dokumentieren. Also die Schiffsmodelle, die Truhe, vielleicht die beiden K-Porträts, das Grässe-Bild, die Rostock-Bilder, die Bibliotheken (Rostock und Vater), die Tabakdosen, die Bierflaschensammlung sowie ein Teil des Kinderspielzeugs, die Gefängnis-Puppenstube und das Papier-Rostock, das K-Gesangbuch.
>
> Dahinter dann vielleicht das eigentliche K-Archiv, ebenfalls mit Schaustücken, also grafische Darstellungen der Bücher, Notizbücher usw. Die Gefängnispuppe, Karteikästen, mein Schreibtisch von oben und Schreibmaschine. Eine Plakat-Ausstellung und alle Ausgaben meiner Bücher und Vitrinen mit Familienfotos und Ms.-Blätter. Gefängnistür.
>
> In der dritten Abteilung müßten die Fotos aufbewahrt werden, auch hier könnten schönere Stücke gezeigt werden, und in der vierten Abteilung dann das Bio-Archiv.[18]

Die Gesprächsatmosphäre mit Gläser beschreibt Kempowski als heiter und entspannt, die Begeisterung war auf beiden Seiten spürbar. Damit zeichnete sich eine Veränderung für diejenigen Standorte ab, an denen bereits Akten lagerten. Besonders die 60 lfm in Hannover würden nicht dauerhaft dort bleiben, Kempowski beklagte sich zunehmend darüber: »Die Niedersachsen legen ja offensichtlich keinerlei Wert auf mein Archiv.«[19]

Dass Kempowski den Rostock-Plan mit Vehemenz verfolgte, erscheint allein aus seiner Biographie folgerichtig. Er war über 60 Jahre alt und konnte nun zurückkehren, wieder zu Hause ankommen. Gelöst hielt er fest: »Mit der Zunahme der Sammlung [in Rostock] hat sich das Heimweh verflüchtigt.«[20]

Natürlich waren noch Fragen der Räumlichkeiten und der Finanzierung zu klären. Zweifel wegen Hannover bleiben permanent, daher am 15.6.1995 die Bemerkung: »Großes Archiv, vielleicht doch besser nach Berlin? In Hannover ist es begraben [...].«[21] In den folgenden Monaten verdichteten sich die Zeichen für Berlin, und von Rostock ist eher von Reduzierung in Richtung »Gedenkstätten-Niveau«[22] die Rede. Verhandlungen mit der Berliner Akademie waren nicht einfach, aber konstruktiv, auch rechtliche Fragen bezüglich des Biographienarchivs mussten geklärt werden. Kempowskis nüchterner Standpunkt bringt es an einer Stelle auf den Punkt: »Die brauchen mich und ich brauche sie. Immer klarer wurde es mir, dass ich in dieses Archiv gehöre. [...] So wird jeder Mensch einsehen, dass ich nach Berlin gehe. Rostock wird so eine Art Hiddensee.«[23] Im Berliner Akademie-Archiv moniert Kempowski anfangs das vermeintliche Ost-Übergewicht, die »kommunistische Elite«, während seine Frau schon davon spricht »Wo George Grosz ist, kannst Du auch hin«.[24] Als der Archivdirektor mit seinem Stellvertreter im Januar 1996 Nartum besucht, scheint das Eis endgültig gebrochen: »Sie bezeichneten das Archiv als einzigartig.«[25] Am 24. September desselben Jahres erhält Kempowski die telefonische Mitteilung aus Berlin, dass sein Archiv unversehrt angekommen ist. Rückblickend lässt sich feststellen, dass von diesem Zeitpunkt an, trotz gelegentlicher Zweifel, auch Taktierens und harter Preisverhandlungen, die Entscheidung für die Berliner Akademie unumkehrbar war. Besonders die fachliche Betreuung der Dokumente hat Kempowski tief beeindruckt, nicht zuletzt, weil auch seine Arbeit durch Recherchen, Kopien usw. stets zügig unterstützt wurde. Dennoch gab es immer wieder kritische Momente, ein Nachdenken und Schwanken, auch weil ihn fehlende Veranstaltungen und die Nicht-Mitgliedschaft in der Akademie enttäuschten. Hinzu kam das permanente Abwägen mit Rostock. Dennoch, insgeheim ist auch der Stolz zu spüren, in Berlin gewollt zu sein, und mit der Vertragsunterzeichnung am 25. Oktober 2005 ist der Standort endgültig besiegelt. Der von Kempowski im Alter von zehn Jahren geäußerte Berufswunsch »Ich will Archiv werden«[26] fand damit im »bedeutendsten interdisziplinären Archiv zur Kunst und Kultur der Moderne im deutschen Sprachraum«[27] gleichsam seine Fortsetzung und endgültige Erfüllung: »Ich komme aus dem Archiv, ich gehe ins Archiv, und ich werde zum Archiv.«[28]

1 Walter Kempowski: Tagebuch 19. Januar 1981, Walter-Kempowski-Archiv in der Berliner Akademie der Künste [im Folgenden: WKA], 1930.
2 Kempowski: Tagebuch 10. Januar 2006, WKA 1930.
3 Brief von Walter Kempowski an Karl-Friedrich Kempowski, Nartum, 19. März 1978, in: W. K.: Culpa. Notizen zum »Echolot«, München 2005, S. 7.
4 Walter Kempowski: Noch einmal möchte ich Sie herzlich begrüßen in unserem Haus …, Rede, o. O., Januar 1980, WKA 2385.
5 Walter Kempowski: Tagebuch 20. März 1981, WKA 1931.
6 Vgl. Kempowski: Tagebuch 19. Januar 1981, WKA 1930.
7 Walter Kempowski: Tagebuch 28. November 1981, WKA 1933.
8 Walter Kempowski: Tagebuch 30. Juli 1985, WKA 1941.
9 Walter Kempowski: Tagebuch 4. März 1986, WKA 1944.
10 Vgl. Walter Kempowski: Tagebuch 20. Juli 1986, WKA 1945.
11 Vgl. Walter Kempowski: Tagebuch 10. März 1987, WKA 1947.
12 Walter Kempowski: Tagebuch 10. Juli 1987, WKA 1948.
13 Walter Kempowski: Tagebuch 13. Juli 1987, WKA 1948.

14 Walter Kempowski: Tagebuch 18. Juli 1987, WKA 1948.
15 Ebd.
16 Walter Kempowski: Tagebuch 1. November 1987, WKA 1948.
17 Vgl. Kempowski: Culpa (Anm. 3), S. 149 (Eintrag vom 18. Januar 1990).
18 Walter Kempowski: Tagebuch 7. August 1991, WKA 1960.
19 Walter Kempowski: Tagebuch 9. Mai 1992, WKA 1963.
20 Walter Kempowski: Alkor. Tagebuch 1989, München 2001, S. 290.
21 Walter Kempowski: Tagebuch 15. Juni 1995, WKA 1980.
22 Walter Kempowski: Tagebuch 3. August 1995, WKA 1980.
23 Walter Kempowski: Tagebuch 1. November 1995, WKA 1984.
24 Walter Kempowski: Tagebuch 13. November 1995, WKA 1984.
25 Walter Kempowski: Tagebuch 20. Januar 1996, WKA 1983.
26 Walter Kempowski: Sirius. Eine Art Tagebuch, München 1990, S. 158f. Eintrag: 19. April 1983.
27 Homepage des Archivs der Akademie der Künste (https://www.adk.de/de/archiv/index.htm; letzter Zugriff am 1.11.2021).
28 Walter Kempowski: Tagebuch 16. Oktober 2003, WKA 2029.

II. Konstellationen

Frieder von Ammon

Medias in res

Goethe, Kempowski und die Poetik der Mitte

Der Begriff ›Poetik der Mitte‹ kann nicht nur im Hinblick auf das Werk Walter Kempowskis produktiv gemacht werden, sondern – zumindest wenn man ihn unvoreingenommen verwendet – weit darüber hinaus. Er kann dies zunächst einmal deshalb, weil er den Blick dafür schärft, dass es auch das Gegenteil gibt: eine ›Poetik des Randes‹ – im wörtlichen Sinn marginale poetologische Positionen mithin, die alles Mittige, Mittlere, Vermittelnde, Intermediäre zu vermeiden versuchen bzw. für die es unerreichbar bleibt. Friedrich Hölderlin zum Beispiel hat in der ersten Fassung seiner Hymne *Der Einzige* formuliert, das Erreichen des Maßes sei für ihn unmöglich, obwohl er gerade dies anstrebe: »Nie treff ich, wie ich wünsche, / Das Maß.«[1] Dieses »Maß« aber geht auf den aristotelischen Begriff der ›mesótes‹ zurück, der wörtlich ›die Mitte‹ bedeutet. So betrachtet, könnte Hölderlin als Vertreter einer Poetik des Randes oder der verfehlten Mitte aufgefasst werden. Aus dem 20. Jahrhundert könnte man in diesem Zusammenhang Stefan George nennen, von dem der einschlägige Vers »Kein schlimmrer feind der völker als DIE mitte!«[2] stammt (der dieser perhorreszierten »mitte« dann eine neue, bezeichnenderweise allerdings ›leere‹ Mitte entgegengesetzt hat),[3] und aus dem frühen 21. Jahrhundert Thomas Kling, der sich ausdrücklich gegen »mindere[] Poeten oder Poetessen« gewandt hat, die »das Torkeln auf der middle of the road bevorzugen, weil man da nicht so schnell im Straßengraben landen kann.«[4] Aus diesen Äußerungen geht hervor, dass die Poetik des Randes über einen langen Zeitraum hinweg eine große Faszination auszuüben vermochte und dies offenbar auch weiterhin vermag, wobei die Abgrenzung von der Poetik der Mitte eine zentrale Rolle spielt.

Auch Letztere könnte man historisch weit zurückverfolgen, möglicherweise sogar noch weiter zurück als die Poetik des Randes, mindestens jedenfalls bis zu Horaz, der nicht nur mit seiner Ode 2.10, in der er den (ebenfalls auf Aristoteles verweisenden) Begriff der *aurea mediocritas* geprägt hat, als kanonischer Vertreter der Mitte-Poetik gelten kann (er bildet ja auch die Folie für Klings Metapher von den in der Straßenmitte taumelnden Lyrikern und Lyrikerinnen).

Im Folgenden soll der Blick jedoch nicht so weit in die Vergangenheit gerichtet werden, auch um die unscharfen Konturen des bisher noch nicht näher bestimmten poetologischen Mitte-Begriffs nicht noch weiter verschwimmen zu lassen. Stattdessen sollen hier erste Überlegungen zu einer Poetik der Mitte in der deutschsprachigen Literatur der Moderne angestellt werden, wobei Moderne als Makroepoche verstanden und ihr Beginn demnach in der ›Sattelzeit‹ des 18. Jahrhunderts angesetzt wird. Dies bietet sich nicht zuletzt deshalb an, weil in dieser Zeit auch der politische Mitte-Begriff entstanden ist, der, wie bekannt, auf die Sitzverteilung in der französischen Nationalversammlung zurückgeht. Parallel dazu und teilweise mit Bezug darauf hat sich in der Literatur eine literarische Theorie und Praxis etabliert, die von Konzepten des Mittleren, des Mittigen etc. bestimmt ist und die man zusammenfassend entsprechend als Poetik der Mitte beschreiben kann. Diese Poetik – so viel sei noch vorausgeschickt – steht in einem Zusammenhang mit der rhetorischen Tradition, in der es ebenfalls eine Fülle von Konzepten des Mittleren gibt (der Titel dieses Beitrags zitiert nur das bekannteste davon), beginnt sich aber bereits davon zu lösen und selbständig zu werden. Wann und wie genau dies geschieht, ist bisher freilich genauso wenig erforscht wie Rhetorik und Poetik der Mitte an sich.

An dieser Stelle können allerdings nur erste Bausteine zu einer größeren Untersuchung der Mitte-Poetik in der deutschsprachigen Literatur der Moderne geliefert werden, wie sie nötig wäre. Der Autor, der dabei im Mittelpunkt stehen wird, ist

Goethe. Und dies zum einen deshalb, weil er als ein zentraler Vertreter der modernen Mitte-Poetik aufgefasst werden kann, obwohl er – wie es einem bei diesem Stichwort als Erstes in den Sinn kommen mag – anhand der Figur Mittlers in den *Wahlverwandtschaften* das Scheitern eines (falsch verstandenen) Konzepts der Mitte beispielhaft vorgeführt hat. Zwar kann man Goethes Werk keinesfalls – genauso wenig wie auf irgendeinen anderen einzelnen Begriff – auf eine Poetik der Mitte festlegen, denn das hieße es auf unzulässige Weise zu vereinfachen. Dass etwa der junge Goethe zumindest auf den ersten Blick nur wenig mit der Mitte-Poetik zu tun hat, dürfte klar sein. Ähnliches gilt für den alten Goethe; doch bestimmte Teile seines Werks können eben durchaus damit in Verbindung gebracht werden.

Zum anderen soll es deshalb um Goethe gehen, weil eine literaturgeschichtliche Linie von ihm zu Kempowski führt. Auch diese Verbindung mag auf den ersten Blick überraschen, da der Name Goethe bei Kempowski – abgesehen von einer wichtigen Stelle in *Culpa*, auf die Kai Sina hingewiesen hat[5] – nicht allzu oft fällt, und wenn er es doch tut, dann meist auf eine Weise, dass man erst einmal nicht auf die Idee kommt, die beiden zueinander in Beziehung setzen oder hier gar eine Wahlverwandtschaft am Werk sehen zu wollen. Der Text über Goethe, den Kempowski zum Beispiel im Rahmen seiner (unter dem Titel *Umgang mit Größen* später auch in Buchform erschienenen) Artikel-Serie für die *Welt am Sonntag* geschrieben hat, ist so spröde und Kempowski selbst beim Polemisieren so lustlos, dass man glauben könnte, den Aufsatz eines gelangweilten Deutschschülers vor sich zu haben. »Wenn ich an Goethe denke« – so beginnt dieser Text – »dann sehe ich ihn im Schlafrock in seinem Garten stehen.« Der Dichterfürst als Gartenzwerg: Goethe ist schon geistreicher ridikülisiert worden. In ähnlich uninspiriert herabsetzender bzw. verkleinernder Weise geht es weiter: »Und als ich vor einigen Jahren in Weimar den Konrad-Adenauer-Preis überreicht bekam, fand ich mich unverhofft im Garten am Frauenplan wieder, und war doch erstaunt, wie klein der eigentlich ist.« Zuletzt sei ein Satz über *Werther* zitiert: »Da der ›Werther‹ unglücklich ausgeht, ist es eines der Bücher, die man nicht so gern wieder zur Hand nimmt.«[6] Das soll der Verfasser von *Tadellöser & Wolff* wirklich geschrieben haben?

Doch natürlich ist dann, wenn Autoren sich derart auffällig über ihre Vorgänger äußern, zumal über die kanonischen unter ihnen, eine besondere Skepsis geboten. Fast immer sind in solchen Fällen mehr oder weniger untergründige Spannungsverhältnisse wirksam. So auch hier: Der letzte Satz des Artikels, in dem Kempowski sich fragt, wie eine der durch den *Werther* ausgelösten Kleidungsmode analoge ›Tadellöser-Mode‹ wohl aussähe, deutet an, dass Kempowski sich in Wahrheit mit Goethe gemessen hat und dass er den einst von ihm besetzten Platz im literarischen Feld, der seit dem Tod Thomas Manns wieder frei war – mit T. J. Reed könnte man ihn als die »klassische Mitte«[7] bezeichnen – gerne eingenommen hätte. Möglicherweise könnte man auch Haus Kreienhoop als einen Versuch ansehen, Goethes Haus am Frauenplan zu überbieten, der Hinweis auf die Kleinheit von Goethes Garten legt es nahe, zudem ist bekannt, wie wichtig das Dichterhaus als Medium der Selbstinszenierung für Kempowski war. Dazu würde auch passen, dass in Kempowskis Arbeitszimmer nicht weniger als zwei Goethe-Porträts hingen, worauf er selbst öffentlich aufmerksam gemacht hat.[8] Aber wie auch immer: Es geht im Folgenden nicht um den Nachweis von Abhängigkeiten oder direkten Bezugnahmen, im Vordergrund steht vielmehr das Herausarbeiten einer Übereinstimmung in poetologischen Fragen, auf welchem Weg auch immer sie zustande gekommen sein mag.

1. Was habe ich gemacht?
Ein Kollektivwesen namens Kempowski

Eine der erstaunlichsten poetologischen Äußerungen Goethes überhaupt stammt aus einem Gespräch, das er im Jahr seines Todes mit seinem Freund Frédéric Soret geführt hat, einem Schweizer Gelehrten, der damals als Prinzenerzieher in Weimar tätig war; er war es auch, der den Wortlaut des Gesprächs auf Französisch festgehalten hat. Diese Äußerung wird immer wieder (meist unvollständig) zitiert, allerdings selten genauer interpretiert. Das ist anders in Kai Sinas Studie *Kollektivpoetik*, die bis dato die wohl ausführlichste Rekonstruktion der Äußerung, ihrer Voraussetzungen und Wirkungen enthält;[9] anders ist es auch bei Dirk von Petersdorff, der in seiner Untersuchung von Goethes Lyrik zwar kurz, aber ebenfalls in differenzierter Weise darauf eingeht.[10] Hier kann man anschließen.

Zunächst soll die Äußerung aber selbst zitiert werden, im Original und in einer zuverlässigen deutschen Übersetzung:

> Qu'ai-je fait? J'ai recueilli, utilisé tout ce que j'ai entendu, observé. Mes œuvres sont nourries par des milliers d'individus divers, des ignorants et des sages, des gens d'esprit et des sots. L'enfance, l'âge mûr, la vieillesse, tous sont venus m'offrir leurs pensées, leurs facultés, leur manière d'être, j'ai recueilli souvent la moisson que d'autres avaient semée. Mon œuvre es celle d'un être collectif et elle porte le nom de Goethe.

> Was habe ich gemacht? Ich sammelte und benutzte alles was mir vor Augen, vor Ohren, vor die Sinne kam. Zu meinen Werken haben Tausende von Einzelwesen das ihrige beigetragen, Toren und Weise, geistreiche Leute und Dummköpfe, Kinder, Männer und Greise, sie alle kamen und brachten mir ihre Gedanken, ihr Können, ihre Erfahrungen, ihr Leben und ihr Sein; so erntete ich oft, was andere gesäet; mein Lebens-

> werk ist das eines Kollektivwesens, und dies Werk trägt den Namen Goethe.[11]

Im Anschluss an Sina hat Petersdorff darauf hingewiesen, dass im Begriff des ›Kollektivs‹ hier noch eine ältere Wortbedeutung mitklingt, die vom lateinischen *colligere* ausgeht und also die Tätigkeit des Sammelns in den Vordergrund rückt, was ja auch dem Gang von Goethes Argumentation entspricht, in der das Wort ›sammeln‹ zuerst fällt, noch vor dem ›benutzen‹. Zudem hat Petersdorff gezeigt, dass hier zwei Ichs am Werk sind: einerseits ein schwaches Ich, das sich durch eine spezifische Permeabilität und Perzeptibilität auszeichnet, andererseits ein starkes, das in besonderer Weise zur Produktivität befähigt ist:

> Die Besonderheit dieses Menschen, die er ausnutzt, besteht also in seiner Aufnahmekapazität und in der Fähigkeit zur Weiterverarbeitung – die Ernte bringt er ein. So wird das Ungeordnete und Chaotische in »mein Werk« verwandelt. Es stammt von einem »Kollektivwesen« (schwaches Ich), das aber einen besonderen Namen trägt (starkes Ich). Aus der Offenheit und Schwäche dieser Person gehen ihr Reichtum und ihre Stärke hervor.[12]

Man könnte auch sagen, dass Goethes Äußerung ein Konzept der doppelten Mitte zugrunde liegt, denn zum einen positioniert er sich in der Mitte zwischen zwei Autoren-Typen, die man als *poeta colligens* und *poeta formans* bezeichnen könnte. Bei dem ersten Typus steht die Tätigkeit des Sammelns im Vordergrund, entsprechend ist er eher als ein Redaktor zu beschreiben, der zweite Typus hingegen ist ein durch sein Streben nach Form und damit nach Werkhaftigkeit geprägter emphatischer Autor. Zum anderen positioniert Goethe sich als Vermittler zwischen zwei Gruppen von Menschen: dem Kollektiv jener »Einzelwesen« – man könnte sie ›Sub-Autoren‹ nennen –, deren Beiträge er ›sammelt‹ und ›benutzt‹, um sie dann zu einem

Werk zu formen, und dem Kollektiv der »Einzelwesen«, die dieses Werk schließlich aufnehmen werden, den Rezipienten. Goethe nimmt hier also eine genuin mittlere Position ein, und dies eben in doppelter Hinsicht.

So überraschend es erscheinen mag, findet sich dieses Konzept aber nun im Werk Kempowskis wieder: einerseits in der *Deutschen Chronik*, in die ja – am deutlichsten in den drei ›Befragungsbüchern‹ – ganz offenkundig Materialien verschiedenster Herkunft eingegangen sind, die Kempowski zuerst ›gesammelt‹ hat, um sie dann zu ›benutzen‹ und zu einem Werk zu formen. Andererseits – und dies vor allem – findet sie sich aber im *Echolot* wieder, das geradezu wie eine exemplarische Konkretisierung, Systematisierung und Radikalisierung von Goethes ja nur gesprächsweise formulierten und insofern rudimentär bleibenden Äußerung wirkt. Denn auf welchen Autor träfen die Sätze – »Ich sammelte und benutzte alles was mir vor Augen, vor Ohren, vor die Sinne kam« und »Zu meinen Werken haben Tausende von Einzelwesen das ihrige beigetragen, Toren und Weise, geistreiche Leute und Dummköpfe, Kinder, Männer und Greise, sie alle kamen und brachten mir ihre Gedanken, ihr Können, ihre Erfahrungen, ihr Leben und ihr Sein;« – auf wen träfen diese Sätze mehr zu als auf den Autor des *Echolot*, der sich zu Beginn des Werks im Übrigen selbst als einen Sammler beschreibt:

> Seit langem bin ich wie besessen von der Aufgabe zu retten, was zu retten ist, ich habe nie etwas liegenlassen können, ich habe aufgesammelt, was zu bekommen war, und ich habe alles gesichtet und geordnet. Den Guten, die auch immer ein wenig böse sind, und den Bösen, die auch von einer Mutter geboren wurden, habe ich zugehört, und ich habe ihre Texte zu einem Dialog formiert.[13]

Wie Goethe positioniert sich also auch Kempowski in der Mitte zwischen dem Typus des schwachen, aber aufnahmefähigen

Walter Kempowski

Das Echolot

Ein kollektives Tagebuch
Januar und Februar
1943

Band I
1. bis 17. Januar 1943

Albrecht Knaus

poeta colligens, der allen, den Guten wie den Bösen gleichermaßen, ›zuhört‹ und ›aufsammelt‹, was von ihnen »zu bekommen war«, und dem des starken *poeta formans*, der das Gesammelte ›sichtet‹, ›ordnet‹ und ›formiert‹. (Letzteres manifestiert sich im Vorwort auch insofern, als – darauf hat Kai Sina hingewiesen – auf einer knappen Seite nicht weniger als 19-mal ›Ich‹ gesagt wird.)[14] Daraus folgt aber, dass auch das *Echolot* das Werk eines Kollektivwesens ist. Und dass dieses Wesen jetzt in der Tat den Namen Kempowski trägt, kann man schon bei einem ersten Blick auf dieses Werk sehen:

»Walter Kempowski« steht da als Erstes, und dann *Das Echolot. Ein kollektives Tagebuch*. Auch Kempowski nimmt als Vermittler zwischen dem Kollektiv der Sub-Autoren und dem der Rezipienten somit eine genuin mittige Position ein. Um eine Konkretisierung von Goethes Äußerung handelt es sich dabei insofern, als diese abstrakt geblieben war; Kempowski hingegen hat daraus eine konkrete Arbeitsmethode entwickelt. Systematisiert wird Goethes Äußerung insofern, als das Sammeln nicht dem Zufall überlassen bleibt, sondern planmäßig vonstattengeht: Die Quellen werden eingefordert, archiviert, nach bestimmten Prinzipien ausgewertet etc. Von einer Radikalisierung kann schließlich im Hinblick auf den enormen Umfang des *Echolots* die Rede sein. Des Weiteren werden die kollektiven Autorschaftsverhältnisse in diesem Werk nicht verdeckt wie bei Goethe, der sie in seinen einzelnen Werken ja gerade nicht markiert, sondern von vornherein offengelegt. Insofern kann man insgesamt sagen, dass Kempowski Goethes rudimentäres Konzept der doppelten Mitte ausgearbeitet, erweitert und beispielhaft umgesetzt hat.

2. Im Zwischenraum: Die Romanserie als mittleres Medium einer mittleren Geschichte

Weitere Aspekte der Mitte bzw. des Mittleren, die sowohl bei Goethe als auch bei Kempowski begegnen, finden sich in der Serie der *Wilhelm Meister*-Romane bzw. der *Deutschen Chronik*. Um das zu belegen, sei zunächst der Anfang der *Wilhelm Meister*-Serie in den Blick genommen, also der erste Absatz von *Wilhelm Meisters theatralischer Sendung*:

> Es war einige Tage vor dem Christabend 174 – als Benedikt Meister Burger und Handelsmann zu M-, einer mittlerern Reichsstadt, aus seinem gewöhnlichen Kränzgen Abends gegen achte nach Hause ging. Es hatte sich wider die Gewohnheit die Tarock Partie früher geendigt, und es war ihm nicht ganz gelegen, daß er so zeitlich in seine vier Wände zurückkehren sollte, die ihm seine Frau eben nicht zum Paradiese machte. Es ware noch Zeit bis zum Nachtessen, und so einen Zwischenraum pflegte sie ihm nicht mit Annehmlichkeiten auszufüllen, deswegen er lieber nicht ehe zu Tische kam als wenn die Suppe schon etwas überkocht hatte.[15]

Aspekte der Mitte bzw. des Mittleren zeigen sich zuerst im Hinblick auf die Situierung des Textes in Zeit und Raum: Zeitpunkt der Handlung sind die 1740er Jahre und damit die Mitte des Jahrhunderts. Darüber hinaus setzt die Handlung in einem unerwartet entstandenen zeitlichen »Zwischenraum« ein, sodass man sagen kann, dass der Zeitpunkt dieses Anfangs in doppelter Hinsicht ein mittlerer ist. Auch die räumliche Situierung folgt einer Ordnung der Mitte, denn der Ort der Handlung ist eine »mittlere[] Reichsstadt«. Des Weiteren sind die beiden hier auftretenden Figuren – Benedikt Meister und seine Frau – insofern mittlere Figuren, als sie dem Bürgertum angehören und entsprechend zwischen den hohen und niederen Ständen stehen. Und auch den hier angedeuteten Konflikt zwischen den

Figuren könnte man als einen Konflikt mittlerer Art bezeichnen, da er den bürgerlichen Ehealltag betrifft und damit eine Sphäre, die genau zwischen den emotionalen Extremen der romantischen Liebe liegt, die man mithilfe eines anderes Goethe-Textes beschreiben kann: »Himmelhoch jauchzend / zum Tode betrübt«.[16] Genau in der Mitte zwischen diesen beiden Extremen bewegen sich Benedikt Meister und seine Frau.

Die Gattung des Textes ist insofern ebenfalls als eine mittlere einzustufen, als der Roman in den 1780er Jahren, in denen Goethe an der *Wilhelm Meister*-Serie zu arbeiten begann, in der Hierarchie der Gattungen noch eine mittlere Stellung einnahm: nicht mehr – wie noch zu Beginn des Jahrhunderts – an der untersten Stelle der Hierarchie, aber noch nicht – wie dann am Ende des 19. Jahrhunderts – an der obersten Stelle. Diesen Prozess eines schrittweisen Aufstiegs des Romans (für den *Wilhelm Meisters Lehrjahre* als Muster eines ›hohen‹ Romans eine zentrale Rolle gespielt hat), kann man sehr gut etwa in Friedrich von Blanckenburgs *Versuch über den Roman* von 1774 beobachten, in dem Blanckenburg den Versucht macht, die bis dahin als nicht theoriewürdig angesehene Gattung zu nobilitieren, indem er unter anderem ihre Gleichrangigkeit mit dem in der Gattungshierarchie traditionell an oberster Stelle stehenden Epos postuliert.[17] Am Rande bemerkt: Das Konzept einer Hierarchie der Gattungen stammt aus der Rhetorik, wo etwa die drei kanonischen Texte Vergils traditionell in eine hierarchische Ordnung gebracht wurden, an deren oberster Stelle die *Aeneis* und an deren unterster Stelle die *Bucolica* standen, in der Mitte aber die *Georgica*. Zugleich waren diesen drei Texten drei verschiedene Wirkungsfunktionen (*movere – delectare – prodesse*) und Stilarten (*genus grande – genus medium – genus humilis*) zugeordnet. Hier dürfte ein wichtiger Bezugspunkt der modernen Poetik der Mitte liegen. Denn auch wenn die Geltung der rhetorischen Tradition in den 1780er Jahren insgesamt schon deutlich abgeschwächt war, waren solche Ordnungsmodelle in der Gattungspoetik der Zeit latent noch immer wirksam.

In jedem Fall wird, wenn man den Beginn von *Wilhelm Meisters theatralischer Sendung* in stilistischer Hinsicht etwa mit dem des *Werther* vergleicht, deutlich, dass Goethe hier einem anderen Stilideal folgte:

> Wie froh bin ich, daß ich weg bin! Bester Freund, was ist das Herz des Menschen! Dich zu verlassen, den ich so liebe, von dem ich unzertrennlich war, und froh zu seyn! Ich weis, du verzeihst mir's. Waren nicht meine übrigen Verbindungen recht ausgesucht vom Schicksaal, um ein Herz wie das meine zu ängstigen? Die arme Leonore! Und doch war ich unschuldig! Konnt ich dafür, daß, während die eigensinnigen Reize ihrer Schwester mir einen angenehmen Unterhalt verschafften, daß eine Leidenschaft in dem armen Herzen sich bildete! Und doch – bin ich ganz unschuldig? Hab ich nicht ihre Empfindungen genährt? Hab ich mich nicht an den ganz wahren Ausdrücken der Natur, die uns so oft zu lachen machten, so wenig lächerlich sie waren, selbst ergözt? Hab ich nicht – O was ist der Mensch, daß er über sich klagen darf![18]

Die Unterschiede liegen klar zu Tage: Während der Stil am Anfang des *Werther* bei aller scheinbaren Spontaneität tatsächlich stark rhetorisch überformt ist und insofern wohl dem *genus grande* zuzuordnen wäre, ist der Stil am Beginn von *Wilhelm Meisters theatralischer Sendung* nüchterner und tendenziell, wenn auch nicht gänzlich, unrhetorisch; er wäre somit dem *genus medium* zugehörig.

Ein letzter Aspekt der Mitte, der ebenfalls aus der Rhetorik stammt, ist schließlich der *medias in res*-Einstieg. Er begegnet zwar noch nicht zu Beginn von *Wilhelm Meisters theatralischer Sendung*, zu Beginn von *Wilhelm Meisters Lehrjahren* (also dem ersten veröffentlichten Band der Serie), dann aber umso einschlägiger:

> Das Schauspiel dauerte sehr lange. Die alte Barbara trat einigemal ans Fenster und horchte, ob die Kutschen nicht rasseln wollten. Sie erwartete Marianen, ihre schöne Gebieterin, die heute im Nachspiele, als junger Offizier gekleidet, das Publikum entzückte, mit größerer Ungeduld, als sonst, wenn sie ihr nur ein mäßiges Abendessen vorzusetzen hatte; diesmal sollte sie mit einem Paket überrascht werden, das Norberg, ein junger reicher Kaufmann, durch den Postwagen geschickt hatte, um zu zeigen, daß er auch in der Entfernung seiner Geliebten gedenke.[19]

Insofern kann man zuspitzend formulieren: Die Serie der *Wilhelm Meister*-Romane ist, zumindest an ihrem Anfang (*Wilhelm Meisters Wanderjahre* bewegt sich bekanntlich dann teilweise in eine andere Richtung), in umfassender Weise von Konzepten der Mitte und des Mittleren bestimmt, die der Poetik der Mitte zuzuordnen es gute Gründe gibt.

Derselben Poetik aber folgt letztlich auch die *Deutsche Chronik*: Auch sie erzählt von mittleren Figuren aus einer mittleren Stadt, und sie tut das in einem Stil, der von den Höhenflügen eines Günter Grass ungefähr gleich weit entfernt ist wie von den Untergrundgängen eines Hubert Fichte. Zwar kann der Roman in der zweiten Hälfte des 20. Jahrhunderts längst nicht mehr als mittlere Gattung bezeichnet werden, dafür liegt Kempowskis Umgang mit der Gattung aber genau in der Mitte zwischen einer Romanpoetik des *high brow* (wie sie unter Kempowskis Zeitgenossen etwa von Uwe Johnson vertreten wurde) und einer des *low brow* (hierfür mag Konsalik als Beispiel dienen); exemplarisch verwirklicht die *Deutsche Chronik* somit eine Romanpoetik des *middle brow*.

Wenn man die Anfänge der beiden Serien vergleicht, zeigen sich weitere Gemeinsamkeiten im Detail: Der zuerst erschienene Band der *Deutschen Chronik*, also *Tadellöser & Wolff*, ist – wie *Wilhelm Meisters theatralische Sendung* – in der Mitte des Jahrhunderts situiert und zugleich in einem weiteren temporalen Zwischenraum spezifischer Art, nämlich der Zeitspanne zwischen dem Verlassen der alten Wohnung und dem Bezug der neuen, und auch dieser Roman beginnt *medias in res*: »Morgens hatten wir noch in der alten Wohnung auf grauen Packerkisten gehockt und Kaffee getrunken (gehört das uns, was drin ist?).«[20] Und dass Kempowski auch in der *Deutschen Chronik* – wenn auch im Vergleich zum *Echolot* in einer abgeschwächten Form – als Autor in doppelter Weise eine Position der Mitte einnimmt, wurde bereits gesagt.

Vielleicht kann man die *Deutsche Chronik* insgesamt somit als einen Versuch der Überbietung der *Wilhelm Meister*-Serie ansehen: Das, was dort anhand einer autobiografisch grundierten Hauptfigur exemplarisch erzählt wird, nämlich die mittlere Geschichte einer mittleren Figur und damit auch einer mittleren Gesellschaftsschicht, wird hier ausgeweitet zu der exemplarischen autofiktionalen Erzählung der mittleren Geschichte des Autors und seiner Familie, die ebenso aus der Mitte der Gesellschaft stammt. Aus den zwei bzw. (wenn man die *theatralische Sendung* mitrechnet) drei Teilen des *Wilhelm Meister* werden die sechs bzw. (wenn man die ›Befragungsbücher‹ mitzählt) neun Teile der *Deutschen Chronik*.

Das würde auch erklären, warum Kempowski in seinem Artikel über Goethe die (angebliche) Kleinheit von dessen Garten so sehr betont und ihn selbst zu einem Gartenzwerg gemacht hat. Auf der Schulter dieses Zwerges aber steht der Riese Kempowski, so wollte er es seiner Leserschaft jedenfalls weismachen. Die Wahrheit liegt wohl irgendwo in der Mitte.

1 Friedrich Hölderlin: Gedichte, hg. von Jochen Schmidt, Frankfurt am Main 1992, S. 346.

2 Stefan George: Der siebente Ring, bearbeitet von Ute Oehlmann, Stuttgart ²2011, S. 168.

3 Vgl. dazu Ernst Osterkamp: Poesie der leeren Mitte. Stefan Georges Neues Reich, München 2010.

4 Thomas Kling: »Czernin«, in: T. K.: Werke in vier Bänden, Bd. 4: Essays 1974–2005, hg. und mit einem Nachwort von Frieder von Ammon, Berlin 2020, S. 821.

5 Kai Sina: Sühnewerk und Opferleben. Kunstreligion bei Walter Kempowski, Göttingen 2012, S. 172f.

6 Walter Kempowski: »Johann Wolfgang Goethe«, in: W. K.: Umgang mit Größen. Meine Lieblingsdichter – und andere, hg. und mit einem Vorwort von Karl Heinz Bittel, München 2011, S. 101f.

7 Terence J. Reed: Die klassische Mitte. Goethe und Weimar 1775–1832, Stuttgart u. a. 1982.

8 Vgl. Sina: Sühnewerk und Opferleben (Anm. 5), S. 173.

9 Kai Sina: Kollektivpoetik. Zu einer Literatur der offenen Gesellschaft in der Moderne mit Studien zu Goethe, Emerson, Whitman und Thomas Mann, Berlin/Boston 2019, S. 39–105.

10 Dirk von Petersdorff: »Und lieben, Götter, welch ein Glück«. Glaube und Liebe in Goethes Gedichten, Göttingen 2019, S. 9–11.

11 Johann Wolfgang Goethe: Sämtliche Werke. Briefe, Tagebücher und Gespräche (Frankfurter Ausgabe). 40 in 45 Bänden in 2 Abteilungen, hg. von Friedmar Apel u. a., Frankfurt am Main/Berlin 1985–2013, Abt. II, Bd. 11: Die letzten Jahre. Briefe, Tagebücher und Gespräche, S. 521f. Im Folgenden wird aus dieser Ausgabe unter der Sigle FA nebst Angabe der jeweiligen Abteilung und des Bandes zitiert (hier also FA II/11, 521f.).

12 Petersdorff: »Und lieben, Götter, welch ein Glück« (Anm. 10), S. 11.

13 Walter Kempowski: Das Echolot. Ein kollektives Tagebuch. Januar und Februar 1943, München 1993, Bd. 1, S. 7.

14 Sina: Sühnewerk und Opferleben (Anm. 5), S. 244.

15 FA I/9, 11.

16 FA I/5, 505.

17 Vgl. dazu Eberhard Lämmert: »Nachwort«, in: Friedrich von Blanckenburg: Versuch über den Roman. Faksimiledruck der Originalausgabe von 1774. Mit einem Nachwort von Eberhard Lämmert, hg. von E. L., Stuttgart 1965, S. 541–583, hier S. 552f.

18 FA I/8,10.

19 FA I/8, 359.

20 Walter Kempowski: Tadellöser & Wolff. Ein bürgerlicher Roman, München 1971, S. 7.

Dieter Lamping

Die Literatur der Mitte und die Philosophie der Mitte

Walter Kempowski von Karl Jaspers her gelesen

1.

Der Weg scheint weit von Walter Kempowski zu Karl Jaspers – von dem detailverliebten Erzähler, Chronisten und Dokumentaristen zu dem eine Generation älteren, auf Menschheitsfragen ausgerichteten Existenzphilosophen. Viel mehr als eine Neigung zu großen Projekten scheint diesen beiden Norddeutschen nicht gemeinsam zu sein – und ein gewisser, allerdings je verschiedener Bezug zu Oldenburg. So wie der eine ganz Autor war, so war der andere ganz Philosoph. Wie immer man Kempowski einordnet – einen philosophischen Schriftsteller würde man ihn, anders als Jaspers, nicht nennen.[1] Jaspers wiederum war außerordentlich belesen, auch literarisch, aber Literatur stand bei ihm unter dem Verdacht der ästhetischen Unverbindlichkeit. Zu den Denkern auf der Grenze von Philosophie und Dichtung wollte er nie gehören. Von der deutschen Literatur nach 1945 nahm er zumeist nur noch zur Kenntnis, was Hannah Arendt ihm empfahl. Kempowski gehörte nicht mehr dazu. Als *Im Block* erschien, im Herbst 1969, war Jaspers schon tot.

Kempowski auf der anderen Seite hat sich zwar auf Jaspers bezogen, aber nicht in auffälliger Weise. In *Echolot* hat er einen privaten Brief aufgenommen, mit dem sich der bereits zwangsweise in den Ruhestand versetzte Jaspers für Freundes- und Kollegengaben zu seinem 60. Geburtstag am 26. Februar 1943 bedankte – während die Schlacht von Stalingrad zu Ende ging.[2] Auch sonst mag Kempowski Jaspers gelesen haben. In einem Fernsehgespräch von 2007 mit Peter Voß hat er von der Schuld gesprochen, die er gegenüber seiner Mutter empfand, und dafür den Ausdruck ›metaphysische Schuld‹ verwendet, den Jaspers in seinem Buch *Die Schuldfrage* von 1947 eingeführt hat.[3]

Wieweit diese Referenzen belastbar sind, sei dahingestellt. Über Jaspers und Kempowski sprechen soll hier vielmehr heißen: einen Blick auf Kempowski von Jaspers her versuchen. Dieser Versuch geht von dem aus, was sie im Zeichen einer Mitte – einer Philosophie der Mitte hier, einer Literatur der Mitte da – vergleichbar macht. Es versteht sich von selbst, dass man so weder den ganzen Jaspers noch den ganzen Kempowski in den Blick bekommen, allenfalls Zusammenhänge erkennen kann, die man übersehen würde, bliebe man nur auf einer der beiden Seiten. Dabei geht es weniger darum, die literarische Oberfläche der Bücher Kempowskis noch genauer zu beschreiben, als darum, eine Tiefenstruktur seines Schreibens etwas freier zu legen, als bislang geschehen ist, das allerdings ohne ästhetische Wertung.

2.

Eine Philosophie der Mitte hat es lange vor einer Literatur der Mitte gegeben. Ihre Geschichte reicht weit in die Antike zurück, und zwar vor allem in die chinesische und die griechische. Konfuzius gilt als der große asiatische Philosoph der Mitte und des Maßes, gefolgt etwa von dem Daoisten Dschuang-dsi mit seiner Lehre vom ›Fasten des Geistes‹. In der griechischen Philosophie gibt es Gedanken über das Maß, das metron, schon bei Demokrit und bei Platon, etwa im *Timaios*. Doch vor allem verbindet man mit Aristoteles die Lehre von der Mitte (Mesotes). Sie ist zunächst, zumal in der *Nikomachischen Ethik*, eine Lehre von der Tugend, die definiert wird als »ein Mittleres«, »nämlich ein Mittleres zwischen zwei Fehlern«.[4] Tugend ist vernunftgeleitetes Handeln, das sich zwischen Extremen maßvoll entscheidet, *»ein mittleres Verhalten, darauf bedacht, die rechte Mitte zu treffen«*.[5] Sie wird auch im Hinblick auf den Einzelnen gedacht. In der *Eudemischen Ethik* heißt es:

> Es muß […] die ethische Tugend in Beziehung auf jeden einzelnen in einem Mittelmaß bestehen, das auf Lust und Schmerz, Annehmlichkeiten und Widerwärtigkeiten Anwendung findet. Es wird also dieses Mittelmaß zu bewähren sein, bald in der Lust (denn auch hier gibt es ein Zuviel und ein Zuwenig), bald im Schmerz und bald in beidem.[6]

Es ist nicht schwer zu erkennen, dass solche Mitte ein Ziel des Handelns ist, das nicht ein kleineres Übel, sondern das Erstrebenswerte, ja das Vollkommene darstellt. Mitte ist für Aristoteles keineswegs Mittelmaß; erst seit Nietzsche steht sie im Verdacht, nur das zu sein.

Die Philosophie der Mitte hat bei Aristoteles aber nicht nur eine ethische, sondern auch eine politische Seite. In seiner *Politeia* hat er »drei Klassen der Bürgerschaft« unterschieden: »die sehr wohlhabenden, die sehr armen und diejenigen, die zwischen diesen in der Mitte stehen«: der Mittelstand, wie er bis heute heißt. Sein Wohlstand ist, von der Lehre der Mitte her betrachtet, höher als Reichtum und Armut zu schätzen: »Wenn man […] zugibt, daß das Mittelmaß das beste sei, so ist also klar, dass auch bei dem Besitz von Glücksgütern ein Mittelmaß das allerbeste ist.«[7] Das gilt nicht nur im Hinblick auf die persönliche Lebensführung, sondern noch mehr in gesellschaftspolitischer Hinsicht. Für den Bestand des Staates sind die Angehörigen des Mittelstandes am wichtigsten:

> Dieser Mittelstand ist in der Tat das konservative Element in den Staaten. Weder begehrt er, wie die Armen, nach fremdem Gut, noch begehren andere nach dem seinen, wie die Armen nach dem der Reichen. So kann er sein Dasein ungefährdet erhalten, da er weder andere angreift, noch andere ihn.[8]

Maßfinden und Maßhalten als Tugend und der Mittelstand als gemäßigte Mitte der Gesellschaft sind bis heute die beiden wichtigsten ethischen und sozialphilosophischen Bedeutungen des Begriffs der Mitte. Wie sehr sie noch immer zusammengedacht werden, zeigt für die politische Theorie exemplarisch Herfried Münklers Abhandlung über *Mitte und Maß*.[9]

3.

Karl Jaspers hat sich nicht ausdrücklich zu einer Philosophie der Mitte bekannt; gleichwohl hat er an sie angeknüpft, vor allem im letzten Kapitel seiner großen Abhandlung *Von der Wahrheit*. Er hat sich dabei u. a. auf Plotin, Platon, Kant und Aristoteles bezogen, den Akzent der Lehre von der Mitte aber etwas verschoben – in Richtung auf das »Mittlere«, das die Philosophie darstelle: »Weil das Philosophieren auf dem Weg von etwas her zu etwas hin erfolgt, ist es ein Sein zwischen Ursprung und Ziel, ein In-der-Mitte sein, ein Mittlersein.«[10]

Die »Denkform des Mittleren«[11] meint dabei zweierlei. Im Unterschied zur Unentschiedenheit wie zur »Entschiedenheit«[12] ist das In-der-Mitte-Sein bei Jaspers »Bewegung«[13] zur Wahrheit. Das Mittlere hat er gewissermaßen dynamisiert, eine aristotelische Bestimmung aufgreifend, nämlich die des Mittleren als eines Handelns. Es ist Bewegung auf ein Umfassendes zu: »die Grundgedanken des Äußersten in den dualistischen Scheidungen«, schreibt Jaspers, »werden Glieder in einem umfassenden Philosophieren«,[14] das das »anfänglich dualistische Philosophieren«[15] überwindet. Der Mittler ist also vor allem ein Vermittler zwischen Extremen, der sie dialektisch auf eine neue Stufe der Wahrheit führt. »Das Mittlere«, so Jaspers, wiederum Aristoteles folgend, »ist die Vollendung. In der Vollendung sind die Dualismen aufgehoben«.[16]

Dieses Mittlere ist für Jaspers eine Realität, es ist »gerade das ganz und eigentlich Wirkliche«.[17] In der Mitte ist menschliches Leben in seiner konkreten alltäglichen »Verwirklichung«.[18] Es ist nicht »ein Äußerstes«, ein entschiedenes »Entweder-Oder«, das in einer »doch leicht leer werdenden Erhabenheit«[19]

erstarrt. Gleichwohl warnt Jaspers vor einer oberflächlichen »Harmonisierung«, durch die das »in der ›richtigen Mitte‹«-Sein zur »Trivialisierung«[20] werde. Die Mitte ist für ihn immer »Spannung«.[21]

Wenn Jaspers vom »Mittleren« spricht, meint er aber auch ausdrücklich noch den »Mittler«[22] selber. Er hat keinen Zweifel daran gelassen, dass für ihn der Philosoph ein Mittler und Vermittler ist, weil er auf dem Weg zur Wahrheit im Gespräch ist. In seiner *Philosophischen Autobiographie* hat er zwei Sätze über sich geschrieben, die ein solches Selbstverständnis aussprechen:

> Ich wünschte das Philosophieren, das dem Menschen als Menschen zugänglich und überzeugend sein kann, aber nicht als esoterische Angelegenheit vereinzelter Aristokraten. Vielmehr möchte ich gleichsam als Mann auf der Straße mit dem Mann von der Straße sprechen.[23]

Der Mann *von* der Straße ist eine populäre Figur: der Durchschnittsbürger ohne besonderen Einfluss und Vermögen – ein Angehöriger des Mittelstandes. Der Mann *auf* der Straße ist dagegen eine Berühmtheit, zumindest unter Philosophen. Er ist kein anderer als Sokrates, der sein Leben, »wie viele Athener auf der Straße, auf dem Markt, in den Gymnasien«[24] verbrachte, immer im Gespräch mit anderen. So kennt man ihn aus der Literatur, auch der philosophischen, von Xenophon bis zu Platon. Wenn Jaspers schreibt, dass er »gleichsam« wie der Mann auf der Straße zum Mann von der Straße sprechen möchte, verwandelt er, mit einem literarischen Kunstgriff, die populäre Redefigur in eine Metapher. So erklärte er sich als ein Philosoph, der auch für Leser schreiben wollte, die keine studierten Philosophen sind: allgemein verständlich, nicht ›esoterisch‹. Zweifellos war er vor allem mit seinen vielgelesenen Einführungen und Aufsatzbänden auf der Suche nach einem Publikum in der Mitte der Gesellschaft.

Auch deshalb hat Hannah Arendt bei ihm eine »fast vorsätzliche Neigung zum Popularisieren« erkannt. Die verdankt sich nach ihrer Einschätzung vor allem der »Überzeugung, dass Vernunft und existenzielles Betroffensein in allen Menschen gleich ist, daß Philosophie an alle appellieren kann«.[25] Hannah Arendt hat diese Überzeugung als weltbürgerlich verstanden. Man kann sie auch kommunikativ in einem starken Sinn nennen: als Versuch, sich seinesgleichen mitzuteilen. Politisch ist diese Haltung mit einem bürgerlichen Ideal verbunden: sich von gleich zu gleich zu verständigen, demokratisch, nach einem Ausgleich suchend.

4.

Nimmt man diese nur grob skizzierten Gedanken zum Ausgang, so eröffnen sich wenigstens zwei verschiedene Wege von der Philosophie der Mitte zur Literatur der Mitte. Der eine Weg ist der direkte. Es gibt eine Literatur der Mitte, die sich ausdrücklich auf eine Philosophie der Mitte bezieht, ja beruft. Das bekannteste neuere Beispiel dafür dürfte Luciano De Crescenzos Buch *Così parlò Bellavista* sein, trotz des auf Nietzsche – allerdings ironisch – anspielenden Titels ein Bestseller und trotz der Vermittlung von philosophischen Gedanken ein vergnügliches und leicht lesbares Buch.[26] Die Titelfigur, der Neapolitaner Gymnasialprofessor Bellavista, beruft sich darin auf die Philosophie der Mitte, der er großzügig nicht nur den Daoisten Dschuang-dsi oder, wie er bei ihm heißt: Tschung-tse, sondern auch Aristoteles und sogar Epikur zurechnet. Sie ist für ihn die den Neapolitanern eigene Philosophie des gelebten Lebens, die er als die mittlere Haltung zwischen Liebe und Freiheit kennzeichnet. Seine Verwirklichung findet dieses Philosophieren in einem sokratischen Dialog, den De Crescenzo schon im Titel seines Buchs *Oi dialogoi* beschwört.[27]

Der andere Weg von der Philosophie der Mitte zur Literatur der Mitte ist vorderhand etwas umwegiger; es ist der, der von Jaspers zu Kempowski führt und der in der Suche nach der Mitte zwischen der Philosophie und der Literatur der Mitte besteht. Kempowski einen Schriftsteller der Mitte zu nennen, liegt zunächst, von Aristoteles aus, soziologisch nahe. In der Tat ist er ein Romancier des (nord-)deutschen Bürgertums in der Mitte und am Ende des 20. Jahrhunderts, der sich nicht ohne Grund gern mit Thomas Mann vergleichen ließ. Im Unterschied zu anderen Autoren seiner Generation – etwa Peter Rühmkorf, Hans Magnus Enzensberger und Günter Grass, auch noch dem etwas jüngeren Uwe Johnson und dem etwas älteren Heinrich Böll – ist Kempowski nicht nur sozial im Mittelstand verwurzelt. Er schreibt auch aus dessen Sicht, als einer, der sich offensichtlich dem Bürgertum verbunden und zugehörig fühlt, von seiner Herkunft, seiner Bildung, auch von seinem Wohlstand her.

Das Bürgerliche hat er in seinen verschiedenen Spielarten literarisch gewissermaßen ausgemessen, etwa von der bildungsbeflissenen Kaufmanns- und Reederfamilie Kempowski in *Tadellöser & Wolff* und den Folgebänden bis zum erfolgreichen und besitzstolzen Schriftsteller Sowtschick in *Hundstage*. Das Bürgerliche hat bei Kempowski seine eigene nicht nur historische, sondern auch literarhistorische Signatur. Bürger und Künstler ist für ihn nicht mehr, wie noch für den jungen Thomas Mann, eine große Konfliktkonstellation. Kempowski war letztlich ein betont bürgerlicher Künstler, für den außer Frage stand, dass das Bürgertum etwa der Kaufleute und Lehrer ein legitimer künstlerischer Gegenstand ist.

Selbstredend wendet sich diese Kunst auch an die, die sie darstellt, und insofern kann man auch bei Kempowski von einer ›vorsätzlichen Neigung zum Popularisieren‹ sprechen. Genauso selbstverständlich mag sein, dass er als Autor Haltungen zeigt, die der Mitte zugehören. Dazu zählen, von Jaspers her gedacht, die Hinwendung zum konkreten, gelebten Leben, zum Alltag, und, darin schon eingeschlossen, die Vermeidung jeder Erhabenheit, sei es durch Witzeleien, sei es durch Untertreibung.

Formeln wie *Uns geht's ja noch Gold* dienen offenkundig nicht zuletzt der Abwehr von Pathos und lassen ein Gefühl etwa von Tragik kaum aufkommen.

Ein Schriftsteller der Mitte ist Kempowski somit auch ästhetisch. Seit *Tadellöser & Wolff* ist in seinem Werk die Bemühung deutlich zu erkennen, zwischen ästhetischen Extremen unterschiedlicher Art eine Mitte zu finden: zwischen Hochdeutsch und Plattdeutsch, zwischen Schriftsprache und gesprochener Sprache, zwischen oft skurriler Komik und existenziellem Ernst, zwischen traditionell kontinuierlichem und modern diskontinuierlichem Erzählen, zwischen Familienroman und Gesellschaftsroman, zwischen Imagination und Dokumentation. Was den von schon im Untertitel von *Tadellöser & Wolff* beschworenen ›bürgerlichen Roman‹ Kempowskis ausmacht, ist deshalb im Ganzen eine mittlere Position zwischen Populärliteratur und Avantgarde. Der einen nähert er sich in seinen frühen Romanen etwa im plattdeutschen Schnack der Familie Kempowski, der anderen etwa mit seiner Technik montierter Miniaturen.

Was sich darüber hinaus von einer Philosophie der Mitte her in Kempowskis Schreiben besonders deutlich zeigt, ist vor allem dreierlei, das ich zum Schluss thesenhaft knapp skizzieren möchte. Wie Jaspers den Philosophen versteht auch Kempowski den Schriftsteller als einen Mittler. Am deutlichsten ist das in seinen Dokumentationen, den kleinen und kleineren wie der großen letzten. Das künstlerische Mittel der Vermittlung ist bei Kempowski die Montage, die er gelegentlich, etwa in Tagebüchern wie *Sirius*, zur Collage ausweitet. Die Offenheit der Montage regt den Leser dazu an, zu vermitteln, was sie vorderhand bloß aneinanderreiht. Sie ist gleichwohl ein Mittel, die Harmonisierung zu vermeiden. Sie erlaubt Kempowski, wiederum am deutlichsten, aber nicht allein in *Echolot*, etwa die unterschiedlichsten Aussagen der verschiedenartigsten Zeugen nebeneinander zu stellen. Er hat das in seiner Nachbemerkung zu *Echolot. Abgesang '45* kurz und trocken so formuliert:

> Es liegt in der Natur der Sache, daß Tatsachen und Vorkommnisse nicht auf ihren Wahrheitsgehalt überprüft werden konnten. Hieraus und aus dem subjektiven Charakter der Quellen erklären sich offensichtliche Widersprüche.[28]

Hinzuzufügen wäre: Solche Spannungen liegen nicht nur in der Natur der Sache, sondern auch in der Natur der Methode, sie zu präsentieren.

Der Schriftsteller als Mittler scheint immer wieder auf der Suche nach Figuren der Mitte zu sein, die er beschreibend umkreist. Einer von ihnen mag der Autor sein, der Schriftsteller, der im Mittelpunkt stehen will, nicht bloß weil er offenkundig eitel ist, sondern auch weil er sich als Mitte begreift. Das gilt keineswegs nur für den Erfolgsautor Sowtschick, sondern auch für den Tagebuchschreiber Kempowski, die beide sich selbst Mittelpunkt sind und es für andere stets sein möchten. Eine andere Person, die so präsentiert wird, ist der Bruder Robert Kempowski, der vor allem in *Hamit* als ein Mensch geschildert wird, um den, buchstäblich als Mann auf der Straße seiner Heimatstadt, sich immer wieder Menschen scharen. Die eigentliche Figur der Mitte aber dürfte die Mutter sein, Margarete Kempowski, die in *Tadellöser & Wolff* nach und nach in den Mittelpunkt rückt, bei allen Klagen eine ausgleichende, ihre Mitte nicht verlierende, das Maß lebende Person, deren rhetorische Lieblingsfigur nicht zufällig der – allerdings meist etwas schiefe – Vergleich ist.

Von der Philosophie der Mitte her erschließt sich auch Kempowskis weniger ausdrücklich ausgesprochene als beständig geübte Bemühung, sich auf von vielen geteilte Erfahrungen zu beziehen. Sein Weg als Schriftsteller führt im Großen von dem aus existenzieller Betroffenheit geschriebenen Gefängnis-Buch *Im Block* über die Familienchronik zum Epochenbild in *Das Echolot*. Man könnte ihn – mit Stichworten von Jaspers – als den Weg von der eigenen »Existenz« über die »Existenz unter Existenzen« zu dem »allen Gemeinsamen«[29] bezeichnen.

Das »allen Gemeinsame« ist nach Jaspers unterschiedlich begründet. Im Fall Kempowskis ist es in erster Linie das, was Jaspers die »Situation«[30] nennt: die historische Situation, in diesem Fall des Krieges. Der Rekurs auf die eigene Lebensgeschichte, die Familiengeschichte und schließlich die allgemeine Geschichte, jeweils im Zusammenhang mit Nationalsozialismus und Zweitem Weltkrieg, ist im Sinn Jaspers' die »Aneignung eines geschichtlichen Grundes«[31] einer Generation.

Die Mitte als das ›allen Gemeinsame‹ hat Jaspers allerdings von den Extremen her gedacht. Das sind in seinem Denken vor allem die Grenzsituationen wie Tod und Krankheit, Kampf und Zufall, denen sich der Mensch ausgesetzt sieht, in denen er scheitert und durch das Scheitern zu sich findet. Grenzsituationen sind auch für Kempowskis Schreiben fundamental: als Krieg und Haft und nicht zuletzt als Erfahrung der eigenen Schuld, vor allem gegenüber der Mutter. Die Grenzsituationen halten das Mittlere bei Jaspers in seiner bewegten ›Spannung‹ – und ähnlich ist es bei Kempowski, bei dem sie außerdem noch wesentlichen Anteil an der Wahl der Montage haben mögen, die es erlaubt, Spannungen künstlerisch zu gestalten.

Schließlich teilt der Schriftsteller der Mitte mit dem Philosophen der Mitte den humanen Anspruch. Jaspers beschreibt diese Haltung als Zugewandtsein in der Kommunikation, als »Aufgeschlossensein: sich auf den Standpunkt des anderen stellen können«. Dazu gehören »Offenheit, das Verstehen, die Zugänglichkeit, die Möglichkeit«.[32] Dietrich Weber hat für diese Haltung eine andere Formulierung gefunden, die all das einschließen mag, als er Kempowskis »schlicht menschenfreundliche«[33] Miniaturen lobte. Kempowski selbst hat gelegentlich »das erbarmungswürdige Menschliche, das uns allen gemeinsam ist«,[34] betont. Um Missverständnissen zu begegnen, hat er im Hinblick auf seinen ›bürgerlichen Roman‹ hinzugefügt: »Ich will nicht das Gelächter, sondern mehr Verständnis.«[35] Das scheint ein Satz aus der Mitte seiner Literatur der Mitte zu sein.

1 Vgl. Dieter Lamping: Karl Jaspers als philosophischer Schriftsteller. Schreiben in weltbürgerlicher Absicht, Stuttgart 2018.

2 Vgl. Walter Kempowski: Das Echolot. Ein kollektives Tagebuch. Januar und Februar 1943, München 1993, S. 495f.

3 Vgl. Karl Jaspers: Hoffnung und Sorge. Schriften zur deutschen Politik 1945–1965, München 1965, S. 108f. Vgl. zu dem dahinterstehenden Komplex Kai Sina: Sühnewerk und Opferleben. Kunstreligion bei Walter Kempowski, Göttingen 2012.

4 Aristoteles: Hauptwerke. Ausgewählt, übersetzt und eingeleitet von Wilhelm Nestle, Stuttgart 1963, S. 232.

5 Ebd., S. 231.

6 Ebd., S. 70.

7 Ebd., S. 316.

8 Ebd., S. 317.

9 Vgl. Herfried Münkler: Mitte und Maß. Der Kampf um die richtige Ordnung, Berlin 2010.

10 Karl Jaspers: Von der Wahrheit. Neuausgabe, München 1991, S. 962.

11 Ebd.

12 Ebd., S. 963.

13 Ebd.

14 Ebd., S. 964.

15 Ebd.

16 Ebd.

17 Ebd.

18 Ebd., S. 963.

19 Ebd.

20 Ebd., S. 965.

21 Ebd., S. 964.

22 Ebd., S. 963.

23 Karl Jaspers: Philosophische Autobiographie. Erweiterte Neuausgabe, München 1977, S. 126.

24 Karl Jaspers: Die großen Philosophen. Neuausgabe, München/Zürich 1988, Bd. 1, S. 106.

25 Hannah Arendt: »Karl Jaspers: Bürger der Welt«, in: H. A.: Menschen in finsteren Zeiten, hg. von Ursula Ludz, München 1989, S. 105.

26 Vgl. Luciano De Crescenzo: Also sprach Bellavista. Neapel, Liebe und Freiheit. Aus dem Italienischen von Linde Birk, Zürich 1986.

27 Vgl. Luciano De Crescenzo: Oi dialogoi. Von der Kunst, miteinander zu reden. Aus dem Italienischen von Jürgen Bauer, Zürich 1987.

28 Walter Kempowski: Das Echolot. Abgesang '45. Ein kollektives Tagebuch, München 2005, S. 455.

29 Karl Jaspers: Philosophie II: Existenzerhellung, Berlin 1932, S. 426.
30 Ebd.
31 Karl Jaspers: Rechenschaft und Ausblick. Reden und Aufsätze, München 1958, S. 394.
32 Jaspers: Philosophie (Anm. 29), S. 428.
33 Dietrich Weber: »Walter Kempowski«, in: D. W.: Auctor in Fabula und andere literaturwissenschaftliche Unterhaltungen, hg. von Ulrich Ernst, Wuppertal 1995, S. 135–155, hier S. 148. Zuerst in D. W.: Deutsche Literatur der Gegenwart in Einzeldarstellungen, Bd. 2, Stuttgart 1977, S. 278–296.
34 Zit. nach ebd., S. 148f.
35 Zit. nach ebd., S. 149.

Matthias Löwe

Jenseits der Avantgarde

Kempowski und Enzensberger im literarischen Feld der alten Bundesrepublik

Das Konzept der Mitte, das die Herausgeber dieses Bandes vorschlagen, meint nicht Zentralität, sondern das integrierende Nebeneinander von Disparatem. ›Mitte‹ in diesem Sinne ist eine Komplexitätsformel, Einseitigkeit und Eindeutigkeit wären ihr Gegenteil. Die Haltung, die sich mit einer so konturierten Idee der Mitte verbindet, lässt sich mit dem bekannten Begriff der ›Ambiguitätstoleranz‹ umschreiben, verstanden als Entdramatisierung von Ambivalenz- und Pluralitätserfahrungen. Mit Ambiguitätstoleranz geht ein Diskursverhalten einher, bei dem man Debattengegner nicht aus der Position sicherer Unbetroffenheit heraus anklagt, sondern sich selbst immer auch als Teil eines zur Sprache gebrachten Problems versteht. In diesem Sinne korrespondiert das Konzept der Mitte mit einer pluralistischen Haltung, die die Meinungsvielfalt moderner Gesellschaften nicht nur zähneknirschend duldet, sondern für förderungswürdig hält, und zwar motiviert durch die Beobachtung eigener Aporien, im Bewusstsein für die widersprüchliche Pluralität im eigenen Ich.

Der Historiker Till van Rahden hat kürzlich an einer solchen pluralistischen Haltung die Vorstellung von Demokratie als Lebensform festgemacht. Gemeint ist damit gerade kein gemeinsamer Wertebestand von Demokratien, sondern eine Form des sozialen Umgangs und Aushandelns, derer demokratische Gesellschaften bedürfen, um ihren Bestand zu sichern: Demokratien brauchen eine gelebte Praxis des Diskutierens und Aushaltens von Differenzen, eine offene Bereitschaft zum respektvollen Gespräch auch mit konkurrierenden Ansichten und ein Bewusstsein für die Begrenztheit eigener Positionen.

An zahlreichen, auch alltagsgeschichtlichen Quellen zeigt van Rahden, wie die bundesrepublikanische Gesellschaft nach dem Zweiten Weltkrieg allmählich und tastend zu dieser demokratischen Lebensform der Mitte gefunden hat.[1] Auch Kunst, so kann man van Rahdens Überlegungen ergänzen, war Teil dieser bundesrepublikanischen Demokratisierungsgeschichte. Aus diesem Grund sprechen die Herausgeber dieses Bandes von einer Poetik der Mitte. Denken ließe sich dabei etwa an die Understatement-Architektur des alten Bundeskanzleramtes und auf deren skeptische Absage an alle großen Gesten. Auch in der bundesrepublikanischen Literaturgeschichte lassen sich einzelne Inseln einer solchen Poetik der Mitte lokalisieren, bei denen Ambiguitätstoleranz literarische Form gewinnt. Exemplarisch hierfür sind, so meine ich, die Werke Walter Kempowskis und Hans Magnus Enzensbergers, die formal und thematisch zwar sehr unterschiedlich sein mögen, aber einander dennoch in der Zugehörigkeit zu einer bundesrepublikanischen Poetik der Mitte ähneln. Gezeigt wird dies im Folgenden ausführlich an Kempowskis Roman *Tadellöser & Wolff*, der – in gewagter Weise – eine ambiguitätstolerante Haltung der Mitte im Umgang mit der NS-Vergangenheit literarisiert. Zudem widme ich mich in etwas knapperer Form Enzensbergers Essays der 1980er Jahre, in denen nicht die deutsche Vergangenheit, sondern die demokratische Gegenwart der alten Bundesrepublik aus einer Haltung der Mitte heraus beobachtet wird.

Kempowskis ›liberales‹ Erzählen

Um Kempowskis und Enzensbergers Poetik zu konturieren, wird im Titel dieses Beitrags von einem Standpunkt ›jenseits der Avantgarde‹ gesprochen. Dies mag überraschen, besonders bei einem Autor wie Kempowski, dessen Stil mit Verfahren verbunden ist, die man intuitiv avantgardistisch nennen könnte: Verfahren des Collagierens und Montierens von divergenten

Stimmen, etwa im *Echolot*, oder Verfahren der Werkauflösung durch Serialität, etwa in der *Deutschen Chronik*. ›Avantgarde‹ bezeichnet hier jedoch gerade keine solchen Formverfahren, sondern einen Habitus der Kulturkritik: ›Avantgarde‹ meint das Selbstbild von Intellektuellen, die sich als Vorhut richtigen Bewusstseins verstehen, die für sich einen archimedischen Punkt der Kritik außerhalb der Gesellschaft reklamieren, sich in Frontstellung zu den ›Vielen‹ positionieren, die vermeintlich ›im Falschen‹ leben. Im Folgenden möchte ich zeigen, inwiefern Kempowskis literarische Texte jenseits eines solchen Avantgarde-Habitus stehen, und zwar anhand seines bekanntesten Romans *Tadellöser & Wolff*, dessen Erzählverfahren bereits eine Aussage darstellt, eine Poetik der Mitte im oben skizzierten Sinn realisiert.

In der bundesrepublikanischen Literatur der 1950er und 1960er Jahre fällt bei der Auseinandersetzung mit der NS-Vergangenheit in kanonischen Romanen ein Erzählertypus auf, der den kritischen Blick exklusiver Außenseiter auf die Gesellschaft ästhetisiert:[2] In Heinrich Bölls *Ansichten eines Clowns* (1963) zeigt der Ich-Erzähler Hans Schnier als Außenseiter die Missstände der Nachkriegsgesellschaft auf. In Günter Grass' *Blechtrommel* (1959) wird der Nationalsozialismus aus der Perspektive eines seltsam kindlichen Erzählers vermittelt, dessen Sonderlings-Position im Sinne der Tradition des Schelmenromans eine gewisse Wahrheitsmächtigkeit besitzt, denn der pikareske Außenseiter-Held Oskar kann hinter die ›Masken‹ seiner Mitmenschen schauen.[3] Clowns, Irrenhaus-Insassen, Narren – im »Mainstream moralisierender Geschichtspanoramen«[4] der ersten beiden dominieren, wie Anke-Marie Lohmeier gezeigt hat, Erzähler mit Avantgarde-Habitus, Erzähler also, »die sich oder ihre Hauptfiguren als einsame Helden inmitten eines moralischen Infernos inszenierten, [...] die dem schuldhaften Treiben der Anderen, der Vielen, mehr oder minder hilflos zusehen«.[5]

Auch die Auseinandersetzung von Vertretern der Studentenbewegung mit der Generation ihrer Väter war nicht immer frei von einem solchen Avantgarde-Habitus kompromissloser Verurteilung. Ein ästhetisches Produkt dessen ist bekanntermaßen die sogenannte ›Väterliteratur‹ der 1970er Jahre.[6] Kempowskis Roman *Tadellöser & Wolff* (1971)[7] kann als Teil dieses literaturgeschichtlichen Phänomens verstanden werden, dessen Kern die Auseinandersetzung mit der NS-Vergangenheit der vorangehenden Generation bildet. Im Unterschied zu anderen Vertretern von ›Väterliteratur‹ wird bei Kempowski der Avantgarde-Habitus aber gerade vermieden: Die erzählerische Auseinandersetzung mit der NS-Vergangenheit erfolgt bei ihm nicht durch die ›Brille‹ exklusiven Außenseitertums, sondern der Ich-Erzähler Walter ist Teil der Familie Kempowski, die als bürgerliche »Durchschnittsmenschen«[8] dargestellt werden. Die Kempowskis sind keine Anhänger des Regimes, aber auch keine Widerständler. Vater Karl Kempowski etwa ist SA-Mitglied (vgl. S. 15) und lässt sich auch durch die Erfolge des ›Westfeldzuges‹ euphorisieren:

> »Verdun gefallen« hatte der Nachrichtensprecher lakonisch gesagt, als sei das nichts Besonderes.
>
> »Donnerwetter!«, rief mein Vater, »großartig!« Eines Tages würde man doch wohl ein Führerbild kaufen. Vielleicht das im Mantel, wo er so von hinten kuckt. »Da sieht er ganz vernünftig aus.« (S. 132)

Das Führerbild wird dann aber doch nicht angeschafft. Zudem legt Vater Kempowski großen Wert auf die Unterscheidung zwischen Konservatismus und Nationalsozialismus: Er sei »konservativ bis auf die Knochen, aber doch kein Nazi« (S. 231). Allgegenwärtig in den Familiengesprächen ist zudem die Sorge, denunziert zu werden. Bei seinem letzten Heimataufenthalt erfährt der Vater von neuen, regimetreuen Nachbarn und gibt die Verhaltensregel aus: »Bloß vorsichtig, um Gottes willen. Auf dem letzten Drücker noch hops gehn« (S. 368). Auch Mutter

Grete äußert sich nicht regimekritisch. Allenfalls dort, wo sich die kirchenfeindlichen Tendenzen des Nationalsozialismus zeigen, macht die religiöse Mutter ihrem Unmut Luft, etwa als einmal zu Weihnachten ein Kreisleiter nicht von Jesus sprechen will, sondern heidnisch-germanisch raunend von einem ›Lichtkind‹: »Aber, was der Kreisleiter da gesagt habe, das sei ja entpörend gewesen. ›Wie isses nun bloß möglich. Mit »Lichtkind« und all so'n Quatsch.‹« (S. 149) Ihr Blick auf die politischen Geschehnisse ist ein sehr begrenzter, der Defizite nur in Bezug auf die eigenen familiären und religiösen Normen benennt. Die Kempowskis sind auch nicht frei von Rassismus und Antisemitismus, etwa als man bei der Urlaubsreise in den Harz in der ersten Eisenbahnklasse einem dicken Mann begegnet, der einen englischen Kriminalroman liest: »›I gitt‹, flüsterte meine Mutter, ›wie so'n dicker jüdischer Spion …‹« (S. 75). Als der Vater von den Heiratsplänen seiner Tochter Ulla mit dem Dänen Sörensen erfährt, steht er diesen zunächst distanziert gegenüber, stimmt dann aber doch zu, nachdem er sich einige rassische Argumente zurechtgelegt hat:[9] »Sörensen sei ja Nordländer, das gehe ohne weiteres. Klare Sache und damit hopp!« (S. 269)

Entscheidend ist bei alledem, dass der Ich-Erzähler Walter nicht als Instanz in Erscheinung tritt, die den Eltern Karl und Grete Kempowski moralisch überlegen wäre oder deren Anpassung an die Verhältnisse kritisiert. Im Gegenteil: Walter ist Teil dieses ambivalenten bürgerlichen Habitus. Walter, den wir zuerst als neunjähriges Kind kennenlernen, lässt keine wirklich oppositionelle Haltung erkennen. Dass man bei Treffen mit Freunden in der Stadt auch Schildern mit der Aufschrift »Juden unerwünscht!« (S. 28) begegnet, nimmt er kommentarlos hin. Ganz selbstverständlich gehört es zu seinem Repertoire an Kinderspielen, mit Halma-Männchen Nazi-Aufmärsche nachzustellen und mit einem Modellauto den vorbeidefilierenden »Führermercedes« (S. 47). Als er einmal mit Scharlach im Bett liegt, liest er begeistert die Ausgaben der propagandistischen

Heftroman-Serie *Kriegsbücherei der Deutschen Jugend* (vgl. S. 117). Später, in der Hitler-Jugend, legt Walter zwar ein undiszipliniertes Verhalten an den Tag, lässt sich die Haare lang wachsen und provoziert damit. Das ist aber nicht vorrangig Ausdruck politischer Opposition, sondern adoleszentes Aufbegehren. Als er mit 16 Jahren eingezogen wird, legt er sich ohne Widerstand eine Kurzhaarfrisur zu, weil ihn die ungebunden-abenteuerliche Lebensform beim Militär reizt: »Das Haar mußte selbstverständlich sofort ab. Das hatte auch sein Gutes: Endlich Ruhe« (S. 430). Mehrfach übernimmt Walter auch den Jargon des Nationalsozialismus, etwa in Bezug auf alliierte Bombenangriffe: »Ich wäre gern mal nach Köln gefahren. Noch war der Dom nicht ganz kaputt. Obwohl die Luftpiraten erst neulich wieder auf 650 Jahre gemeinsames Bauen mit Brand- und Sprengbomben einen Anschlag verübt hatten« (S. 434).

Kempowskis *Tadellöser & Wolff*, so kann man pointieren, ist Teil der sogenannten ›Väterliteratur‹, aber ohne Generationenkonflikt: Der Ich-Erzähler Walter teilt das Normensystem seiner Eltern und ihren bürgerlichen Habitus aus »Anpassung und Abgrenzung«.[10] Überdies herrscht bei den Kempowskis ein zaghaft-liberaler Grundgestus. Der Vater ist zwar eine Autorität, fragt die Kinder beim Abendessen nach ihren Schulleistungen, aber als wirklich strafende oder herrische Instanz erlebt man ihn nie. Immer wieder droht er damit, andere »Saiten aufzuziehen«, oder mit »Wind von vorn«. Aber das sind leere Floskeln, es bleibt bei reiner Ankündigungspädagogik. Trotzdem ist der Vater für seine Kinder eine Orientierung stiftende Instanz, denn sie plappern unentwegt seine komischen Wendungen nach, für die der Roman so berühmt ist. Karl Kempowski ist der Typ Vater, den man zwar respektiert, aber ohne sich an seine Regeln zu halten, weil man ihn nicht fürchtet. Das Bild bürgerlichen Familienlebens, das Kempowski entwirft, soll wohl auch ein Gegenbild sein zur Dämonisierung bürgerlichen Familienlebens im Kontext der Studentenbewegung, wo Bürgertum zumeist als der Nährboden des Nationalsozialismus aufgefasst wurde.

Der Roman *Tadellöser & Wolff* wirbt dagegen um Verständnis für Menschen wie die Kempowskis, die sowohl in der Eltern- als auch in der Kindergeneration versucht haben, die NS-Zeit »irgendwie zu bestehen«,[11] die dabei nicht zu aktiven Tätern wurden, aber auch nicht zu moralischen Helden.

Dennoch ist der Roman keine verklärende Bürgertums-Apologie, sondern will auch befremden. Dies verdankt sich wesentlich der narrativen Gestaltung dieser Ich-Erzählung: Kempowskis zentrale Form-Entscheidung besteht darin, das Erzählte durch den Blick eines Heranwachsenden zu vermitteln, der den Nationalsozialismus im Alter zwischen neun und 16 Jahren erlebt. Die politischen Ereignisse werden damit zur Begleitkulisse einer Coming-of-Age-Geschichte in Hitler-Deutschland. Zugleich wird der Roman aber in der Vergangenheitsform erzählt, also aus zeitlichem Abstand. Dennoch, und das ist die Besonderheit, erfahren wir über das erzählende Ich nahezu nichts:[12] Wie alt ist der rückblickende Erzähler, wo und wie lebt er heute, was ist aus ihm geworden – das bleibt unausgesprochen. Stattdessen werden die Ereignisse so dargestellt, wie der heranwachsende Walter sie im Moment ihres Geschehens erlebt hat, und auch deren Deutung ist an seinen Wissenshorizont gebunden.

Trotzdem ist der erwachsene Erzähler zeichenhaft im Text präsent, und zwar nicht nur aufgrund des Präteritums. Obwohl die Darstellung der Ereignisse an das unmittelbare Erleben des kindlichen Walter gebunden wird, erweist sich die sprachliche Präsentation des Dargestellten keineswegs als kindlich. Dies zeigt vor allem die kunstvolle Verwendung der indirekten Rede, mit der in diesem Roman ein Großteil der Kommunikation aus Walters Umwelt wiedergegeben wird, etwa bei der Schilderung der Familien-Rituale an Weihnachten 1939: »Und sie [die Mutter] hielt einen Tannenzweig in die Flammen, der knisternd verbrannte, das röche so schön« (S. 111). Das ist souveräne Verwendung des Konjunktiv II, der mit seiner altertümelnden Aura zudem komische Distanz erzeugt und obendrein die

Klangwirkung des wiederholten Vokals »ö« ermöglicht. Eine so mehrdimensionale Sprachverwendung ist dem heranwachsenden Walter kaum zuzutrauen, sondern in diesem Sound zeigt sich die permanente Anwesenheit des erwachsenen Walter, der rückblickend erzählt.

Dieser erwachsene Erzähler, der nur durch seine kunstvolle Sprache anwesend ist, will offenkundig auch etwas zeigen, wie an der Auswahl jener Geschehensmomente deutlich wird, die er für erzählenswert erachtet. Die Darstellung des Nationalsozialismus aus der Perspektive eines Heranwachsenden führt zu einer verschobenen Perspektive auf Geschichte: Während Kinderspiele, der Schulunterricht oder Straßenbahnfahrten ausführlich beschrieben werden, wird die Judenverfolgung zum Randphänomen. Entscheidend ist aber, dass sie nicht völlig verschwiegen wird. Stattdessen offenbaren gerade die wenigen Szenen, in denen dieses Thema eine Rolle spielt, die lebensweltliche Marginalisierung der Judenverfolgung bei Durchschnittsmenschen wie den Kempowskis. Am signifikantesten wohl im Falle von Walters Schulwegschilderung:

> Auf dem Schulweg [...] kam man an einem sehr schmalen Haus vorbei. Anno 1903 stand an der Tür.
>
> Im Fenster lagen stets zwei Pekinesen, wenn sie uns sahen, kläfften sie wie rasend.
>
> Gleich daneben die ausgebrannte Synagoge, mit einem zerbrochenen Davidsstern am gußeisernen Tor. (S. 37)

Die während der Reichspogromnacht zerstörte Synagoge ist hier »nur ein Merkpunkt des Schulwegs unter anderen«,[13] genauso interessant wie zwei kläffende Hunde.

Ein anderes Beispiel spitzt dies nochmals zu: Bei seinem Großvater in Hamburg liest Walter Zeitung, und der Roman gibt die Inhalte dieser Lektüre wieder:

> Unter »Sonstiges« standen immer die interessantesten Nachrichten. Ein Zimmerbrand, durch Unachtsamkeit verursacht, ein Sturz vom Tritt.
>
> In São Paulo ein kleiner Junge von einem wilden Bienenschwarm getötet, und in Auschwitz, bei Kattowitz, da habe sich auf der Straße ein blutiges Ehedrama abgespielt. (S. 308)

Die Aufnahme dieser Zeitungsnotiz in den Erinnerungsstrom des heranwachsenden Erzählers ist einer der gezielt komponierten Stachel des Romans, die Befremden erzeugen sollen: Hier tritt eine unüberbrückbare Differenz zu Tage zwischen der Perspektive des Rezipienten, der den Roman im Wissen um den Zivilisationsbruch der Konzentrationslager liest, und den handelnden Figuren, für die Auschwitz keine Metonymie der Shoa, sondern bloßer Ortsname ist, der sogar der Ergänzung »bei Kattowitz« bedarf, um geographisch lokalisierbar zu sein.

Einmal, auf dem Bahnhof von Kiel, beobachtet Walter aus dem Zug mit eigenen Augen eine Gruppe KZ-Häftlinge:

> Auf dem Bahnhof in Kiel schoben KZ-Häftlinge Kleinbahnloren voll Mauerbrocken über die Trümmer. Ein Kapo schlug sie mit einem dünnen Bambusrohr, und jedesmal schimpfte eine der mageren, gerippeähnlichen Gestalten: »Laß das!« oder so ähnlich.
>
> Frauen mit Einholetaschen und Kopftüchern blieben stehn, Kinder. Ein Herr trat an den SS-Mann heran, der in die Gegend kuckte. Ob er denen was zu rauchen geben dürfe?
>
> Keine Antwort.
>
> Dann zu ihnen hinaufgeklettert, fast ausgerutscht, ein Lederetui gezogen und drei, vier Zigarren (»Nur für mich?«) herausgeholt. Hinterher die Hosenbeine abgeklopft und immer wieder gekuckt, ob der Dicke da die armen Menschen wirklich schlägt.
>
> Tatsächlich, der schlägt sie! (S. 440f.)

Der heranwachsende Erzähler verharrt hier in der bloßen Beobachterposition: Er nimmt die Misshandlung der Häftlinge, aber auch die Hilfsbereitschaft des Zigarren verschenkenden Herren beinahe gleichmütig zur Kenntnis, schwankt zwischen hilflosem Mitgefühl (»die armen Menschen«) und distanzierter Entsubjektivierung der KZ-Häftlinge (»gerippeähnliche Gestalten«). Das Porträt der Erzählerfigur und seiner Familie als Verkörperung des passiven Durchschnittsmenschen im NS-Regime gewinnt gerade in dieser Szene besondere Schärfe.

Kempowskis Roman kreiert damit eine hochambivalente Situation, reizt zu Verständnis gegenüber den dargestellten Durchschnittsfiguren und erzeugt zugleich Befremden ihnen gegenüber. Die moralische Einordnung dieser disparaten Textsignale – Verständnis und Befremden – wird dabei gänzlich dem Leser überlassen, da wir nur die Perspektive des heranwachsenden Walter vor uns haben. Das ist das ›Liberale‹ dieser narrativen Komposition, die vom Leser verlangt, das Nebeneinander von Disparatem, von Verständnis und Irritation auszuhalten. Auf den Avantgarde-Habitus moralischer Empörung wird verzichtet, die Einordnung des Dargestellten wird dem Leser zugetraut. Eine solche Poetik ist damit aber auf Rezipienten angewiesen, die von literarischen Texten kein moralisches Framing erwarten, sondern dazu stimuliert werden wollen, dies selbst zu leisten. Eine solche ›liberale‹ Poetik der Mitte ist daher nie ohne Risiko, denn sie geht mit der Gefahr einher, gerade bei der NS-Thematik als Verharmlosung verstanden zu werden.[14]

Enzensbergers Kuddelmuddel

1929, im selben Jahr wie Kempowski, wurde auch Hans Magnus Enzensberger geboren. Er verkörpert einen Intellektuellentypus mit ausgeprägtem Fluchtinstinkt gegenüber festen Standpunkten und vertritt einen liberalen Kosmopolitismus. Das zeigt schon der Blick auf seine Biographie, denn Enzensberger hat frühzeitig im Ausland gelebt, die Länder oft gewechselt und fremdsprachige Dichter übersetzt.[15] Besonders in den 1980er Jahren avanciert er zum Paradigma des beweglichen Intellektuellen in der Bundesrepublik. Deutlich zeigt dies sein Band *Der Fliegende Robert* (1989), dessen Titel als luftige Selbstbeschreibung Enzensbergers verstehbar ist. In den gesammelten Texten dieses Bandes setzt er sich spielerisch-kritisch auch mit der eigenen ›revolutionären‹ Phase um 1968 auseinander, etwa in dem Essay *Zur Verteidigung der Normalität* (1982): Anhand von längeren Selbstzitaten blickt Enzensberger dabei verwundert auf sein eigenes Frühwerk und die dort mitunter anzutreffende Verachtung der bundesrepublikanischen Normalität. Nun, in den 1980er Jahren, positioniert er sich hingegen kritisch zu diesem »Außenseiter-Spiel«[16] der Intellektuellen, das er selbst einmal mitgespielt hat, nimmt Abstand vom »Kampf der Einzigartigen«,[17] die auf der »Aschenbahn der Avantgarde«[18] um die schärfste Kritik an der Normalität der ›Vielen‹ wetteifern.

Im *Fliegenden Robert* steht auch der anekdotische Essay *Das Ende der Konsequenz* (1981): Hier skizziert Enzensberger die Konturen einer ambiguitätstoleranten Haltung der Mitte, die Kempowskis liberalem Erzählen auf markante Weise ähnelt. Der Essay beginnt mit der Nacherzählung eines Gesprächs, das Enzensberger im Anschluss an eine Fernsehdiskussion geführt hatte. Sein Gesprächspartner Herr G., ein kleiner Mann mit blondem Schnurrbart und Hornbrille, verwickelt Enzensberger direkt nach der Fernsehaufzeichnung am Büffet in eine penetrante Unterhaltung, wirft ihm mangelnde Prinzipienfestigkeit vor: »Gerade von Ihnen hätte ich erwartet, daß Sie einen eindeutigen Standpunkt beziehen. Ein klares Wort hätte doch genügt, um diesem lächerlichen Geschwafel ein Ende zu machen. Ich muß sagen, ich bin enttäuscht.«[19] Obendrein verfällt Herr G. nun ins kulturkritische Lamentieren und beginnt über das inkonsequente ›Durcheinander‹ offener, meinungspluralistischer Gesellschaften zu schimpfen. Dabei sind es gar nicht die konkreten Inhalte seiner kulturkritischen Suada, die Enzensberger stören – auf der reinen Sachebene gibt er ihm sogar recht –, sondern er nimmt Anstoß an dem verurteilenden Tonfall dieses »etwas lästigen Herrn«:[20]

> Seine Tirade ging mir nicht aus dem Kopf. Der Mann hatte ohne Zweifel recht. Das allgemeine Gebrabbel, das bei uns die Stelle einer demokratischen Öffentlichkeit vertritt, ist in der Tat schwer zu ertragen. Schranzen, Parteibuchbesitzer, Mafiosi, dummdreiste Besserwisser geben in diesem Milieu den Ton an. Es herrscht ein militantes Mittelmaß, das beliebige Ansichten über beliebige Gegenstände vervielfältigt. [...] Bis dahin konnte ich meinem Gewährsmann, Herrn G. (denn so hieß er), mühelos folgen. Merkwürdig war nur, daß er unter diesem Zustand aufrichtig zu leiden schien.[21]

Enzensberger gesteht seinem schimpfenden Gegenüber also zu, dass der moderne Meinungspluralismus Gebrabbel und Mittelmaß hervorbringt, den inkonsequenten Wechsel von Positionen. Aber er versteht nicht, wieso man darunter leiden und das »amorphe Durcheinander«[22] offener Gesellschaften in »schneidende[m] Ton«[23] beargwöhnen muss. Herr G. ist für Enzensberger die unangenehme Verkörperung eines Typus, den er als »Sheriff der Moral«[24] und »Guru der Konsequenz«[25] bezeichnet. Dessen »Jargon der Eindeutigkeit«,[26] dessen »Unbedingtheitsforderungen«,[27] dessen »unglückliche Liebe zur Konsequenz«[28] und dessen »Pathos der Avantgarde«[29] versteht er am Schluss seines Essays sogar als politische Gefahr für die westlichen Demokratien. Der ›Westen‹ gründe Enzensberger zufolge eben nicht in erster Linie auf gemeinsamen Werten, sondern auf einem Habitus der Ambiguitätstoleranz, des Aushaltens von Disparatem und Inkonsequentem, wofür Herrn G. jedoch der Sinn fehlt. Die westlichen Demokratien hätten erkannt, so Enzensberger, daß ihre einzige Überlebenschance im Kuddelmuddel, im Durcheinander, im zähen, unübersichtlichen, immer nur vorläufigen Ausprobieren besteht. Nur deshalb, nicht aus irgendwelchen ideologischen Loyalitäten heraus, finden sich Amerikaner und Westdeutsche, Griechen und Japaner, Briten und Italiener, kurzum alle, die überhaupt die Wahl haben, mit den Segnungen der (Sozial-)Demokratie ab. Sie ahnen, daß die Alternative zur halben Sache Barbarei und Selbstzerstörung hieße.[30]

Die Poetik der Mitte, verstanden als Entdramatisierung von Ambivalenz- und Pluralitätserfahrungen, als Bekenntnis zur Uneindeutigkeit der »halben Sache«, erfährt bei Enzensberger in den 1980er Jahren also eine politische Dimensionierung, wird zum Kitt demokratischer Gemeinwesen aufgewertet. Dies erinnert durchaus an das Konzept von Demokratie als Lebensform, dessen zaghafte bundesrepublikanische Genese der Historiker Till van Rahden aus alltags- und mentalitätsgeschichtlichen Quellen rekonstruiert hat.

Doch woher kommen in einer Demokratie diese besonderen ambiguitätstoleranten Subjekte? Darauf hat Enzensberger, in der ihm eigenen Mischung von Melancholie und Sinnverzicht, keine wirkliche Antwort: »Ich möchte diese Frage, wie die meisten, die mich interessieren, offenlassen.«[31] Das ist zwar unbefriedigend, am Ende eines Essays über Inkonsequenz aber zumindest ziemlich konsequent.

›Inseln‹ der Mitte in der alten Bundesrepublik

Was Enzensberger und Kempowski in diesem Essay zusammenführt – trotz aller biographischen und thematischen Differenzen –, ist zum einen ihre Sympathie für den uneindeutigen Kompromiss und zum anderen ihr Verzicht auf das ›Außenseiterspiel‹, auf das avantgardistische Entlarven von vermeintlichen ›Verblendungszusammenhängen‹ der mediokren ›Massen‹. Die westdeutsche Intellektuellengeschichte ist keineswegs reich an solchen Positionen: Eine Poetik der Mitte lässt sich für die Bundesrepublik nicht als durchgezogene Linie, sondern nur sporadisch, anhand einzelner intellektueller ›Inseln‹ beobachten. Odo Marquard etwa wäre ergänzend noch zu nennen – so zeigen in diesem Band auch Mark Schweda und Kai Sina: Wie kaum ein anderer Philosoph hat Marquard eine »Kultur der Mitte« verteidigt, für eine »Zufriedenheit mit der Normalität« (also der bundesrepublikanischen Demokratie) und »gegen die Verführung durch das Enorme«, gegen die avantgardistische »Wacht am Nein« plädiert.[32] Auf internationaler Ebene ließen sich Marquard noch einige Philosophen zur Seite stellen, die ähnliche Haltungen der Mitte erkennen lassen, weil sie auf negierende Kritik von gesellschaftsjenseitigen Avantgarde-Standpunkten verzichten: so etwa Jean-François Lyotard mit seiner These vom Scheitern der ›großen Erzählungen‹ oder Richard Rorty mit seinem Plädoyer für eine solidarische Ironie (vgl. *Contingency, Irony, and Solidarity* von 1989).

Dagegen wird man bei der Suche nach Intellektuellen, die sich auf einem jenseitigen Außenseiter-Standpunkt einrichten und von dort aus mit der Normalität der ›Vielen‹ hadern, weitaus schneller fündig. Ein schillerndes Beispiel dafür ist die berühmte Artikelserie, die Karl Heinz Bohrer Mitte der 1980er Jahre im *Merkur* veröffentlichte, die fast gleichzeitig mit Enzensbergers *Verteidigung der Normalität* entstand, aber für das genaue Gegenteil votiert: Bohrer attestiert der Bundesrepublik Provinzialität, Hässlichkeit und Langeweile und leidet darunter, ganz ähnlich wie der penetrante Herr G. bei Enzensberger. Einschlägig war insbesondere Bohrers fiktionaler Essay *Die Ästhetik des Staates* (1984), in dem vom Besuch eines Reisenden in einer apokalyptisch-menschenleeren Bundesrepublik erzählt wird. Da es keine Menschen mehr gibt, zieht der Reisende anhand kultureller Artefakte – etwa den Speisekarten in Restaurants oder den Filmaufnahmen vom zurückliegenden

Wahlkampf – Rückschlüsse auf die Kultur der Bundesrepublik: »Annihilation der Ästhetik«, »Opulenz, Provinzialität und Konformismus«, so lauten einige seiner scharfen Verdikte.[33] Genau porträtiert wurde eine solche argwöhnische Haltung gegenüber der bundesrepublikanischen ›Normalität‹, wie sie sich bei Bohrer zeigt, auch in Botho Strauß' Theaterstück *Trilogie des Wiedersehens* (1977): Hier treten Figuren auf, die sich im demokratischen Meinungspluralismus und in der sozialen Marktwirtschaft der mittleren Bundesrepublik eingerichtet haben, die aber zugleich »an der Normalität, an dem Mangel an Abenteuer und Größe«[34] leiden, durch den sich das Leben in Westdeutschland ihrer Ansicht nach auszeichnet.

Bei Felix, einer der Figuren von Strauß' Theaterstück, äußert sich diese Sehnsucht nach einem Ausbruch aus der bundesrepublikanischen ›Normalität‹ als Emphase für die Erneuerung eines mythischen Weltzuganges: »Mythisch ist [...] seit neuestem sein Lieblingswort«,[35] wird über ihn gesagt. Und bezeichnenderweise träumt auch Karl Heinz Bohrer Anfang der 1980er Jahre von einer »mythische[n] Struktur der Kunst«,[36] die es wieder zu entdecken gelte, um sich von der schmerzlich empfundenen Banalität, Hässlichkeit und Provinzialität der bundesrepublikanischen Normalität nicht einschläfern zu lassen und stattdessen »Einsicht in die Wahrheit von der Grausamkeit«[37] zu gewinnen. Er steht damit in jener dominanten Traditionslinie der ästhetischen Moderne, die man seit dem 18. Jahrhundert beobachten kann und die Harald Fricke treffend als »Abweichungsästhetik«[38] bezeichnet hat: Gemeint ist die Vorstellung von Kunst als dem ganz ›Anderen‹, als Medium mit einer Gegenstimmenfunktion gegenüber der ›falschen‹ Normalität. Oft korrespondiert eine solche Abweichungsästhetik mit dem intellektuellen ›Außenseiterspiel‹, wie auch im Falle von Bohrer, der – im Ausland lebend – in seiner Artikelserie für den *Merkur* einen vermeintlich entlarvenden exterritorialen Blick für sich in Anspruch nimmt.

Eine Haltung der Mitte, wie sie bei Kempowski und Enzensberger aufgezeigt wurde, verzichtet dagegen auf Außenseiterspiele und Abweichungsästhetik, reklamiert für sich keinen gesellschaftsjenseitigen Kritiker-Standpunkt. In der Intellektuellengeschichte der alten Bundesrepublik bleibt eine solche Haltung der Mitte jedoch eher eine Ausnahmeerscheinung. Erst mit der Popliteratur der 1990er Jahre verlieren das Außenseiterspiel und die Abweichungsästhetik ihre Dominanz im literarischen Feld.[39] Insofern verwundert es nicht, dass gerade Kempowski für Popliteraten wie Benjamin von Stuckrad-Barre ein wichtiger ästhetischer Bezugspunkt war.[40] Und auch bei der Rezeption gibt es nennenswerte Parallelen zwischen Kempowskis liberalem Erzählen und der Popliteratur: Die »Rebellion gegen die Rebellion«,[41] die die ironische Popliteratur der 1990er Jahre sein wollte, ihr Verzicht auf explizite gesellschaftskritische Perspektivierung, bringt ihr bis heute den Vorwurf unpolitischer Verharmlosung ein, dem sich auch eine Poetik der Mitte im hier beschriebenen Sinn kaum entziehen kann.[42]

1 Vgl. Till van Rahden: Demokratie. Eine gefährdete Lebensform, Frankfurt am Main/New York 2019.

2 Vgl. Anke-Marie Lohmeier: »Geschichte erzählen. NS-Zeit und Krieg in Walter Kempowskis Roman *Tadellöser & Wolff* (1971)«, in: Literatur und Geschichte, hg. von Sikander Singh und Manfred Leber, Saarbrücken 2018, S. 231–242, hier S. 231–234.

3 Vgl. Dirk von Petersdorff: Literaturgeschichte der Bundesrepublik Deutschland. Von 1945 bis zur Gegenwart, München 2011, S. 38f.

4 Lohmeier: »Geschichte erzählen« (Anm. 2), S. 232.

5 Ebd., S. 231.

6 Zur ›Väterliteratur‹ vgl. Julian Reidy: Vergessen, was Eltern sind. Relektüre und literaturgeschichtliche Neusituierung der angeblichen Väterliteratur, Göttingen 2012.

7 Walter Kempowski: Tadellöser & Wolff. Ein bürgerlicher Roman, München 1971. Zitate aus Kempowskis Roman werden im Folgenden direkt im Text nach dieser Ausgabe belegt.

8 Lohmeier: »Geschichte erzählen« (Anm. 2), S. 237.

9 Vgl. ebd., S. 238.

10 Ebd., S. 240.

11 Ebd.

12 Hier besteht ein zentraler Unterschied zwischen dem Roman und dessen populärer Verfilmung durch Eberhard Fechner: Fechners Fernsehfilm aus dem Jahr 1975 hat eine Rahmenhandlung, in der sich der erwachsene Walter am Anfang tatsächlich zu Wort meldet. Er befindet sich in einem Hobby-Raum auf dem heimischen Dachboden, der mit hellem Holz getäfelt und mit Erinnerungen vollgestopft ist. Halb spöttisch, halb gerührt blättert er in alten Fotoalben, ein dezentes Grinsen auf den Lippen: Die Erinnerungen schmerzen offenkundig nicht, machen ihn nicht sentimental. Im Unterschied zum farbigen Filmbild dieser Rahmenhandlung wird für die rückblendende Binnenerzählung, die dann folgt und die sich an Kempowskis Romanvorlage orientiert, schwarz-weißes Filmmaterial verwendet, das mit seiner Sepia-Kolorierung an den entrückten Charme alter Familienfotos erinnert.

13 Vgl. Lohmeier: »Geschichte erzählen« (Anm. 2), S. 235.

14 Kai Sina hat ausführlich gezeigt, wie Kempowski versucht, einem solchen Eindruck der Verharmlosung entgegenzuwirken, und zwar mithilfe von Techniken einer »implizite[n] Kommentierung« durch den Erzähler (vgl. Kai Sina: Sühnewerk und Opferleben. Kunstreligion bei Walter Kempowski, Göttingen 2012, insbesondere S. 190–193).

15 Vgl. zuletzt den Themenschwerpunkt: Hans Magnus Enzensberger oder Die Verabschiedung des literarischen Provinzialismus, hg. von Jan Bürger und Meike G. Werner, in: Internationales Archiv für Sozialgeschichte der deutschen Literatur 44.2 (2019), S. 380–436.

16 Hans Magnus Enzensberger: »Zur Verteidigung der Normalität«, in: H. M. E.: Der Fliegende Robert. Gedichte, Szenen, Essays, Frankfurt am Main 1989, S. 174–192, hier S. 178.

17 Ebd., S. 179.

18 Ebd.

19 Hans Magnus Enzensberger: »Das Ende der Konsequenz«, in: Enzensberger: Der Fliegende Robert (Anm. 16), S. 238–261, hier S. 239.

20 Ebd.

21 Ebd., S. 240.

22 Ebd., S. 241.

23 Ebd.

24 Ebd., S. 244.

25 Ebd.

26 Ebd., S. 246.

27 Ebd., S. 248.

28 Ebd., S. 245.

29 Ebd., S. 252.

39 Ebd., S. 250f.

31 Ebd., S. 261.

32 Odo Marquard: »Apologie der Bürgerlichkeit« [1996]. In: O. M.: Philosophie des Stattdessen. Studien, Stuttgart 2000, S. 94–107, hier S. 102.

33 Karl Heinz Bohrer: »Die Ästhetik des Staates«, in: Merkur. Deutsche Zeitschrift für europäisches Denken 38.1 (1984), S. 1–15, hier S. 5f.

34 Petersdorff: Literaturgeschichte der Bundesrepublik Deutschland (Anm. 3), S. 59.

35 Botho Strauß: Theaterstücke I, München/Wien 1991, S. 323.

36 Karl Heinz Bohrer: »Vorwort«, in: Mythos und Moderne. Begriff und Bild einer Rekonstruktion, hg. von K. H. B., Frankfurt am Main 1983, S. 7–11, hier S. 7.

37 Ebd.

38 Vgl. Harald Fricke: Gesetz und Freiheit. Eine Philosophie der Kunst, München 2000, vor allem S. 54–62.

39 Vgl. Leonhard Herrmann/Silke Horstkotte: Gegenwartsliteratur. Eine Einführung, Stuttgart 2016, S. 54.

40 Vgl. etwa Benjamin von Stuckrad-Barre: »›Was das nun wieder soll?‹. Benjamin von Stuckrad-Barre über den Sammler und Chronisten Walter Kempowski und dessen Tagebuch aus dem Wendejahr 1989«, in: Der Spiegel, 23.10.2001.

41 Vgl. Claude D. Conter: »›Rebellion gegen die Rebellion‹. Gesellschaftsdiagnosen der Popliteratur der 1990er Jahre zwischen Selbstmord und Ehe«, in: Pop, Pop, Populär: Popliteratur und Jugendkultur, hg. von Johannes G. Pankau, Bremen/Oldenburg 2004, S. 49–67.

42 Vgl. zuletzt die Kritik von Johannes Franzen an Moritz von Uslars popjournalistischen Reportagen *Deutschboden. Eine teilnehmende Beobachtung* (2010) und *Nochmal Deutschboden. Meine Rückkehr in die brandenburgische Provinz* (2020): Uslars popjournalistisches Verfahren der teilnehmenden Beobachtung von Einwohnern der brandenburgischen Kleinstadt Zehdenick – darunter auch rassistische und rechtsradikale Milieus – wird bei Franzen für seine »aggressiv apolitische Haltung« kritisiert. Franzen argumentiert, dass der popjournalistische Verzicht auf explizite Kritik für dieses Thema ungeeignet sei, dass Uslar mit seinem Darstellungsverfahren also »an einem Sujet scheitert, dem er ethisch und ästhetisch nicht gewachsen ist«. Uslar habe »viel zu viel teilgenommen und viel zu wenig beobachtet« und setze sich damit dem Vorwurf der Verharmlosung aus (Johannes Franzen: »Für immer Hardrockhausen«, in: Frankfurter Allgemeine Sonntagszeitung, 5.4.2020).

Mark Schweda • Kai Sina

Apologie(n) der Bürgerlichkeit?
Walter Kempowski und Odo Marquard im Vergleich

Das etwas betuliche Image als bürgerlicher Autor hat sich Walter Kempowski selbst eingebrockt. Es ist das Ergebnis einer gezielten Medieninszenierung und paratextuellen Strategie, die für die bürgerlichkeitskritische Intelligenz der siebziger Jahre von nicht geringem Provokationswert war (Abb. 1). Bürgerlich ist aber auch die literarische Tradition, in die sich Walter Kempowski in Selbstkommentaren einreiht – namentlich ist hier vor allem Thomas Mann zu nennen. Kritik und Forschung haben die Selbstzuordnung des Autors gern aufgenommen und schreiben sie bis heute fort, und zwar meist so, als sei jedem klar, was das eigentlich ist: ein bürgerlicher Schriftsteller.

An dieser Stelle möchten wir ansetzen, indem wir drei Fragen stellen: Was bedeutet ›Bürgerlichkeit‹ bei Walter Kempowski über die paratextuelle (Selbst-)Zuschreibung hinaus, das heißt in Bezug auf sein literarisches Werk? Wie hängt der Ausdruck mit der – ihrerseits erläuterungsbedürftigen – Vorstellung einer ›Poetik der Mitte‹ zusammen? Und in welchem ideenhistorischen Bezugsrahmen lässt sich beides, seine Spielart von Bürgerlichkeit und der poetologisch in Anspruch genommene Begriff der Mitte, explizieren?

Ein Ansatzpunkt für eine Beantwortung dieser Fragen findet sich in Dirk von Petersdorffs kurzer *Literaturgeschichte der Bundesrepublik Deutschland* (2011). Unter der von dem Gießener Philosophen Odo Marquard entliehenen Hauptüberschrift »Abschied vom Prinzipiellen« wird dort auch Walter Kempowskis Werk behandelt, und zwar neben dem von Rolf Dieter Brinkmann, Uwe Johnson und, ja, Udo Lindenberg.[1] Assoziativ angedeutet, wenn auch nicht weiter erläutert, ist damit eine gewisse Nähe zwischen Kempowski und Marquard. Bei dieser

Abb. 1: Walter und Hildegard Kempowski mit ihren Kindern Renate und Karl-Friedrich, Nartum, um 1979

Assoziation wollen wir ansetzen, indem wir zunächst einige Grundzüge von Marquards Philosophie nachzeichnen, um von dort aus anschließend auf Kempowskis Werk zu blicken.

Philosophie der Bürgerlichkeit

Auch Odo Marquard bekennt sich immer wieder ausdrücklich zur Bürgerlichkeit als Haltung und Lebensform. Sein philosophisches Werk kennzeichnet er gelegentlich geradezu als einen »Beitrag zur Apologie der Bürgerlichkeit«[2] gegenüber den vielfältigen kritischen Vorbehalten der Zeit. Entsprechend ist Marquards Denken auch in der jüngeren Forschung zur politischen Ideengeschichte der Bundesrepublik einer »Philosophie der Bürgerlichkeit«[3] zugeordnet worden, deren Grundzüge sich in dem Kreis um seinen philosophischen Lehrer, den Münsteraner Philosophen Joachim Ritter, ausgebildet haben.

Im Falle Marquards lässt sich diese Philosophie der Bürgerlichkeit durch mindestens vier Merkmale charakterisieren: *Skepsis* als lebensgeschichtlich geprägte Haltung und philosophisch begründete Position; ein pluralistisches *Lob der Vielheit* der Lebenswelten und Lebensorientierungen; eine Reflexion der mit *Modernisierungsprozessen* einhergehenden Diskontinuitätserfahrungen und Bewahrungsnotwendigkeiten und schließlich ein aristotelisch sowie hegelianisch geprägtes *philosophisches Verständnis der Mitte* mit Anklängen an die tugendethische Mesotes-Lehre und die Vorstellung der dialektischen Vermittlung von Gegensätzen.[4]

Skepsis ist für Marquard zunächst eine lebensgeschichtlich geprägte Haltung. Er zählt sich zu der von Helmut Schelsky so genannten ›skeptischen Generation‹ der deutschen Kriegs- und Nachkriegsjugend, die sich Schelsky zufolge vor allem durch ideologische Ernüchterung und Desillusionierung sowie gesteigerten Realitätssinn und Pragmatismus auszeichnete.[5] Doch schon in der Dissertation des 26-Jährigen wird diese skeptische Haltung dann auch philosophisch begründet, zumindest als »Position im nautischen Sinn«,[6] als eine bewegliche, transitorische Ortsbestimmung. Und in der Folge baut er diesen Ansatz unter Bezugnahme auf Traditionen philosophischer Skepsis zu einer Philosophie der menschlichen Endlichkeit aus, für die der Konnex von Skepsis und Usualismus entscheidend ist. Wie Marquard stets betont, wissen Skeptiker keineswegs »prinzipiell nichts«, sondern nur mehr »nichts Prinzipielles«.[7] Sie halten sich deshalb in Ermangelung solchen Prinzipienwissens über letzte Grundsätze der Moral und Politik oder vermeintlich objektive Verlaufsgesetze der Geschichte zunächst an den Status quo der schon vorhandenen, historisch gewachsenen Üblichkeiten, der immerhin den Vorzug der Bekanntheit und Bewährtheit hat. Das schließt Veränderungen keineswegs aus, weist ihnen allerdings den ›*burden of proof*‹ zu: »[D]ie Beweislast hat der Veränderer.«[8]

Eng verknüpft mit dieser Rehabilitation der Üblichkeiten ist ein *pluralistisches Lob der Vielheit*. Ähnlich wie Jean-François

Lyotard verabschiedet Odo Marquard die modernen universalistischen Großerzählungen von Vernunft und Fortschritt zu Gunsten eines »aufgeklärten Polytheismus«[9] der vielen individuellen und partikularen Geschichten. Dabei betont er insbesondere die individualitäts- und freiheitsermöglichende Bedeutung einer solchen Stimmenvielfalt, die er anhand des politischen Gedankens der Gewaltenteilung verdeutlicht: Indem mehrere Instanzen und Potenzen sich wechselseitig ihre jeweiligen Absolutheits- und Alleinvertretungsansprüche streitig machen und einander so gleichsam in Schach halten, entstehen zwischen ihnen jeweils begrenzte, relative Spielräume individueller Selbstentfaltung, in denen »[d]er Einzelne – als lachender oder weinender Dritter – von ihnen freikommt«.[10] Diese Vorstellung von der liberalisierenden Wirkung der pluralistischen Gewaltenteilung wendet Marquard auf die unterschiedlichsten Bereiche an, Philosophie, Politik, Kunst und auch die unerschöpfliche Vielfalt von Interpretationsperspektiven einer ›pluralisierenden Hermeneutik‹, durch die sich die gesellschaftlich-politischen Konfliktpotenziale des modernen ideologischen (Welt-)Bürgerkrieges um die einzige ›richtige Lesart‹ von Geschichte und Gesellschaft entschärfen lassen.[11]

Der große Gegenspieler dieses Ansatzes ist die neuzeitliche Geschichtsphilosophie, die sich der Deutung von *Modernisierungsprozessen* in Kategorien des Fortschritts verschrieben hat, von den umfassenden geschichtsphilosophischen Entwürfen der Aufklärung, des Deutschen Idealismus und des Marxismus bis zu ihren Spätausläufern im Neomarxismus der Frankfurter Schule und der Studentenbewegung der späten 1960er und 70er Jahre. Dabei wird diese Bewegung von Marquard als eine Infragestellung der freiheitlich-demokratischen Ordnung der damals noch jungen Bundesrepublik durch eine neue politische Jugend gedeutet, die den ausgebliebenen Aufstand der Elterngeneration gegen den Vater Hitler durch den »nachträglichen Ungehorsam«[12] ihrer (überwiegend bürgerlich aufgewachsenen) Kinder gegenüber der BRD zu kompensieren versuchte.

Angesichts der von ihr betriebenen moralisierenden »Übertribunalisierung«[13] des gesellschaftlichen Lebens und der durch die damit einhergehende »Sollenshypertrophie« bewirkten »Seinsvermiesung«[14] der geschichtlich vorfindlichen Lebenswirklichkeit der Zeit gelte es, so Marquard, die freiheitsverbürgenden Institutionen der modernen bürgerlichen Gesellschaft und des demokratischen Rechtsstaates als bewahrenswerte historische Errungenschaften zu begreifen und zu verteidigen: »Wir haben – und zwar in unserer Zeit und Gegend alle – sehr viel mehr zu verlieren als allein unsere Ketten.«[15]

Den theoretischen Hintergrund dieser Perspektive bilden die philosophische Zeitdiagnose und Modernitätstheorie seines philosophischen Lehrers Joachim Ritter. Ihr zufolge konstituiert sich die moderne bürgerliche Gesellschaft durch Emanzipation aus historisch gewachsenen Herkunftsverhältnissen als eine geschichtslose, mithin ›posttraditionale‹ Gesellschaft. Allerdings wird diese moderne ›Entzweiung‹ von Zukunft und Herkunft bei Ritter keineswegs fortschritts- oder verfallstheoretisch beklagt, sondern als notwendige Voraussetzung für die umfassende Verwirklichung menschlichen Seins in der Moderne anerkannt und bekräftigt.[16] Zugleich beschreibt er, wie die Geschichtslosigkeit der modernen Gesellschaft durch die Herausbildung einer modernen, von historischem und ästhetischem Sinn getragenen Kultur der Subjektivität ausgeglichen wird, die die Überlieferungsbestände bewahrt und gegenwärtig hält. Die Frage nach der Verbindung des Entzweiten, von Herkunft und Zukunft, Subjektivität und Gesellschaft, beantwortet Ritter dabei im aristotelischen Sinne ethisch, nämlich unter Verweis auf eine Lebensform: das bürgerliche Leben.[17] Dabei handelt es sich um eine Lebensweise, die sich nach Ritter insbesondere durch die Fähigkeit zur *Vermittlung* der mit der Moderne aufbrechenden Differenzen, etwa zwischen Herkunftstraditionen und posttraditionaler Ordnung, privatem Leben und öffentlichen Rollen auszeichnet. Er beschreibt sie in diesem Sinne auch als »die Mitte, in der das Allgemeine und das Eigene des Einzelnen einander durchdringen.«[18] Marquard greift diese Perspektive auf: Auch für ihn gehört zur modernen bürgerlichen Welt notwendig beides, nicht nur »die wissenschaftliche, technologische, ökonomische Modernisierung der Verhältnisse mit Sinn für die Freiheitswirkung des Eigentums, des Marktes, der Konkurrenz und des Wohlstandes«, sondern dank der »Gewaltenteilung« der Entzweiung zugleich auch »die Welt der Herkunft, der Familie, der sittlichen Üblichkeiten, der Religion, der bunten (und trotz allem überwiegend intakten) Traditionen, deren Pluralität Individualität ermöglicht, und der Bewahrungskultur«.[19]

Poetik der Mitte

Die umrissenen Kategorien lassen sich in heuristischer Absicht aufgreifen und in Bezug auf Walter Kempowskis Werk in einem kursorischen Durchgang perspektivieren, und zwar eingedenk der Tatsache, dass hier keine Deckungsgleichheit zu erwarten ist, sondern bestenfalls gewisse Kongruenzverhältnisse von – selbstreflexiv bezogen auf die Problemstellung des Bandes – mittlerer Reichweite.[20]

Zunächst zur *Skepsis*. Rein kalendarisch betrachtet wäre Walter Kempowski als Generationsgenosse des 14 Monate älteren Odo Marquard anzusprechen. Freilich ist er als gebürtiger Rostocker nicht ohne Weiteres der ›skeptischen Generation‹ zuzurechnen. Kempowskis skeptische Grundhaltung beruht, anders als im Falle Marquards, auf der biografischen Erfahrung *zweier* totalitärer Systeme. In der Beschreibung seiner politischen Haltung benutzt er Begriffe, die allerdings auch für die Ritter-Schüler von zentraler Bedeutung sind. Er bezeichnet sich als ›konservativ‹ und ›liberal‹, wobei auf dem Begriff der Liberalität, wie Edo Reents in diesem Band zeigt, ein gewisser Akzent zu liegen scheint.

Wie artikuliert sich die konservativ-liberal grundierte Haltung der Skepsis aber in Kempowskis literarischem Werk? Zunächst haben die Darstellung und Wiedergabe von Ereignissen und Aussagen gegenüber der historischen und moralischen Einordnung und Bewertung Vorrang – dies gilt für die Romane der *Deutschen Chronik* ebenso wie für das *Echolot*. Kempowski hat diesen Grundzug seines Werks immer wieder benannt; danach befragt, warum er sich einer Bewertung des Dargestellten in seinen Büchern enthalte, antwortet er mit einer zutiefst moralischen, bisweilen geradezu pastoral anmutenden Rückfrage: »Denn welcher Mensch kann von sich aus sagen, dieser Weg ist richtig? Das kann nicht stimmen, das ist nicht nur heikel, sondern sogar verwerflich.«[21]

Zudem meidet Kempowski in seinem Werk Positionen der Auktorialität. In seinen Romanen sind das erlebende und das erzählende Ich nahezu deckungsgleich, und im kollektiven Tagebuch wird auf eine erzählerische Vermittlung zugunsten der Präsentation von Egodokumenten gänzlich verzichtet. In der Rezeption hat Kempowski dies immer wieder den Vorwurf der Kritiklosigkeit, ja des Affirmativen eingebracht. Im Geiste der Ideologiekritik geschah dies zum Beispiel bei Norbert Mecklenburg: »Wer heute ohne ausdrücklich kritisches Engagement über die Zeit des Dritten Reichs schreibt, muß mit Beifall von der falschen Seite rechnen.«[22]Allerdings will Kempowski seine Leserschaft in ihrem eigenen historischen Urteilsvermögen fordern, womit er ausdrücklich einem pädagogischen Grundprinzip folgt: »Ich gebe dem Leser Fakten [...], und nun kann er etwas daraus lernen oder auch nicht. Aber wenn er etwas lernt oder einsieht, wird der Erfolg [...] sicher dauerhafter sein. Deshalb kommen in meinen Büchern auch keine Rezepte vor, ich interpretiere also nicht.«[23] Einerseits bringt diese versuchte Aktivierung der Leserschaft die Gefahr von Fehldeutungen und Missverständnissen mit sich, worauf Kempowski andererseits mit vielfältigen Strategien der Leserlenkung reagiert, insbesondere in seinen zu Lebzeiten veröffentlichten Tagebüchern, die gleichermaßen Medien des Selbstausdrucks und der Werkstrategie sind.[24]

Ähnlich wie bei Marquard zeigt sich auch Kempowskis skeptische Grundhaltung dabei des Weiteren in Gestalt einer Betonung von *Pluralität und Polyphonie*: sei dies als Montage und Collage unterschiedlicher Positionen und Perspektiven in den Romanen der *Deutschen Chronik*; als Einbindung fremder Stimmen in die eigenen Tagebücher (als ›Seitenhiebe‹ der Mitarbeiterin Simone Neteler im Falle des Werktagebuchs *Culpa* oder als ein rückblickendes Sich-selbst-ins-Wort-Fallen zum Beispiel in *Hamit*, dem Tagebuch des Jahres 1990); schließlich besonders markant in einer weitgehend egalitären Stimmenvielfalt in den sogenannten Befragungsbänden und im *Echolot*. Bezogen auf die Arbeit am kollektiven Tagebuch hat Kempowski sein Pluralitätsbestreben programmatisch beschrieben: »Schon nach wenigen Wochen zeigte sich, daß hier ein kollektives Tagebuch entsteht, das Leser, die einen Sinne für Ausführlichkeit haben, quasi an- und einsaugt. Es läßt demjenigen, der sich damit zu befassen beginnt, kaum eine Chance zu entkommen. Er wird sich in den Mitteilungen der vielen Menschen verlieren, wiederfinden, er wird erschrecken, lachen, sich wundern und empören. Und dann wird er erkennen, daß die schrecklichen Vereinfacher im Unrecht sind.«[25]

Auch Kempowski arbeitet sich, in seinem Fall literarisch, an den Disruptionen und Ambivalenzen von *Modernisierungsprozessen* ab. Seine skeptische Grundhaltung, die sich im Bewertungs- und Auktorialitätsverzicht, im Versuch der Leseraktivierung und im Pluralismus seines Werks niederschlägt, kontrastiert dabei allerdings dem rational nicht bis ins Letzte nachvollziehbaren Anspruch, den er mit seiner literarischen Arbeit verbindet. Gemeint ist das sowohl sozialpsychologisch als auch kunstreligiös überformte Vorhaben, die Katastrophen des 20. Jahrhunderts als Traditions- und Kulturbruch im literarischen Werk überwinden zu wollen. Dazu muss allerdings gesagt werden: Kempowski deutet den Faschismus, den Krieg, die Shoah als katalytische Elemente in einem unheilvollen Modernisierungsprozess, der eine gesellschaftliche und kulturelle Dissoziierung bewirkt. Vor

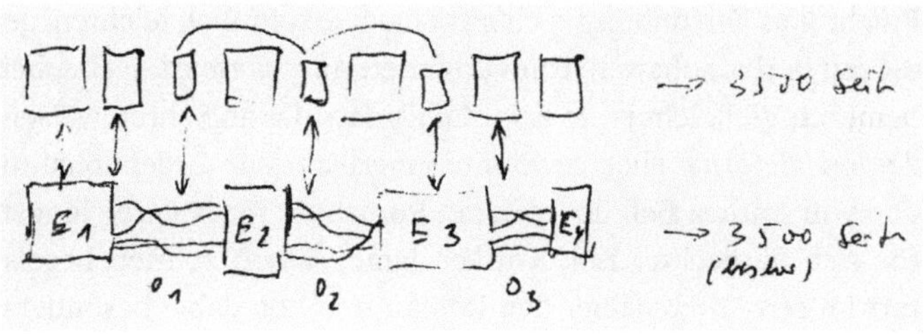

Abb. 2: Ein organischer Werkzusammenhang?

diesem Hintergrund kommt der Literatur die Aufgabe zu, das Zerstörte wiederherzustellen (in den Romanen der *Deutschen Chronik*) und die verstreuten Stimmen wieder zusammenzuführen (im *Echolot*). Das totalisierende Vorhaben wiederum korreliert mit dem als Totalität konzipierten Gesamtwerk (Abb. 2).[26] Ein tieferer Widerspruch zur Skepsis ergibt sich hieraus nun allerdings nicht, denn bei all dem denkt Kempowski das Verhältnis von poetologischen Ansprüchen und literarischen Möglichkeiten stets mit. Die sich aus der Skepsis zwangsläufig ergebenden Selbstrelativierungen werden literarisch gestaltgebend: in den Romanen als Fragmentarität und in der expliziten Betonung der Uneinlösbarkeit (man denke an deren vielkommentiertes Motto: »Alles frei erfunden!«), und im *Echolot* in der Darstellung eines gerade nicht mehr synthetisierbaren Stimmengewirrs, das nur lockere Strukturmomente aufweist.[27] Der Haupttext *konterkariert* den Paratext geradezu.

Walter Kempowskis Werk ist, anders gesagt, von einer genuin romantischen Ironie geprägt, die sich aus dem Widerstreit zwischen dem Unbedingten – der Wiederherstellung der Vergangenheit, der Rezentrierung des Polyphonen – und der Bedingtheit der literarischen Mittel ergibt. Hierin liegt auch das poetologische *Prinzip der Mitte*, das Intermediäre seiner Poetik begründet. Der Titel seines letzten zu Lebzeiten erschienenen Romans bringt dies als Werkunterschrift und ironisches Fazit zum Ausdruck, wobei die Schwere des Sujets, also Schuld,

Flucht und Vertreibung, sich mit einem erstaunlich leichten, geradezu parlandohaften Ton verbindet: *Alles umsonst*. Nebenbei bemerkt: Vielleicht ist es kein Zufall, dass das an Schreibweisen des *middle brow* eher gewöhnte amerikanische Lesepublikum den von Anthea Bell übersetzten Roman *All for Nothing* jüngst für sich entdeckte. Der Kritiker James Wood schrieb begeistert im *New Yorker* über den Roman und hob dabei besonders seinen »light touch« hervor.[28] Als geradezu prekär erweist sich das Mittlere demgegenüber mit Blick auf die bürgerliche Lebensform, von der in den Romanen der *Deutschen Chronik* erzählt wird. Kempowski schildert eine bürgerliche Familie, deren intermediäre Haltung – also die Normalisierung des Extremen und die sozialpsychologische Stabilisierung durch Familienrituale, vor allem durch idiosynkratische Sprüche[29] – sie die faschistische Umwandlung der Gesellschaft nicht angemessen wahrnehmen lässt. Dies läuft, nicht ausdrücklich, sondern auf der Darstellungsebene, auf eine Kritik der Mitte hinaus: Der bürgerlichen Kultur eignet ein psychologisch nachvollziehbares Normalitätsverlangen, das allerdings zu einer folgenreichen Fehlwahrnehmung der historischen und persönlichen Situation führt – und so die Einrichtung des totalitären Systems begünstigt.

Schluss

Die vergleichende Betrachtung von Walter Kempowski und Odo Marquard erweist sich als erhellend: In lockerer Analogie zu Marquards ›Philosophie der Bürgerlichkeit‹ lassen sich Skepsis und Pluralismus sowie der Zusammenhang von Traditionsbruch und -bewahrung in Kempowskis Werk als Elemente einer ›bürgerlichen‹ Poetik der Mitte begreifen. Kempowskis intermediäre Poetik umfasst poetologische, formale und inhaltliche Aspekte, einschließlich der damit verbunden Spannungen und Widersprüche, die ungelöst bleiben (müssen).

Zu betonen sind allerdings mindestens zwei grundlegende Differenzen: Zum einen teilt Walter Kempowski nicht den nüchtern-bejahenden Moderne-Optimismus der Ritter-Schule, wenngleich er sehr wohl weiß, dass es kein Zurück in ein früheres, besseres, ›heiles‹ Zeitalter gibt. Sein Werk ist durchzogen von einer genuin modernistischen »Ganzheits-Melancholie« – so ein Begriff von Wolfgang Welsch.[30] Und zweitens wird die theoretische Reflexion des bürgerlichen Normalitätsverlangens und seiner Gefahren in Kempowskis Werk psychologisch so nachvollziehbar gemacht, wie es nur in der erzählenden Literatur möglich ist. So hat Ulrich Herbert konstatiert, *Tadellöser & Wolff* wirke »wie eine Bebilderung der neueren Ergebnisse der NS-Forschung«.[31] Damit aber gerät Kempowskis Werk keineswegs in einen Gegensatz zu Odo Marquards als ›Transzendentalbelletristik‹ apostrophierter Philosophie, sondern entspricht vielmehr ihrer Wertschätzung für das Erzählen als einer für den modernen Menschen unerlässlichen Tätigkeit: »Narrare necesse est.«[32]

1 Dirk von Petersdorff: Literaturgeschichte der Bundesrepublik Deutschland von 1945 bis in die Gegenwart, München 2011, S. 59–82; Odo Marquard: Abschied vom Prinzipiellen. Philosophische Studien, Stuttgart 1981.

2 Odo Marquard: »Apologie der Bürgerlichkeit«, in: O. M.: Philosophie des Stattdessen. Studien, Stuttgart 2000, S. 94–107, hier S. 95.

3 Jens Hacke: Philosophie der Bürgerlichkeit. Die liberalkonservative Begründung der Bundesrepublik, Göttingen 2006.

4 Zum Folgenden vgl. Mark Schweda: »Im Zweifel für den Angeklagten. Odo Marquards Apologie der Moderne aus dem Geist der Skepsis«, in: Zeitschrift für Ideengeschichte 2.3 (2008), S. 122–124.

5 Helmut Schelsky: Die skeptische Generation. Eine Soziologie der deutschen Jugend, Düsseldorf/Köln 1957.

6 Odo Marquard: »Abschied vom Prinzipiellen. Auch eine autobiographische Einleitung«, in: Marquard: Abschied vom Prinzipiellen (Anm. 1), S. 4–22, hier S. 8.

7 Ebd., S. 17.

8 Ebd., S. 16.
9 Ebd., S. 19.
10 Odo Marquard: »Apologie des Zufälligen. Philosophische Überlegungen zum Menschen«, in: O. M.: Apologie des Zufälligen. Philosophische Studien, Stuttgart 1986, S. 117–139, hier S. 133.
11 Marquard: »Abschied vom Prinzipiellen« (Anm. 6), S. 20.
12 Ebd., S. 9f.
13 Ebd., S. 17.
14 Marquard: »Apologie des Zufälligen« (Anm. 10), S. 127.
15 Marquard: »Abschied vom Prinzipiellen« (Anm. 6), S. 10.
16 Joachim Ritter: »Hegel und die französische Revolution«, in: J. R.: Metaphysik und Politik. Studien zu Aristoteles und Hegel, Frankfurt am Main 1969, S. 183–255.
17 Joachim Ritter: »Das bürgerliche Leben. Zur aristotelischen Theorie des Glücks«, in: J. R.: Metaphysik und Politik. Studien zu Aristoteles und Hegel, Frankfurt am Main 1969, S. 57–105.
18 Ebd., S. 89.
19 Marquard: »Apologie der Bürgerlichkeit« (Anm. 2), S. 99.
20 In diesen Abschnitt sind einige Überlegungen eingegangen, die auf frühere Arbeiten von Kai Sina zurückgehen, allen voran auf die Studie: Sühnewerk und Opferleben. Kunstreligion bei Walter Kempowski, Göttingen 2012.
21 Gerhard Schmolze/Gottfried Mierau: »›Andere ein wenig sensibler machen.‹ Gespräch mit dem Lehrer und Dichter Walter Kempowski«, in: Lutherische Monatshefte 18.11 (1979), S. 647–650, hier S. 649.
22 Norbert Mecklenburg: »Faschismus und Alltag in deutscher Gegenwartsprosa. Kempowski und andere«, in: Gegenwartsliteratur und Drittes Reich. Deutsche Autoren in der Auseinandersetzung mit der Vergangenheit, hg. von Hans Wagener, Stuttgart 1977, S. 11–32, hier S. 23.
23 Christian Linder: »›Ich hasse die Natur.‹ Gespräch mit Walter Kempowski (1972), in: C. L.: Schreiben & Leben. Gespräche mit Jürgen Becker, Peter Handke, Walter Kempowski, Wolfgang Koeppen, Günter Wallraff, Dieter Wellershoff, Köln 1974, S. 47–59, hier S. 55f.
24 Vgl. in diesem Sinne zu Kempowskis Tagebuchwerk Philipp Böttcher/Kai Sina (Hg.): Walter Kempowskis Tagebücher. Selbstausdruck, Poetik, Werkstrategie, München 2014.
25 Walter Kempowski: »Das Echolot hat 4000 Seiten Erinnerungen geortet. Ein Werkstattbericht«, in: Die Welt, 23.3.1989.
26 Der Zusammenhang von Geschichtskonzept, Poetologie und Werkästhetik wird ausführlich rekonstruiert in Sina: Sühnewerk und Opferleben (Anm. 20), Kap. 2–4.

27 Dazu Wolfgang Struck: »Walter Kempowskis *Echolot*. Textarchitekturen eines ›kollektiven Tagebuchs‹«, in: Böttcher/Sina: Walter Kempowskis Tagebücher (Anm. 24), S. 230–240.

28 James Wood: »Walter Kempowski's Epic Novel of Germany in Collapse«, in: The New Yorker, 16.4.2018 (https://www.newyorker.com/magazine/2018/04/16/walter-kempowskis-epic-novel-of-germany-in-collapse; letzter Zugriff am 1.11.2021).

29 Helmut Arntzen: »Sprachverwirrungen. Zum Prozeß negativer Bildung in deutschen Romanen des 20. Jahrhunderts (Musil, Kafka, Horváth, Kempowski)«, in: Ästhetik und Bildung. Das Selbst im Medium von Musik, Bildender Kunst, Literatur und Fotografie, hg. von Stephanie Hellekamps, Weinheim 1998, S. 81–96.

30 Wolfgang Welsch: Unsere postmoderne Moderne, Berlin 1997, S. 175–178.

31 Ulrich Herbert: »Zwischen Beschaulichkeit und Massenmord. Die Kriegswende 1943 aus der Perspektive des Alltags«, in: Neue politische Literatur 40.2 (1995), S. 185–189, hier S. 185.

32 Odo Marquard: »Narrare necesse est«, in: Marquard: Philosophie des Stattdessen (Anm. 2), S. 60–65.

Tilo Wesche

Von der Musik zur Erzählung

Über Adorno und Kempowski

Kempowski notiert am 20. November 1958 in sein Tagebuch:

> Adorno ist ein wirklich kluger Mann. Daß ich die 3,60 für sein Buch anlegte, werde ich wohl nie bereuen. Es ist wunderbar, sich hinter seine Gedanken zu klemmen. Ich habe ja jahrelang auf dem Mond gelebt, nun muß endlich etwas geschehen.[1]

Kempowskis Freude über seine Investition, es handelt sich um den ersten Band der *Noten zur Literatur*, mag viele Gründe haben; etwa Adornos Stilkunst oder die Vorliebe für moderne Musik, die Kempowski mit Adorno teilt. Aller Wahrscheinlichkeit nach ist der wichtigste Grund jedoch die Nähe zu Adornos Ästhetik. Diese bringt sich Kempowski zur Klarheit mit dem Satz: »Subjektivismus der Kunst ist die wahre Realität. (Adorno).«[2]

Anhand dieses Satzes soll im Folgenden die Schnittmenge untersucht werden, die Adornos Ästhetik und Kempowskis Erzähltheorie miteinander verbindet. Ihr Vergleich gibt Aufschluss über Adornos Ästhetik, die eine Mitte zwischen Erzähltradition und Musikavantgarde sucht. Narrative und musikalische Form werden zu einer Vorstellung ästhetischer Autonomie verschmolzen. Sie bildet sozusagen die Mitte, in der Erzählung und Musik sich treffen. Diese eignet sich Kempowski als eine Poetik der Mitte an, deren Genesis in drei Schritten nachgezeichnet werden soll. Im ersten Teil soll in groben Strichen Adornos Ästhetik nachgezeichnet werden (1.). Der zweite Teil widmet sich der Erzähltheorie von Kempowski (2.). Schließlich werden im dritten Teil zwei Eigenschaften des Erzählens näher beleuchtet (3.).

1. Adornos Autonomieästhetik

Das Gelingen von Kunst hängt laut Adorno von ihrer Autonomie ab. Seine Autonomieästhetik geht von der Annahme aus, dass Kunstwerke einen Selbstzweck haben:

> Kein Gemälde ist für den Beschauer, keine Symphonie für den Zuhörer, selbst kein Drama für das Publikum da, sondern zunächst *um seiner selbst willen*; nur durch dieses Moment, das man als ein säkularisiert theologisches beschreiben muß, also nur sozusagen mit Hinblick auf das Absolute, und nicht etwa in einer unmittelbaren Beziehung auf die Menschen, existieren, sprechen [die Kunstwerke] überhaupt.[3]

Dass die Kunst frei von äußeren und fremden Zwecken ist, bedeutet nicht, dass Kunst keinerlei Zweck habe. Vielmehr ist damit gemeint, dass sie keinen anderen Zweck als sich selbst hat. Kunstwerken wohnt selbst ein Zweck inne, um dessenwillen sie wertvoll sind. Autonome Kunst zeichnet sich also durch ihren Selbstzweck aus. Dieser Selbstzweck der Kunst ist Erkenntnis.

> Fortlebende Mimesis, die nichtbegriffliche Affinität des subjektiven Hervorgebrachten zu seinem Anderen, nicht Gesetzen, bestimmt Kunst als eine Gestalt der Erkenntnis, und insofern ihrerseits als ›rational‹. Denn worauf das mimetische Verhalten anspricht, ist das Telos der Erkenntnis, das sie durch ihre eigenen Kategorien zugleich blockiert.[4]

Erkenntnis macht den ›Geist‹ oder die ›Geistigkeit‹ der Kunst aus und wird von Adorno den kunsthedonistischen Kategorien der ›Sinnlichkeit‹ und der ›Lust‹ entgegengesetzt, die nur scheinbar als Selbstzweck gelten. Autonome Kunst erzeugt Erkenntnis nicht um eines anderen Nutzens, sondern um ihrer selbst willen. Kunstwerke verstummen deshalb, sobald sie einem politischen, sozialen oder moralischen Ziel dienen sollen.

Das Gelingen von Kunst hängt demnach von einer Form des Kunstwerks ab, die das Ziel der Erkenntnis zu verfolgen erlaubt, ohne dass es *als* Ziel wahrnehmbar wird. Kunst ist »Rettung des Scheins«[5] im Sinne einer List, die von der ästhetischen Form geleistet wird. Die ästhetische Form ist in der Lage, die Zwecksetzung als ein ›ohne Zweck‹ erscheinen zu lassen. Eine solche Form besteht in der Art und Weise einer Darstellung, die um ihrer selbst willen erfolgt. Autonome Kunstwerke haben demnach die Form einer selbstzweckhaften Darstellung. Sie stellen etwas frei von Mitteilungsabsichten dar. Etwas kommt in der Kunst zur Darstellung, weil es, und darin liegt ihr Selbstzweck, dargestellt zu werden verdient. Obwohl Künstler inhaltliche und konzeptionelle Ziele mit ihrem Werk verfolgen, bringt das Werk kraft seiner autonomen Form etwas scheinbar ›ohne Zweck‹ und nur um seiner Darstellung willen zum Ausdruck. Etwas kommt in der Kunst so zur Darstellung, *als ob* es dargestellt wird, weil es dargestellt zu werden verdient. In diesem »als ob« liegt der Schein, der in der Kunst, wie Adorno sich ausdrückt, gerettet wird.

Adornos Autonomieästhetik geht insofern von der Annahme aus, dass Kunstwerke kraft ihrer Autonomie zur Erkenntnis befähigen. Erkenntnis entsteht als eine »objektiv erkennende Haltung, die bedeutende autonome Kunstwerke als die adäquate vom Betrachter, Hörer, Leser erwarten.«[6] Kunstwerke stiften also auf Seiten ihrer Betrachter Erkenntnis. Dies gelingt Kunstwerken jedoch nicht dadurch, dass sie zu überzeugen oder zu überreden versuchen. Im Gegenteil; weil sie keinem Zweck des Überzeugens oder Überredens dienen, drängen sie sich nicht auf; und ebendiese selbstgenügsame Zurückhaltung ermöglicht es, jemanden für Erkenntnis zugänglich zu machen. »Nur durch Enthaltung vom Urteil urteilt Kunst.«[7]

Zur Erkenntnis befähigt Kunst also nicht aufgrund einer Forderung, sondern deshalb, weil sie auf Mitteilungsabsichten verzichtet. »Gerade der Verzicht auf Einwirkung, durch welchen Kunst von der magischen Sympathie sich scheidet, hält das magische Erbe um so tiefer fest.«[8] Es ist gerade dieser Verzicht auf Mitteilungsabsichten, der den Adressaten – nur scheinbar widersprüchlich – für das Dargestellte zugänglich macht. Adorno hat für diese Kommunikation ohne belehrende Adressierung das Bild von der ›Flaschenpost‹ geprägt; sie erreicht einen Empfänger, ohne dass sie an ihn gerichtet ist.[9] Kunstwerke entfalten eine Erkenntniskraft am ehesten, wenn sie nicht ins Schlepptau einer politischen oder moralischen Programmatik genommen werden. Sie verdanken ihre Erkenntniskraft der Autonomie, die darin besteht, etwas um seiner Darstellung willen darzustellen.

Diese Zurückhaltung, die Betrachter nicht mit Forderungen zu konfrontieren, macht Kunst äußerlich verwechselbar mit harmloser Unterhaltung. »Die kalte Distanz der Erzählung, die noch das Grauenhafte vorträgt, als wäre es zur Unterhaltung bestimmt, lässt das Grauen zugleich erst hervortreten.«[10] »Amusement, ganz entfesselt, wäre nicht bloß der Gegensatz zur Kunst sondern auch das Extrem, das sie berührt.«[11]

2. Autonome Erzählung

Adorno hat sein Konzept der Autonomieästhetik vorwiegend auf der Grundlage von Reflexionen über die Musik entwickelt. Musik ist für ihn geradezu das Musterbeispiel für autonome Kunst. Kempowskis Begeisterung für Adorno beruht, so lässt sich vermuten, darauf, dass er eine Ähnlichkeit zwischen Adornos Musikverständnis und dem eigenen Verständnis von Erzählung erkannt hat. Die Form ästhetischer Autonomie wird von Kempowski als eine autonome Form der Erzählung ausgearbeitet.

Neben der Erklärung und dem Bericht bildet das Erzählen eine eigenständige Weise des Sagens, wie sich etwas in Wahrheit verhält. Von der berichtenden zur narrativen Wahrheitsform wechselt Kempowski etwa, wenn er, wie in *Echolot*, Zeitzeugenberichte zu Geschichten collagiert oder, so in seinen Romanen, Einzelschicksale zu Geschichten inszeniert. Vom Realismus des Berichts und der Rationalität argumentativer Rede unterscheidet die Narration, dass sie nicht die Absicht verfolgt zu überzeugen.

Der Verzicht auf eine persuasive Absicht erweist sich jedoch nicht als Schwäche des Erzählens, sondern als seine Stärke, wenn es gilt, eine Einsicht zur Erfahrung zu machen. Der narrative Sinn der Sprache gräbt sich tiefer in die Erfahrungswelt ein, als es argumentative Aussagen oder Tatsachenberichte können. Gleichwohl wird mit der Überzeugungsabsicht nicht auch der Wahrheitsanspruch des Erzählens preisgegeben. Nur wird Wahrheit hier zum Erfahrungsgehalt.

Eine wesentliche Eigenschaft der Erzählung ist die Erinnerung. Erzählen und Erinnern bilden eine geradezu natürliche Einheit. Die Erinnerung hat bei Kempowski eine autonome Erzählform. Von Lebensgeschichten wird hier erzählt mit dem Zweck ihrer Erinnerung. Die narrative Form besteht dabei darin, dass scheinbar allein um der Erinnerung willen erzählt wird. Die erzählerische Erinnerung dient keiner Überzeugungs- oder Mitteilungsabsicht. Erzählt wird stattdessen, um Lebensgeschichten dem Vergessen zu entreißen; so, ›als ob‹ etwas erinnert wird allein deshalb, weil es vor dem Vergessen zu retten ist. Kempowski hat dieses Motiv der erinnernden Rettung im Vorwort zum *Echolot* anhand von zwei biographischen Ereignissen beschrieben:

> An einem Winterabend 1950 wurde ich in Bautzen über den Gefängnishof geführt, und da hörte ich ein eigenartiges Summen. Der Polizist sagt: »Das sind Ihre Kameraden in den Zellen, die erzählen sich was.« Ich begriff da, daß aus dem Gefängnis schon seit Jahren ein babylonischer Chorus ausgesendet wurde, ohne daß ihn jemand wahrgenommen oder gar entschlüsselt hätte, und es wurde mir bewußt, daß ich der einzige Zuhörer war: ein kleiner Häftling, für knapp zwei Minuten. Jahre später, als ich in Göttingen studierte, sah ich einen Haufen Fotos und Briefe auf der Straße liegen;

> die Menschen traten darauf: Es war die letzte Hinterlassenschaft eines gefallenen Soldaten, Fotos aus Rußland, Briefe an seine Braut. Das gab mir einen Stich, und ich sammelte die Sachen ein. [...] Wir sollten den Alten nicht den Mund zuhalten, wenn sie uns etwas erzählen sollen, und wir dürfen ihre Tagebücher nicht in den Sperrmüll geben, denn sie sind an uns gerichtet – die Erfahrungen ganzer Generationen zu vernichten, das können wir uns nicht leisten. Wir müssen uns bücken und aufheben, was nicht vergessen werden darf: Es ist unsere Geschichte, die da verhandelt wird.[12]

Vor allem fällt auf, dass Kempowski hier das Erzählen mit Musik vergleicht, mit einem Chor. Und dieses Erzählen, das sich mit der Musik den selbstzweckhaften Vollzug teilt, erfüllt einen Anspruch des Erinnerns. Die Erzählung erscheint hier wie die Rettung einer Vergangenheit vor ihrem Vergessen. Biographien werden gerettet, indem von ihnen erzählt wird. Erzählt wird, mit anderen Worten, um der Erinnerung willen. Kempowskis Erzähltheorie berührt sich hier mit Adornos Autonomieästhetik. Erzählt wird, als ob etwas deshalb erinnert wird, weil es erinnert zu werden verdient. Die narrative Form konkretisiert dieses »als ob« erzählerisch; durch eine Erzählstruktur gelingt es, die Erinnerung als Selbstzweck erscheinen zu lassen.

In der Erzählung lässt sich das Moment des ästhetischen Scheins also nicht damit verrechnen, dass fiktive Biographien erfunden werden. Narration ist mehr als Fiktion, weil Letztere auch für einen äußeren Zweck eingesetzt werden kann, während sich Erstere durch ihren Selbstzweck auszeichnet. Kempowskis Verarbeitung des historischen Materials in *Echolot* ist hierfür das schlagende Beispiel. Vielmehr besteht der Schein in dem »als ob«; also darin, dass es der Erzählung gelingt, eine Biographie so darzustellen, als ob sie dargestellt zu werden verdient. Narrativität zeichnet sich bei Kempowski durch ihre formale Autonomie aus; und hinsichtlich dieser Autonomie berührt sie sich mit Adornos Ästhetik.

Autonome Kunst entzieht sich einer Instrumentalisierung für politische oder moralische Zwecke. Denn Kunstwerke, die auf eine Wirkung aus sind, widersprechen ihrer Autonomie, der sie ihr Gelingen verdanken. Wo deshalb mithilfe einer Erzählung etwas bewirkt werden soll, verhallt sie ungehört.

Dies bedeutet aber keineswegs, dass Erzählungen keine nützlichen Folgen haben dürfen. Doch nicht erst ihre Folgen machen sie wertvoll. Erzählungen besitzen unabhängig von ihren Folgen einen Eigenwert für sich. Dieser besteht in ihrem Selbstzweck, etwas um seiner Darstellung willen zu erzählen und dadurch vor dem Vergessen zu retten. »Seit langem bin ich wie besessen von der Aufgabe zu retten, was zu retten ist.«[13] Kunstwerke zeitigen jedoch Folgen, die über diesen Selbstzweck hinausgehen. Solche Folgen bilden den Mehrwert des Erzählens. Dieser Mehrwert besteht in zweierlei: Erstens im Erzählen als Erkenntnisakt und zweitens im Erzählen als Kontinuitätsstiftung.

a) Erzählen als Erkenntnisakt: Als autonome Kunst halten sich Erzählungen mit Forderungen an ihre Adressaten zurück. In besonderen Maßen kennzeichnen Kempowskis Erzählungen eine unverwechselbare Kommentarlosigkeit des Erzählens und eine geradezu protokollarische Abwesenheit auktorialer Bewertungen. Ebendiese Zurückhaltung ermöglicht es, dass sie eine Empfänglichkeit für sie erzeugen. Erzählungen stimmen uns neugierig, gedankenvoll, wissbegierig. Sie entfalten eine immersive Kraft, uns für eine Geschichte einzunehmen und damit in eine Nachdenklichkeit hineinzuziehen. Dank dieser Sogwirkung machen sie ihre Adressaten zugänglich für eine Geschichte. Sie laden dazu ein, an einer Lebensgeschichte und deren Zeitgeschichte gedanklich teilzuhaben. Diese Erzählstruktur ermöglicht es, dass die Geschichten ihre Adressaten auch erreichen. Diese Kraft, in den Bann geschlagen zu werden und Geschichten sich auszuliefern, streicht Kempowski in der

Gefängnisszene im Vorwort von *Echolot* durch den Vergleich mit einem Chor hervor. Es sei geradezu unmöglich, vor einem Chor sich einem Hinhören zu entziehen.

Mit dieser gedanklichen und auch emotionalen Teilhabe stiften Erzählungen Erkenntnis. Das Erzählen wird demnach als ein Erkenntnisakt wirksam. Leserinnen und Hörerinnen von Erzählungen nehmen dabei an der Geschichte nicht nur passiv teil, als würden sie eine Geschichte bloß entgegennehmen. Sie erschließen sich eher eine Geschichte und machen damit sich eine Geschichte bewusst, die sie vorher nicht kannten. Der Erkenntnis-Akt, sich eine Geschichte zu erschließen, besteht darin, sich auf Erfahrungen anderer Personen und damit auf eine Perspektivübernahme einzulassen. Durch Erzählen werden fremde Lebenswelten einem überhaupt eröffnet.

Erzählungen sind demnach besser als Schulwissen geeignet, Zeitgeschichte wahrzunehmen. Schulwissen setzt eine Offenheit für ihren Gegenstand voraus. Erzählungen hingegen erzeugen zuvor eine solche Offenheit. Sie verschaffen erst einen Zugang zu anderen Lebenswelten. Sie lassen jemanden damit *beginnen*, fremde Perspektiven einzunehmen. Insoweit schaffen sie überhaupt die Voraussetzung für eine Begegnung mit Fremdem.

b) Erzählen als Kontinuitätsstiftung: Nicht nur Vergangenheit, sondern auch Vergänglichkeit macht den wesentlichen Gehalt des Erzählens aus. Mit zunehmendem Alter nehmen Lebensqualität, Zukunft, Fähigkeiten, Wahlmöglichkeiten und vieles weitere ab. Es gibt aber nur wenig, das mit fortschreitendem Alter zunimmt: etwa Eigentum (zumindest wenn alles gut geht), Erfahrung und Wissen (jedenfalls unter günstigen Umständen), aber auch die Erinnerung (wenigstens solange man bei Gesundheit ist). Gegenüber der verrinnenden Lebenszeit bietet deshalb die Erinnerung einen immerhin gewissen Halt. Sie ist etwas Bleibendes, das der Vergänglichkeit wenn auch nur gefühlt standhält. Erinnerungen bewahren nicht nur Geschehenes, sondern arbeiten gegen die Vergänglichkeit an.

Erinnerungen konkretisieren sich in Gestalt von Erzählungen. Erzählungen bewahren das, was dem Vergessen anheimfällt und vor ihm gerettet wird. Das Erzählen stiftet demnach eine Kontinuität innerhalb der menschlichen Vergänglichkeit. Es stellt die Lebensgeschichte auf Dauer. Solche Erzählungen konkretisieren sich als Schrift; also etwa in Gestalt der Romane von Kempowski. Sie manifestieren sich aber auch als Dinge, die mit Lebensgeschichte kodiert sind; etwa Fotos, aber auch Gebrauchsgegenstände wie, so im Kempowski-Archiv Rostock zu sehen, ein Grammophon, ein Gefängnismodell oder die Bibliothek der Eltern.

1 Walter Kempowski: Wenn das man gut geht! Aufzeichnungen 1956–1970, München 2014, S. 205.
2 Ebd., S. 471. Aus anderer Perspektive zum Verhältnis Kempowskis zu Adorno vgl. Ole Petras: »›Langhaarige unter sich?‹ Kempowski und die Popkultur (in den Tagebüchern 1956–1970), in: Kempowskis Tagebücher. Selbstausdruck – Poetik – Werkstrategie, hg. von Philipp Böttcher und Kai Sina, München 2014, S. 177–192, insb. 186ff.
3 Theodor W. Adorno: Noten zur Literatur, Frankfurt am Main 1997, S. 191 (Hervorhebung T. W.).
4 Theodor W. Adorno, Ästhetische Theorie, Frankfurt am Main 1997, S. 86f.
5 Ebd., S. 164.
6 Ebd., S. 360, vgl. auch S. 361.
7 Ebd., S. 188.
8 Theodor W. Adorno: Minima Moralia, Frankfurt am Main 1997, S. 35.
9 Theodor W. Adorno: Philosophie der neuen Musik, Frankfurt am Main 1997, S. 126.
10 Max Horkheimer/Theodor W. Adorno: Dialektik der Aufklärung, Frankfurt am Main 1997, S. 98.
11 Ebd., S. 164.
12 Walter Kempowski: Das Echolot. Ein kollektives Tagebuch. Januar und Februar 1943, München 1993, Bd. 1, S. 7.
13 Ebd.

III. Lektüren

Maren Horn

Poetik der Mitte im Sinne fortschreibbarer Werke

Bemerkungen zur Archivüberlieferung von *Echolot* und *Tadellöser & Wolff*

Kempowskis Aussage, nichts Unfertiges zu hinterlassen, wenn er das Nichtzuvollendende erstrebt, entstand im Zusammenhang mit dem vierten Teil des *Echolot* und ist in Bezug auf dieses Mammutprojekt mühelos nachvollziehbar. Steht man schon fasziniert vor den zehn erschienenen Bänden, so steigert sich dieses Gefühl nochmals beim Blick ins Archiv. Ursprünglich beabsichtigte Kempowski nicht nur, den Zeitraum des *Echolot* auf die Jahre 1943 bis 1948 auszudehnen und damit die Nachkriegszeit mit einzuschließen, auch weitere Kriegsschauplätze, zum Beispiel der pazifische, sind in früheren Plänen nachweisbar.[1] Entsprechendes Material trug Kempowski bereits 1988/89 zusammen. Eine weitere Bereicherung des *Echolot* war durch die Einbindung von Landkarten, Karikaturen, Titelblättern der *Berliner Illustrierten Zeitung* und epocheübergreifenden Fotos (nur in den vier zuerst publizierten Bänden realisiert)[2] vorgesehen. »Zeitsprungfotos« nannte sie Kempowski, denn »Erklärungen zur Nazizeit muß man in einer Zeit suchen, die weit vor Stalingrad liegt. Und diese Dimension könnte durch Fotos bewußtgemacht werden (ähnlich wie im ›Sirius‹).«[3] Kempowski war sich der Schwierigkeit einer endgültigen Auswahl schmerzlich bewusst: »Nun lege ich schweren Herzens die 1943er Fotos fort, einmal muß Schluß sein. Ich entscheide über Tod und ewiges Leben.«[4] Dass das gesamte *Echolot*-Projekt gezwungenermaßen im Arbeitsprozess schrumpfen musste, hat sich letztendlich nicht als Manko erwiesen. Im Gegenteil, diese einzigartige literarische Inszenierung wurde zu Recht als Jahrhundertwerk gefeiert: »Wenn die Welt noch Augen hat, zu sehen, wird sie, um es in einem Wort zu sagen, in diesem Werk eine der größten Leistungen der Literatur unseres Jahrhunderts erblicken.«[5]

Nicht nur eine zeitliche und räumliche Ausdehnung des *Echolot* war von Beginn geplant. Parallel, auch nach Erscheinen der ersten Bände 1993, experimentierte Kempowski mit weiteren Ideen, um die beste Form zu finden und möglicherweise – wie mit den »Zeitsprungfotos« – eine neue Dimension zu eröffnen. Davon kündet die sogenannte Dreispurfassung des *Echolot*. In drei Längsspalten (Spuren) treten ›Stimmen‹ zeitepochenübergreifend ins Gespräch. Am 1. Dezember beispielsweise ist die Haupt-, das heißt die mittlere Spur für das Jahr 1944 reserviert: Der Jude Bernard Goldstein berichtet vom Überlebenskampf in Warschau. Die linke Spur gibt Einblick in Frank Wedekinds Liebesleben in Paris 1894, die rechte Spur zitiert die *Frankfurter Allgemeine Zeitung* für 1994 einmal mit der Meldung von über 700.000 in Russland lebenden Flüchtlingen aus den früheren Sowjetrepubliken und zum anderen mit neuesten Forschungsergebnissen über die Mondgeschichte.[6] So sollten Begebenheiten vernetzt werden, die auf den ersten Blick nichts miteinander verbindet, Ereignisse, die, obwohl zeitlich als auch räumlich unabhängig voneinander geschehen, miteinander in Beziehung treten.

Neue Techniken nutzend und verändertes Kommunikationsverhalten berücksichtigend hat Kempowski an diesem Prinzip in seinem *Ortslinien*-Projekt von 2002 weitergewoben:

> Die Ortslinien sind ein multimediales Internetprojekt, das dem Nutzer die Möglichkeit gibt, per Mausklick durch die Alltagsgeschichte von 1850 bis 1999 zu browsen. [...] Der Bildschirminhalt ist zweigeteilt. Auf der rechten Seite kommen Zeitzeugen zu Wort mit Geschehnissen, die sich zwischen 1950 und 1999 ereignet haben, auf der linken Seite solche zwischen 1850 und 1899. Das Vor- und Zurückspringen über 100 Jahre hinweg dient dazu, Vorahnungen, Warnungen, Sorglosigkeit erlebbar zu machen.[7]

Neben den bewährten Tagebüchern und Briefen sollte hier ein interaktives Moment mittels eingebundener Gemälde, Fotografien, Audio- und Videoausschnitten zum Tragen kommen. Kempowski will den Leser mit all seinen Geschichtslektionen für die bekannte Lebensweisheit sensibilisieren: Nur wer weiß, woher er kommt, weiß, wohin er gehen soll. Das *Ortslinien*-Projekt ist von Anbeginn als offenes Werk gedacht, jederzeit – durch wen auch immer – fortschreibbar.

Könnte der Aspekt des ›Nichtvollendenden‹ auch bei anderen Werken Kempowskis, beispielsweise *Tadellöser & Wolff*, eine Rolle spielen, bei jenem Roman, mit dem der Autor endgültig der literarische Durchbruch gelang? Dafür lassen sich möglicherweise Anhaltspunkte beim Blick in die Schreibwerkstatt des Dichters finden. Die frühesten Aufzeichnungen zu *Tadellöser & Wolff* datieren aus den Jahren 1957/58, also wenige Monate nachdem Kempowski der achtjährigen Kerkerhaft in Bautzen entkommen war und die DDR Richtung Westen verlassen konnte. Als mittlerweile 26-Jähriger musste er das Abitur nachholen und sich beruflich orientieren, in einem Alter, in welchem seine Altersgenossen ihren Platz im Leben bereits gefunden hatten, Berufsausbildung oder Studium abgeschlossen, Freundin und Familie ein Thema waren. Dieser erzwungene Spätstart ins Leben hätte ebenso gut desaströs enden und als zerstörerische Kraft auf die Zukunft wirken können – es gibt genügend Beispiele dafür. Kempowski jedoch will leben, will nachholen, was möglich erscheint und wird einen produktiven Weg aus den ›verlorenen‹, fremdbestimmten Jahren finden. »Wie hätte ich mich denn als Autor verwirklichen können ohne den *Verlust* meiner Heimat, ohne den *Tod* meines Vaters, ohne die *Ungerechtigkeiten*, die mir von einem wildgewordenen politischen System zugefügt wurden? Ohne es zu wollen, habe ich den Lesern *ihre* Geschichte erzählt, indem ich *meine* zum Besten gab.«[8] So paradox es klingen mag, die Zuchthauszeit bildete die Grundlage dafür. »Im Zuchthaus dann ständiges Repetieren, mit dem Bruder gemeinsam, jahrelang. Das Erlebnis, daß

Abb. 1: Zettelsammlung zu *Tadellöser & Wolff*

diese Repetationen auch andern, die das zufällig hörten, Spaß machten. […] Erinnerungsspiele als Zeitvertreib.«[9] Nach den Zuchthausjahren setzte Kempowski diese Erinnerungsspiele nunmehr frei und selbstbestimmt systematisch fort. Nach eigener Aussage hatte er die Idee zu *Tadellöser & Wolff* schon vor der Haftzeit und erkannte früh das Potential von Romanliteratur in »Vorformen im Tischgespräch der Eltern und Geschwister. Vergangenheit zerfiel in Zitate und Anekdoten.«[10] Kempowski fand es sinnvoll, dieses Zerfallen der Historie in Zitate und Anekdoten gleichsam in seine Arbeitsweise bei der Herstellung seines Manuskriptes zu übernehmen und mittels erster Zettelfassung abzubilden. »Die Zettel erleichtern die Kontrolle und den Verlauf des ›Roten Fadens‹, der Durchführung der Motive. Einfälle können an mehreren Stellen deponiert und dann später abgewandelt werden.«[11] Dies nachzuverfolgen ermöglicht Kempowskis Schriftstellerarchiv, in welchem die komplette Zettelsammlung im A-6-Format einschließlich aller Vorarbeiten des Romans *Tadellöser & Wolff* überliefert sind.

Der Komplex beginnt mit dem ersten Zettel, auf welchem Kempowski notiert: »T + W Material.«[12] Es folgen fünf Blöcke mit ca. je 70 Zetteln, auf denen Erinnerungen, Einfälle, Bilder, Gedankensplitter, ›geflügelte‹ Worte (z. B. »Zucker sparen

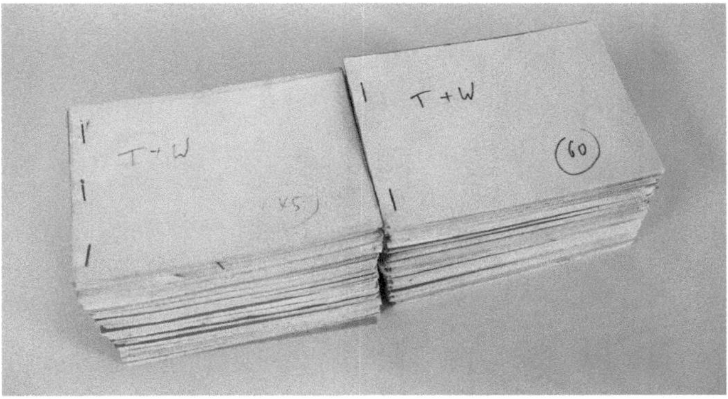

Abb. 2: Zettelsammlung zu *Tadellöser & Wolff*

grundverkehrt. Zucker essen, Zucker nährt«),[13] aber auch Begriffe, Gegenstände und Schlagwörter mit zusätzlichen Informationen festgehalten wurden, manche in Verbindung mit Jahreszahlen (z. B. »Schreibtisch. Gästebuch, in dem die letzte Eintragung von 1925 stammt«).[14] Unter dem Schlagwort »Musik« sind verschiedene seinerzeit bekannte Schlagertitel aufgeführt. Bei den Kindheitserinnerungen spielt natürlich die Schule eine zentrale Rolle: »Entlassungsfeier 1940 / Sprach über Kultur und Natur [...]; Schule / Er saß auf der letzten Bank und wußte immer alles. Ein undurchsichtiger Mensch. Gutes Gedächtnis. / Rudolf«.[15] Nach den »Material«-Zetteln folgt ein weiterer Komplex überschrieben mit »Titel + Register«. Als Titelvarianten finden sich u. a.: »Nicht für uns gemacht, Das Geheimnis der drei Tannen, Walter oder Fritz oder, Wie isses nur zu fassen. Schöne Aussicht.«[16] Letzteren wählte Kempowski schließlich zehn Jahre später für den Band II der *Deutschen Chronik* aus. Es folgen drei weitere Zettelblöcke mit Registern von Personen und den entsprechenden Verweisen auf die Seitenzahl. Ab Nummer 705 beginnt die eigentliche, ca. sechstausend Zettel umfassende Romanfassung. Kempowskis Affinität für diese Form spiegelt sich auch in einer Interviewaussage von 1986 wider: »Ich habe schon immer Zettel beschrieben, meistens

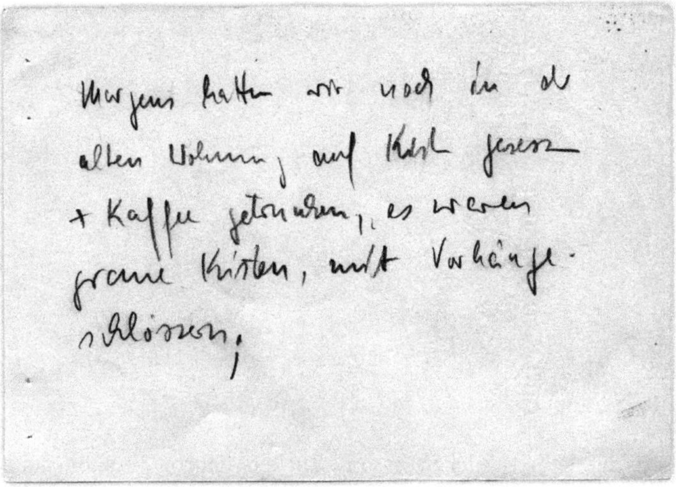
Morgens hatten wir noch in der
alten Wohnung auf Kisten gegessen
+ Kaffee getrunken, es waren
graue Kisten, mit Vorhänge-
schlössern,

Abb. 3: Aus der Zettelfassung von *Tadellöser & Wolff*

im Postkartenformat, damit ich sie in die Brieftasche tun und mit mir herumtragen kann. Andererseits natürlich auch, um ein einheitliches Format für den Karteikasten zu haben. Jeder Zettel hält einen besonderen Eindruck fest, ein Bild oder eine Erinnerung. Diese Zettelsammlung habe ich oft bei Bahnfahrten vermehrt, und ehe ich mich's versah, wuchs mir unter der Hand ein ganzes Zettel-Imperium heran.«[17] Es ist eine spezielle und effektive Arbeitsweise, einen Roman zu verfassen. Die Seiten müssen nicht korrigiert und neugetippt werden, sondern die Zettel lassen sich einfach an einer Stelle herausnehmen, um sie an anderer einzufügen, so wie es heutzutage mit Strg. C und Strg. V am Computer bewerkstelligt werden kann. Stück für Stück, über lange Zeit, kristallisiert sich die endgültige Fassung heraus. Kempowski heftete schließlich mehrere Zettel zusammen, verbindet sie quasi zu einem Block und nummeriert diese durch. Rückblickend nennt Kempowski seinen vor *Tadellöser & Wolff* erschienen Haftbericht »Im Block: das Gesellenstück«, da er dort das »Zettelstadium zu früh verlassen« habe und demzu-

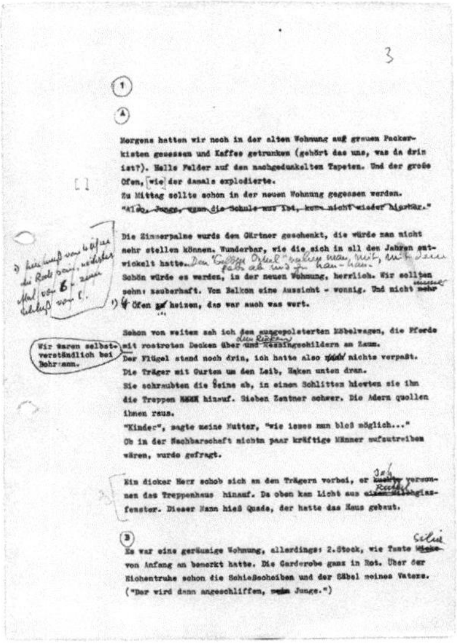

3

Morgens hatten wir noch in der alten Wohnung auf grauen Packerkisten gegessen und Kaffee getrunken (gehört das uns, was da drin ist?). Helle Felder auf den nachgedunkelten Tapeten. Und der große Ofen, [wie] der damals explodierte.
Zu Mittag sollte schon in der neuen Wohnung gegessen werden.
~~"Also, Junge, wenn die Schule aus ist, komm nicht wieder hierher."~~

Die Zimmerpalme wurde dem Gärtner geschenkt, die würde man nicht mehr stellen können. Wunderbar, wie die sich in all den Jahren entwickelt hatte.
Schön würde es werden, in der neuen Wohnung, herrlich. Wir sollten sehn: zauberhaft. Vom Balkon eine Aussicht – wonnig. Und nicht mehr 4 Öfen zu heizen, das war auch was wert.

Schon von weitem sah ich den ausgepolsterten Möbelwagen, die Pferde mit rostroten Decken über und Messingschildern am Zaum.
Der Flügel stand noch drin, ich hatte also nichts verpaßt.
Die Träger mit Gurten um den Leib, Haken unten dran.
Sie schraubten die Beine ab, in einem Schlitten hievten sie ihn die Treppen hinauf. Sieben Zentner schwer. Die Adern quollen ihnen raus.
"Kinder", sagte meine Mutter, "wie isses nun bloß möglich..."
Ob in der Nachbarschaft nicht'n paar kräftige Männer aufzutreiben wären, wurde gefragt.

Wir waren selbstverständlich bei Bohrmann.

Ein dicker Herr schob sich an den Trägern vorbei, er versonnen das Treppenhaus hinauf. Da oben kam Licht aus einem Milchglasfenster. Dieser Mann hieß Quade, der hatte das Haus gebaut.

Es war eine geräumige Wohnung, allerdings: 2. Stock, wie Tante Silbi von Anfang an bemerkt hatte. Die Garderobe ganz in Rot. Über der Eichentruhe schon die Schießscheiben und der Säbel meines Vaters. ("Der wird dann angeschliffen, mein Junge.")

Abb. 4:
Aus dem Manuskript
von *Tadellöser & Wolff*
in der Fassung von 1968

folge das Manuskript »zu früh getippt, jede Seite schließlich bis zu 10mal neu«.[18] *Tadellöser & Wolff* hingegen bezeichnet Kempowski als »Meisterwerk«.[19] Hier behält er das Zettelstadium viel länger bei und beginnt demzufolge erst später mit dem Abtippen.[20] Dass sich die Zettelstruktur auch im gedruckten Werk in den einzelnen Blöcken widerspiegelt, wird beim Blick ins Buch offensichtlich. Es ist die Kunst des Autors, ein Ganzes aus den Blöcken zu formen.

Obwohl Kempowski einen Schlusspunkt nach dem Abtippen der Zettel unter das Manuskript setzt und damit ein geschlossenes Werk vorlegt, ist durch die Zettelstruktur eine beliebige Erweiterung des Textes von Anbeginn intendiert. So wie jede weitere Anekdote, jeder erinnerte Dialog usw. in die Materialkästen eingefügt werden können, können einzelne Zettel ebenso in das Manuskript eingefügt werden. Damit lässt sich der Roman auch nach dem ›Schlusspunkt‹ weiterschreiben. Dafür spricht, dass Kempowski, während er einzelne Kapitel in die Maschine tippte, parallel die Zettelarbeit weiterführte. Wenn

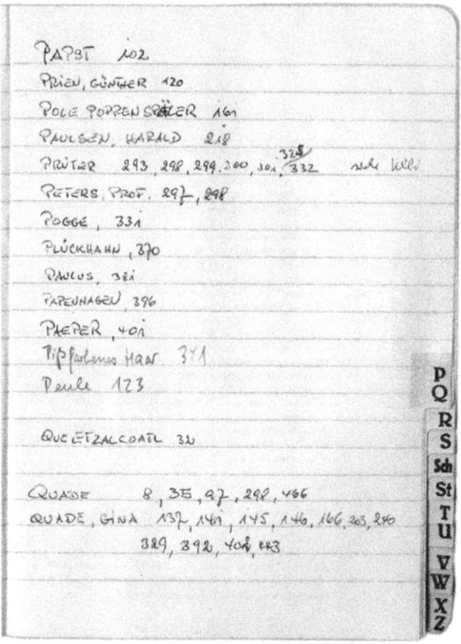

Abb. 5:
Namensverzeichnis zu
Tadellöser & Wolff

man so will, ist der Punkt unter dem Manuskript ein vorläufiger, ein mittlerer Punkt, der genauso gut nach fünfzig oder hundert weiteren Textseiten stehen könnte. Kempowski sah selbst in den letzten Korrekturgängen noch großes Potential: »Am Ende ist auch die Fahnenkorrektur noch ein interessantes Stadium. Auch hier kann noch entscheidendes eingebracht werden.«[21]

In einem zusätzlichen Kasten wurden von Kempowski »Personennotate«[22] zu Eltern, Geschwistern und anderen Verwandten festgehalten. Notiert werden die Aussagen in wörtlicher Rede von Vater, Mutter, Robert, Ulla usw. Ein Beispiel aus den Notaten zur Mutter soll dies zeigen: »M[utter] / Man zerbricht sich den Kopf, rennt und tut und macht / Trotz und alledemilch hab nicht mehr recht Brot / Wie von der Tarantel gestochen / Aufpassen wie'n Schießhund, mein Junge«.[23] Zudem verzeichnet Kempowski unter Nummer 125 seines eigenen Archivverzeichnisses »Ein Namensverzeichnis (außer Familie) zu ›Tadellöser & Wolff‹, das ich anfertigte, weil ich mich zeitweilig zwischen den Personen nicht mehr hindurchfand. Auch nötig

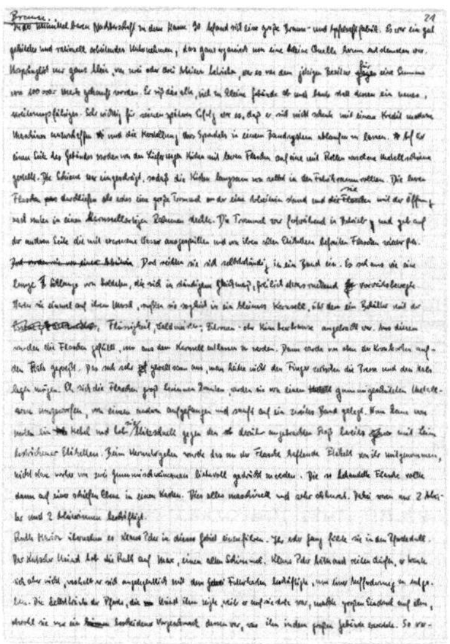

Abb. 6:
Erste Entwürfe von *Tadellöser & Wolff* unter dem Titel *Brause*. Überliefert in einer Mappe mit dem Titel: *Erste Sisyphos-Versuche 1956/57*

(Seitenangaben!), um die Ausführung der Personen zu kontrollieren.«[24] Ein Heft im A-5-Format, welches im Handel als Adressen- und Telefonverzeichnis angeboten wird, mit Buchstabenunterteilung von A–Z, benutzte Kempowski für seine Zwecke als Verzeichnis aller im Roman auftretenden Personen/Figuren, mit Verweis auf die jeweilige Seitennummer im Buch.

Die Wichtigkeit der Arbeit mit den Zetteln betont Kempowski 2005 in Bezug auf seine frühe Geschichte »Die Begegnung« von 1958: »Meine kläglichen dichterischen Versuche wurden natürlich abgeschmettert, zu Recht. Aber ich fühlte mich gedrängt, etwas aufzuschreiben. Alles nichts wert, was damals entstand. Erst mit den später erwähnten Zettelkästen begann es.«[25] Dass die damaligen Aufzeichnungen alles nichts wert gewesen seien, scheint typisch für manch zugespitzte Aussage Kempowskis. Zumindest trifft das nicht für die frühesten überlieferten Notizen und Entwürfe zu *Tadellöser & Wolff* zu, die zehn Jahre vor den Zetteln entstanden sind. Sie sind erhalten geblieben in einer schmalen Mappe mit ganz klassisch beschriebenen A-4-Blättern.

Kempowski beschrieb sie unter Nummer 1 seines Archivverzeichnisses als: »Erste Skizzen, die auf ›Gold‹ und auf den ›Tadellöser‹ hinweisen, bzw. schon Teile davon. 1956/57«.[26] Auf zweiundzwanzig zum Teil eng beschriebenen handschriftlichen Seiten erkennt man tatsächlich schon Passagen aus dem 15 Jahre später erschienenen Buch, wie die mit »Brause« betitelte Prosaskizze demonstriert – nebenbei bemerkt kommt darin auch schon die spezielle Komik Kempowskis zum Tragen.

> Brause [...] Aus diesem werden die Flaschen gefüllt, um aus dem Karussell entlassen zu werden. Dann werden von oben die Kronkorken auf den Hals gepreßt. Das sah sehr gewaltsam aus, man hätte nicht den Finger zwischen die Presse und den Hals legen mögen. Eh sich die Flaschen groß besinnen konnten wurden sie von einem gummigeschützten Metallarm umgeworfen, von einem anderen aufgefangen und sanft auf ein zweites Band gelegt. Nun kam von unten ein Hebel und hob sie blitzschnell gegen den darüber angebrachten Stoß bereits mit Leim bestrichener Etiketten. Beim heruntergehen wurde das an der Flasche haftende Etikett von ihr mitgenommen, nicht ohne vorher von zwei Gummischwämmen liebevoll gedrückt zu werden. Die so behandelte Flasche rollte dann auf einer schiefen Ebene in einen Kasten. Dies alles maschinell und sehr akkurat. Dabei waren nur 2 Arbeiter und 2 Arbeiterinnen beschäftigt.[27]

Im gedruckten Buch heißt es dann sehr komprimiert:

> Arbeiter mit Gummischürzen standen am Band und sahen zu, wie die Flaschen ruckend der Reihe nach aufmarschierten und von der Maschine vollgefüllt, zugekorkt, umgeworfen, etikettiert und in Kisten gerollt wurden.
>
> Der Hebel, der die Flaschen umwarf, war gepolstert. Von unten kam ihm ein zweiter entgegen, der empfing sie sanft.[28]

Neben dem Inhalt offenbart die Mappenaufschrift Interessantes und verweist auf den späteren Kempowski: »Erste Sisyphos-Versuche 1956/57«,[29] und auf der Innenseite vermerkt er: »Erste Versuche, den Sisyphos betreffend, Schrecklich schlecht ca. 1956/57.«[30] Es spricht alles dafür, dass die Nummer 1 des Archivverzeichnisses auch tatsächlich die ersten Schreibversuche enthält. Dass Kempowski darin Sisyphos-Versuche sieht, mag wenig überraschen. Möglicherweise sah er sich bereits zu Beginn seiner Schriftstellerkarriere vor einem Berg stehen und vor der Frage, wie er ihn bezwingen konnte.

Unabhängig davon, ob Kempowski zu jener Zeit schon Camus gelesen hatte, kann dessen Essay *Der Mythos des Sisyphos* zur Deutung herangezogen werden. Kempowski hatte einen Plan, er wollte schreiben und er ahnte, dass es ein langer und schwieriger Weg werden würde. »Sisyphos« begleitet Kempowski lebenslang. In Rostock wird ein Diagramm von 1977 und eines von 1994 verwahrt, überschrieben »Sisyphos«, Übersicht zum Gesamtwerk, 1977.[31]

> Es ist schon sehr komisch. Seit 15 Jahren rede ich davon, daß ich die Reihe meiner Romane »Sisyphos« nennen möchte. Krüger, Kolbe, Richter, Knaus, alle haben sie gesagt: Das ist unmöglich. Statt dessen haben sie mir – wer war es eigentlich? – den Ausdruck »Deutsche Chronik« aufgehängt. Nun kommt Grass und spricht von seinem Sisyphos, und alle nehmen es wie selbstverständlich hin.[32]

Das Bild vom Sisyphos verweist zudem auf das Nichtvollendbare, was dennoch erfüllend sein kann oder gerade deshalb erfüllend ist. Camus schreibt: »Der Kampf gegen Gipfel vermag ein Menschenherz auszufüllen«, und weiter: »Wir müssen uns Sisyphos als einen glücklichen Menschen vorstellen.«[33] Mit drei Worten, hinter welche Kempowski einen Punkt setzt und die er zudem unterstreicht, beginnt der erste Materialzettel zu *Tadellöser & Wolff*: »Ein glücklicher Mensch.«[34]

1 Die im Walter-Kempowski-Archiv (im Folgenden: WKA) überlieferten *Echolot*-Fassungen umfassen allein 19 laufende Meter: WKA 749/1–53, 752/1–14, 753/1–139. Der vorliegende Beitrag liefert daher nur einen kleinen Ausschnitt aus den umfangreichen Plänen Kempowskis.
2 Vgl. Walter Kempowski: Das Echolot. Ein kollektives Tagebuch. Januar und Februar 1943, München 1993.
3 Walter Kempowski: Culpa. Notizen zum »Echolot«, München 2005, S. 244f.
4 Ebd., S. 315.
5 Frank Schirrmacher: »Walter Kempowskis ›Echolot‹: In der Nacht des Jahrhunderts«, in: Frankfurter Allgemeine Zeitung, 13.11.1993.
6 Vgl. Walter Kempowski: Echo 2 Entwürfe 1, undatiert, WKA 753/18.
7 Walter Kempowski: Die Ortslinien. Projektbeschreibung, undatiert, WKA 1094.
8 Walter Kempowski anlässlich der Verleihung des Lokaljournalistenpreises der Konrad-Adenauer-Stiftung, 25. September 1992, Fassung, WKA 1259.
9 Walter Kempowski: Wie Tadellöser & Wolff entstand. Notizen zu einem Vortrag, 1971, WKA 2430.
10 Ebd.
11 Ebd.
12 Walter Kempowski: Tadellöser & Wolff, sämtliche Zettel. Pappkarton. Aus diesen Notizzetteln wurde das Buch entwickelt, WKA 109/1.
13 Ebd.
14 Ebd.
15 Ebd.
16 Ebd.
17 Siegfried Lenz: »Walter Kempowski«, in: S. L.: Über Phantasie: Gespräche mit Heinrich Böll, Günter Grass, Walter Kempowski und Pavel Kohout, hg. von Alfred Mensak, München 1986, S. 105–157, hier S. 118.
18 Kempowski: Wie Tadellöser & Wolff entstand. (Anm. 9).
19 Ebd.
20 Vgl. ebd.
21 Walter Kempowski: Tadellöser & Wolff, 1971, WKA 2678.
22 WKA 1076.
23 Ebd.
24 Walter Kempowski: Archivverzeichnis, Nr. 125.
25 Walter Kempowski: »Anmerkung zum Tagebucheintrag vom 20. März 1958«, in: W. K.: Wenn das man gut geht! Aufzeichnungen 1956–1970, München 2012, S. 164.
26 Walter Kempowski: Beschreibung der ersten Entwürfe in seinem eigenen Archivverzeichnis unter Nummer 1.

27 Walter Kempowski: Erste Sisyphos-Versuche 1956/57. Nach Neuverzeichnung in der Datenbank ist die alte Nummer 1 des Archivverzeichnisses jetzt die Signatur WKA 2860.
28 Walter Kempowski: Tadellöser & Wolff. Ein bürgerlicher Roman, München 1971, S. 18.
29 Kempowski: Erste Sisyphos-Versuche (Anm. 27).
30 Ebd.
31 Kempowski Stiftung »Haus Kreienhoop«.
32 Kempowski: Culpa (Anm. 3), S. 78.
33 Albert Camus: Der Mythos des Sisyphos, Reinbek bei Hamburg 2000, S. 204.
34 Kempowski: Tadellöser & Wolff, Materialzettel (Anm. 12).

Edo Reents

Zum Verwechseln unähnlich

Walter Kempowski als Sch...liberaler

Am 27. Juni 1983 ruft ihm in Hamburg jemand hinterher: »Wallraff!«[1] Die notorische Lakonie des Tagebuchs unterschlägt, wie der Gemeinte darauf reagierte; aber so viel erfahren wir immerhin: »Ich bin auch schon mit Dahrendorf verwechselt worden und mit dem russischen Geiger, wie heißt er noch. Gideon Krämer?«[2] Es überrascht, dass der penible Musikkenner den Namen des Geigers nicht richtig schreibt und dessen Herkunft nur ungefähr zu verorten weiß – Gidon Kremer wurde ja nicht in Russland, sondern in Riga, der Hauptstadt der damals noch Sozialistischen Sowjetrepublik Lettland, geboren –; aber vielleicht lässt der Tagebuchschreiber die Sache, wie es so seine Art ist, vorsätzlich im Unklaren. Nicht überrascht dagegen, dass er mit Ralf Dahrendorf verwechselt wurde. Denn tatsächlich sah Walter Kempowski dem Soziologen dermaßen ähnlich, dass ich – wenn ich mir zum Einstieg diese kleine Anekdote erlauben darf – die Kollegen in der F. A. Z. wiederholt davor gewarnt habe, bei der Bebilderung eines Kempowski-Artikels aus Versehen ein Dahrendorf-Foto zu nehmen; einmal ist das sogar vorgekommen, groß bemerkt wurde es jedoch nicht.

Lässt sich aus diesem Befund, für den ja niemand etwas kann, schon etwas machen? Ich gebe zu, dass er mir ein wenig in die Hände spielt. Denn ich habe, wahrscheinlich bloß aus wissenschaftlicher Ignoranz, das Gefühl, dass wir jetzt einen noch nicht allzu ausgetretenen Pfad betreten. Denn mit Walter Kempowskis politischen Anschauungen sich näher zu befassen, schienen die Literaturkritik und die Literaturwissenschaft die längste Zeit nicht für nötig zu halten. Über die Gründe dafür kann man mutmaßen. Zu eindeutig schien dieser Fall von Rückwärtsgewandtheit eines Erzählers, bei dem eigentlich nur noch zu klären war, ob er konservativ oder doch schon reaktionär war. Die literarischen Selbststilisierungen in den Tagebüchern, vor allem in *Sirius* und *Alkor*, und in den späteren Romanen, vor allem in *Hundstage* und *Letzte Grüße*, die bei oberflächlicher, das Ironische und Gespielte übersehender Betrachtung den Befund eines intoleranten, fortschrittsfeindlichen, rassistischen, alles Sozialistische von Herzen hassenden Mannes ergeben, haben dieses Bild zweifellos ebenso entstehen lassen wie die oftmals ganz ungeschützten, sich nicht hinter schriftlichen Masken versteckenden öffentlichen Auftritte, die in ihrem Habitus zuweilen kleinbürgerlich wirkten und mit dazu beigetragen haben mögen, dass man ihn politisch entweder abstempelte oder nicht ernst nahm.

Hinzu kommt schließlich, dass Kempowski es zeitlebens vermied, diesbezüglich systematisch Auskunft zu geben; ›Essays‹, Reden oder Aufsätze gibt es von ihm kaum, übergeordnete Ideen oder ein begriffliches Rüstzeug hatte er nicht. Schon dies unterscheidet ihn von den anderen, recht eigentlich ›streitbar‹ gewordenen Anhängern einer Generation, die Helmut Schelsky die ›skeptische‹ nannte, als da vor allem wären Walser, Grass und Enzensberger. Kempowski lag das Ideologische in einem Maße fern, das bei Intellektuellen, zu denen man ihn unbedingt zählen sollte, selten ist. Es ist unwahrscheinlich, dass er selbst sich dessen nicht bewusst war. Minderwertigkeitskomplexe mag er in mancher Beziehung gehabt haben, nicht jedoch, was seine Weltanschauung betrifft; dazu hat er sie, in gleichsam homöopathischen Dosen, immer wieder zu genau und einleuchtend formuliert. Eher wird ein latentes Unbehagen an einem Mangel an theoretischen Überzeugungen seine Sache gewesen sein, die er an Alexander Sowtschick abgetreten haben könnte, den immerzu die Angst davor plagt, in einer Talkshow gefragt zu werden: »Kennen Sie überhaupt Karl Marx?«[3] Kempowski hat sich, soweit ich sehe, zu Marxens Antipoden Schopenhauer nur ein einziges Mal geäußert; aber es fällt auf, dass seine Erkenntnismaxime für die Kunst wie fürs wirkliche Leben mit der des Philosophen, der ebenfalls von der Ostsee stammte, übereinstimmt: »Warum auf Erlebnisse zurückgehen?«, fragt Kempowski sich am 12. April 1989. »Vom Sinnlichen ausgehen, dann ist die Übertragbarkeit gesichert. Wer von Thesen ausgeht und dafür Beispiele sucht (im Roman), verstößt gegen das wichtigste Prinzip der Kunst. Vom Faßbaren ausgehen. Die Welt untersuchen, wie sie ist, nicht vom Bild der Welt ausgehen, wie man sich's gemacht hat, und dann überprüfen wollen, ob's stimmt. Erdkunde ist keine Vermutungskunde.«[4]

Kempowski wird gewusst haben, dass auch Schopenhauer Wert darauf legte, die Welt zuerst ohne vorgefertigtes Bild – er sprach in diesem Zusammenhang von ›Begriffen‹ – kennenzulernen, bevor man über sie nachdenkt. Mit dem Primat des empirisch Gegebenen, Sinnlich-Anschaulichen erfährt Kempowskis Weltanschauung jedenfalls ein solides, nie mehr erschüttertes Fundament. Kempowski sah und begriff die Welt nicht, wie sie sein oder wie er sie haben wollte, sondern, sehr skeptisch, wie sie war; und er rieb sich an ihr vermutlich stärker wund als die genannten Kollegen.

Wie nähme er sich in der heutigen Parteienlandschaft aus? Geht man nach manchen öffentlichen Auftritten, bei denen er sich als Mischung aus Bildungs- und Wutbürger immer ein wenig verdruckst präsentierte, und nimmt man die nationalkonservativen Äußerungen beim Wortlaut, dann ist man beinahe versucht zu sagen, Kempowski könnte Sympathien für die AfD hegen. Aber so leicht ist es nicht.

Die oben erwähnte physiognomische Ähnlichkeit zwischen Kempowski und dem zwei Tage jüngeren Dahrendorf muss noch lange nicht bedeuten, dass es zwischen dem Schriftsteller und dem als ›Vordenker der FDP‹ apostrophierten Lord auch eine nennenswerte politische Schnittmenge gibt. Aber sie führt immerhin auf die richtige Spur. Wenn man Kempowski überhaupt als ›Denker‹ bezeichnen darf, dann könnte man ihn vielleicht einen ›Nachdenker der FDP‹ nennen.

Zunächst die Fakten: »Sie sind immer noch Mitglied der

FDP?«, fragte ihn Dieter Lehner in einem für den Bayerischen Rundfunk geführten Interview im November 2001.[5] Kempowski stellte richtig: »Ich war nie Mitglied in der FDP.« Lehner: »Aber Sie haben sich immer als Liberalen bezeichnet.« »Ja«, bestätigt Kempowski. Lehner: »Als Liberal-Konservativen.« Kempowski: »Nein, nur als Liberalen, nicht als Liberal-Konservativen, denn das wäre wieder etwas anderes. Ich war für ganz kurze Zeit drüben in Rostock mal in der LDP gewesen: Ich bin aber sofort wieder ausgetreten aus dieser Partei.« Dem Tagebuch *Sirius* entnehmen wir, dass Kempowski 1946 in die im Jahr zuvor in der sowjetischen Besatzungszone gegründete »Liberal-Demokratische Partei Deutschlands« (kurz: LDP bzw. LDPD) eingetreten war.[6] Wenn er sofort wieder ausgetreten sein will, dann wird das gewesen sein, noch bevor die LDP gleichgeschaltet und damit sogenannte Blockpartei wurde, denn dies geschah erst kurz nach der Gründung der DDR, nämlich Anfang der fünfziger Jahre.

Warum meinte der Interviewer Lehner wohl, den Liberalen Kempowski nicht einfach so stehen lassen zu können, sondern ihm noch das Konservative anhängen zu müssen? Es überrascht jedenfalls, mit welcher Entschiedenheit dieser sich »nur als Liberalen«[7] bezeichnet. Dass dies nicht die ganze Wahrheit sein könne, mag eine auch andernorts geäußerte Vermutung sein, an der Kempowski selbst nicht ganz unschuldig ist. *Sirius* und *Alkor*, die *Hundstage* und *Letzte Grüße* sind voll von Eigenzuschreibungen des Konservativen. Aphoristisch notiert er unter dem 8. Juli 1983: »Die Progressiven bekommen, wir Konservativen behalten recht.«[8] Was das Rechtbehalten oder Rechthaben betrifft, so hat Kempowski im Alter mehrmals mit einer gewissen Resignation zu Protokoll gegeben, dass ihm daran überhaupt nicht gelegen war, beziehungsweise, dass die Freude daran immer zu spät komme.

Mit dem Konservativen ist sicherlich ein Teil seines Denkens und Fühlens benannt, aber eben nur ein Teil. In welchem Maß aber eine Mischung aus Missverständnissen, Halbwahrheiten und Tatsachenverdrehungen dabei am Werk war, dass aus Kempowski als öffentlicher Figur dieser von ihm selbst mit verächtlichem Sarkasmus bezeichnete ›konservative Sack‹ wurde, hat Gerhard Henschel in seiner Biographie *Da mal drüber nachdenken. Näheres über Walter Kempowski* im Kapitel »Das Image« genau gezeigt. Ich darf mich hier auf Schlaglichter beschränken.

Der Stachel muss jedenfalls tief gesessen haben, so häufig taucht die halbwahre Selbstzuschreibung bei Kempowski auf, die er an sein Teil-Alter-Ego Alexander Sowtschick weitergegeben hat. In *Sirius* gibt es dazu unter dem 1. Juli die wahrscheinlich gültigste Auskunft: »Standardpassagen bei Lesungen, unentbehrlich zur Maulstopfung von Berufsfortschrittlern, die mir Konservativität in die Schuhe schieben wollen, womit sie ›Rechtslastigkeit‹ meinen. Ich bin nicht konservativ, ich bin überhaupt nichts. Ich verfüge nicht über einen Weltanschauungsausweis und schon gar nicht über ein Rezept, wie wir aus dem Schlamassel herausfinden, und ich mißtraue denen, die mir sagen: So wird's gemacht. Ich bin ein liberaler Menschenfreund und Lebenskünstler, dessen Devise heißt: Leben und leben lassen.«[9]

Ob nun nur liberal oder liberal-konservativ – die damit bezeichnete politische Gesinnung scheint, wie man heute sagt, toxisch zu sein. Darauf deuten die fiktionalen wie die realen Selbstreflexionen hin, in denen Kempowski mit einer gewissen fatalistischen Bereitwilligkeit das öffentliche Ansehen auf sich zieht, in dem diese Gesinnung stand. Für den Literaturbetrieb und die politisch interessierte Öffentlichkeit ist er das »liberale Schwein«,[10] der »konservative Sack«,[11] mit dem niemand etwas zu tun haben will. Die Häufigkeit, mit der Kempowski darauf zu sprechen kommt, könnte den Leser ermüden, wüsste der nicht, welche psychische Triebkraft hinter der Dauerlitanei des Geschnitten- oder Gemobbtwerdens steckt. Sie hat tiefe biographische Wurzeln.

Am 4. April 1956, wenige Tage nach seiner Freilassung aus Bautzen, ist er in Frankfurt auf Verwandtenbesuch und kriegt mit, dass sein Vetter und seine Cousine ihn nicht sehen wollen: »Das hat wohl mit Mutter zu tun. Für sie bin ich natürlich ein Schwein.«[12] Dieses eigentlich schon erschütternde »natürlich« ist ein Indiz dafür, dass er sich schon damals darüber im Klaren war, gegen die Meinung, die man sich über ihn gebildet hat, nichts mehr ausrichten zu können. Er hatte Mutter und Bruder verraten, aber nur er wusste, unter welchen Umständen. Seither kam er sich vor wie ein Aussätziger. Dieses Gefühl muss sich in den späten sechziger, frühen siebziger Jahren auch aufs Politische übertragen haben: Dies war eine Zeit, in der die 1968er einen Liberalen einen »Scheißliberalen« nannten – »Signal«, wie Ulrich Greiner am 29. Juli 1971 in der F. A. Z. schrieb, »eines Prozesses, in dem eine alles verstehende und duldende intellektuell-distanzierte Geisteshaltung in die Ecke gedrängt und zum politischen Bekenntnis gezwungen wurde«.[13] Dass man auch Kempowski einmal so genannt hätte, ist nicht überliefert; dazu war er damals wahrscheinlich auch noch nicht bekannt genug. Aber die von Greiner skizzierte Defensive ist die, aus der auch Kempowski kaum wieder herauskam. In keinem Roman wird darüber mit solcher Hartnäckigkeit und Selbstironie nachgedacht wie in *Hundstage*: Alexander Sowtschick hält sich die Szene vor Augen, mit sarkastischem Witz vom Leibe, als er 1970 in Hamburg am Schlips gezogen und darüber belehrt wurde, dass für Seinesgleichen in dieser nun ganz auf Fortschritt bedachten Zeit kein Platz mehr sei. Auf den Verrat an der Familie, der mit Schreiben geheilt werden sollte, folgte der Verrat an politischen Ideen, die in sein Schreiben platt einzubeziehen Kempowski sich weigerte.

Man lasse sich von Kempowskis insgesamter Rückwärtsgewandtheit nicht täuschen. Wie kaum ein anderer Schriftsteller seiner Generation notierte er sich das politische Tagesgeschehen ohne jede Voreingenommenheit, und wer seine Tagebücher liest, den empört es geradezu, dass seine Hell- und Voraussicht auch nach seinem Tod nicht angemessen gewürdigt werden. Während er sich beispielsweise am 18. Juli 1989 über die Sowjetunion Gedanken gemacht hat – »Am besten wäre es für die Leute dort, Gorbatschow würde die SU auflösen und alle Regionen sich selbst überlassen« –, kommt er auch auf Ökologisches zu sprechen – »Ich habe gehört, daß die Umweltverschmutzung in den Ostblockländern schon irreparabel ist.« – und kehrt dabei auch vor der eigenen Tür: »Und wenn man sieht, wie lasch sie bei uns die Ozonfrage angehen, dann kann man nur sagen: Good bye.«[14]

Kempowski ein verkappter Grüner? Damals hätte das schon von seinem Habitus her nicht gepasst und wäre gewissermaßen an Garderobenfragen gescheitert – ungezählt sind die fiktionalen und realen Stellen und Gelegenheiten, bei denen er sich über die Jeans-, Pullover- und Latschenträger mokiert. Aber inzwischen, wo auch die Grünen ungefragt eingebürgert werden und nur die AfD noch draußen zu bleiben hat, wäre wenigstens eine gewisse Nähe zu erkennen. Es verblüfft jedenfalls, was für vernünftige Vorschläge Kempowski schon gemacht hat, lange bevor sie im Zuge der Klimadebatte allgemein laut wurden. So sagte er im November 2004 gegenüber *Spiegel-Online*: »Ich frage mich, warum der Eichel noch nicht auf die Idee gekommen ist, Auslandsreisen zu besteuern.« Es spricht für seine so pragmatischen wie gefestigten Überzeugungen, dass er auf den Einwand »Das wäre ja eine Art ›DDR light‹.« nicht hereinfällt: »Aber warum denn? Man könnte doch Flugscheine besteuern.«[15]

Was die Parteienlandschaft betrifft, so kann man festhalten, dass Kempowski seiner Zeit – soll man sagen: ausnahmsweise? – voraus war. Das Tagebuch kommt unter dem 17. Juli 1989 nämlich auf einen eigenen Beitrag zu »40 Jahre Bundesrepublik« in der *Quick* zu sprechen, in dem es hieß: »Die arme, etwas dumme Bundesrepublik ist meine Heimat geworden. Je älter ich werde, desto größer wird meine Befürchtung, dass diesem Land ein ähnliches Schicksal von seinen Bewohnern bereitet wird, wie es der Weimarer Republik geschah.«[16] Das mag uns heute ein wenig alarmistisch vorkommen, auch Berlin ist (bisher) nicht Weimar geworden. Aber dem Skeptiker ging es, wie

Thomas Mann, der sich nach links neigte, wenn der Kahn nach rechts ging, und umgekehrt, ums gesellschaftliche Gleichgewicht, dessen heutige Störung er damals voraussah beziehungsweise um dreißig Jahre vorverlegte: »Von der extremen Rechten und Linken wird an dem sauer erkämpften demokratischen Gefüge genagt, und zu wenige finden sich bereit, diejenigen zu stärken, die in der Mitte stehen und sich mehr und mehr irritiert zeigen.«[17] Wie meistens bei solchen Äußerungen gibt hier erst der Blick aufs Detail das eigentlich Bemerkenswerte frei: Es ist die gleichsam wohltemperierte, um Ausgleich bemühte Ansicht, die Kempowski durchweg auszeichnet und die, so meine ich, bisher noch zu wenig gewürdigt wurde.

Es spricht ja unbedingt für den politisch stets Gemäßigten, Nüchternen, dass er die Bundesrepublik nur »etwas dumm« und nicht etwa gleich »faschistoid« nennt und dass er die befürchtete Aushöhlung nicht schon der Rechten und der Linken als solchen, sondern beiden nur in ihrer »extremen« Form attestiert; jegliche Übertreibung, gar Aufwiegelei lagen ihm fern, schon deswegen, weil er sonst die öffentliche Ordnung gefährdet sah. An Neujahr 1989 notiert er, Nietzsche habe die Französische Revolution »eine pathetische und blutige Quacksalberei«[18] genannt. Kempowski verhält sich hier rein referierend und lässt es offen, ob er sich mit dieser etwas blumigen Bezeichnung identifiziert. Sich hinter Zitaten, auf die Bildungsbürger reihenweise hereinfallen, zu verstecken, ist eben nicht seine Art; dafür sind seine eigenen Ansichten zu selbständig und schon aufgrund des schlichten, oft kolloquialen Duktus, in dem er sie vorträgt, zu ungewöhnlich, wie wir sehen: »Ich bin gegen Revolutionen. Was geht in solchen Umbruchjahren nicht alles kaputt! Mal ganz abgesehen von den vielen Toten!«[19] Es spielt dabei keine Rolle, ob die Revolution von rechts oder von links, von oben oder von unten kommt – Hauptsache, alles bleibt heil. Man denkt an Goethes Bemerkung, er könne eher eine Ungerechtigkeit als eine Unordnung ertragen. Die Gründe dafür sind wohl weniger im Ideologischen als vielmehr in einer starken nervlichen Empfindlichkeit zu suchen. Von Kempowski ist hinlänglich bekannt, wie gereizt er auf alles reagierte, was nicht in der Ordnung war. Das schlägt noch während der rotgrünen Koalition auf seine Parteipräferenz durch, als er auf die Frage, was er wähle, antwortet: »Die Mitte, aber nicht SPD. Ich kann keine Partei wählen, deren Bundeskanzler zum vierten Mal verheiratet ist.«[20]

Bei einem Menschen, der auf theoretische Schulung keinen Wert legte, mag es erlaubt sein, seine politischen Auffassungen aus seinem Lebensalltag zu destillieren, natürlich auf die Gefahr einer gewissen Banalität hin. Im Tagebuch unter dem 17. Juni 1983 äußert er den begreiflichen Wunsch: »Möchte in gutem Licht erscheinen. Wie ist man? – Renate sagte einmal, wir seien liberal. Das ging mir glatt runter. Und KF: ›Das Gute in diesem Haus ist, daß man alles sagen kann.‹«[21] Das wird dann wohl stimmen. In der Tat scheint Kempowski an die Meinungsfreiheit und daran, dass es sie in seiner etwas dummen Bundesrepublik gibt, zu glauben. Ein Lehrer schreibt ihm im August 1983: »Besonders wichtig fand ich Ihren Hinweis auf die einmaligen freiheitlichen Lebensbedingungen in der Bundesrepublik. Viele meiner Kollegen, die gar nichts anderes kennen, als diesen Staat, hätten Ihnen wahrscheinlich widersprochen.«[22] Man kommt von hier aus auf die grundsätzliche Offenheit, mit der Kempowski seine eigene Meinung vorzutragen pflegte und die ihm nicht nur nicht gedankt, sondern, mit der in der Öffentlichkeit stets locker sitzenden Bereitschaft zum Missverstehen und Falschlesen, ihm meistens nachteilig ausgelegt wurde. Am 13. Juli 1989 verzeichnet er die baldige Fertigstellung des Tagebuchs *Sirius*, das mit kühnen Ansichten ja nicht gerade geizt: »Ich breche dann die letzten Brücken hinter mir ab, weil ich mich über etliche Personen, die meinen Weg gekreuzt haben, zynisch äußere, und weil ich mich demaskiere als ein Mensch, der anders denkt als unsere Leitartikler. – Im übrigen habe ich mich ›geoutet‹. In einer Demokratie sollte das mit Beifall bedacht werden, aber hier brechen sie einem das Genick.«[23]

Man kann nun zweierlei tun: entweder, Kempowskis ohnehin ja nur eingeschränkt positive, aber vielleicht nicht ganz unrealistische Meinung über die (alte) Bundesrepublik mit der Frage kontern: schon mal was von Radikalenerlass und von Berufsverboten für linke Lehrer oder von den Drangsalierungen Bölls gehört? Oder man kann Kempowskis sicherlich nicht blinde Liberalität positiv sehen und von ihr lernen, wenigstens darüber nachzudenken, was eine Demokratie aushalten soll und kann. Die Auffassung, dass Kempowski ihr sonderlich viel zugemutet hätte, scheint dabei nicht vorzuherrschen. Und doch, so scheint mir, mutet gerade die nüchterne, auf Gerechtigkeit, auf Ausgleich und schließlich auf gesellschaftlichen Frieden bedachte Ausgewogenheit seiner Ansicht subversiv an.

Interessant scheint mir in diesem Zusammenhang die Sache mit dem Bremer Literaturförderpreis für Peter-Paul Zahl 1980, für den Kempowski als Juror nicht gestimmt hatte, aber nicht etwa, weil er etwas gegen den linksradikalen Autor gehabt hätte, der sich zumindest selbst als politischen Gefangenen sah – *Sirius* vermerkt dazu unter dem 27. November mit glaubwürdiger Empörung: »Wo gibt es denn so was!« –,[24] sondern weil ihm dessen Roman *Die Glücklichen* einfach nicht gut genug erschienen war. Der *Spiegel* stellte es jedoch so dar, Kempowski hätte etwas gegen politische Gefangene; dabei sah er es als im Gegenteil »Zeichen großer Liberalität […], wenn ein Häftling einen Literaturpreis bekommen kann«.[25] Die Qualität musste nur stimmen, Gesinnung war nachrangig.

Nun wäre Kempowski wahrscheinlich nie Lehrer geworden und es so lange geblieben, wenn er nicht doch ein wenig an die veredelnde oder den Charakter wenigstens ein wenig verbessernde Wirkung von Kultur geglaubt hätte. Es gab für ihn durchaus Punkte, in denen sich Ethik und Ästhetik berührten. Durchaus war er der Meinung, dass man, wenn man nur die richtige Musik höre, ein besserer Mensch werde. Mit einer gewissen ironischen Reserve taucht dieser Gedanke in den *Hundstagen* auf, als Sowtschick sich allerlei Verbesserungsmaßnahmen für die breite Masse ausdenkt, unter anderem das Anbringen von Gedichtzeilen an Autobahnbrücken: »So was müßte der Verkehrsminister einführen, um zivilisatorische und kulturelle Leistungen miteinander zu verbinden. Wer das in sich aufnahm, würde doch auch politisch richtig handeln.«[26] Sowtschick und auch Kempowski selbst glauben nicht an großherzige Bekenntnisse für das Wahre, Schöne und Gute; ihre Sache ist es, ihre neben aller Misanthropie doch auch spürbare Menschenfreundlichkeit eher an unauffälliger, oft komischer Stelle zum Ausdruck zu bringen. Da ist es kein Wunder, dass die Öffentlichkeit die eigentlich humane oder, wenn man nun unbedingt so will: humanistische Grundierung dieses Werks lange übersehen hat. Vielleicht rührt von diesem Missverständnis Kempowskis starke, am Ende doch etwas übertriebene Aversion gegen Böll, für den, so musste es ihm vorkommen, es literarisch leicht verdientes Geld war, dass er zum Anwalt der Humanität beziehungsweise zum Gewissen der Nation wurde; mit Grass verhält es sich ähnlich.

Kempowski, jeder weiß es, ist weder Dahrendorf noch Kremer; er ist mit seinem Hang zur ungeschützten politischen Auskunft selbst aber nicht ganz unschuldig daran, dass man ihn immer mal wieder für den Falschen hält.

1 Walter Kempowski: Sirius. Eine Art Tagebuch, München 1990, S. 290.
2 Ebd.
3 Walter Kempowski: Hundstage. Roman, München 1988, S. 16.
4 Walter Kempowski: Alkor. Tagebuch 1989, München 2001, S. 171.
5 Folgender Gesprächsausschnitt stammt aus einem Gespräch Kempowskis mit Dieter Lehner in der Sendung alpha-Forum, gesendet am 27.11.2001 im Bayerischen Rundfunk (https://www.br.de/fernsehen/ard-alpha/sendungen/alpha-forum/walter-kempowski-gespraech102.html; letzter Zugriff am 1.11.2021).
6 Kempowski: Sirius (Anm. 1), S. 148.
7 Walter Kempowski im Gespräch mit Dieter Lehner (Anm. 5).
8 Kempowski: Sirius (Anm. 1), S. 315.

9 Ebd., S. 298f.

10 Zum Beispiel ebd., S. 167.

11 So Kempowski mehrfach in Bezug auf sein literarisches Alter Ego Alexander Sowtschick (Hundstage [Anm. 3], S. 195, et passim).

12 Walter Kempowski: Wenn das man gut geht! Aufzeichnungen 1956–1970, München 2012, S. 27.

13 Ulrich Greiner: Abgesang von links, in: Frankfurter Allgemeine Zeitung, 29.7.1971.

14 Kempowski: Alkor (Anm. 4), S. 340f.

15 »Schröder hat kein Verhältnis zur Wiedervereinigung«. Interview mit Walter Kempowski, in: Spiegel-Online, 11.11.2004 (https://www.spiegel.de/kultur/literatur/interview-mit-walter-kempowski-schroeder-hat-kein-verhaeltnis-zur-wiedervereinigung-a-327286.html; letzter Zugriff am 1.11.2021).

16 Kempowski: Alkor (Anm. 4), S. 339.

17 Ebd., S. 340.

18 Ebd., S. 7.

19 Ebd.

20 So Kempowski am 25. April 2004 gegenüber der Bild am Sonntag.

21 Kempowski: Sirius (Anm. 1), S. 272.

22 Ebd., S. 397.

23 Kempowski: Alkor (Anm. 4), S. 335.

24 Kempowski: Sirius (Anm. 1), S. 578.

25 Ebd., S. 578f.

26 Kempowski: Hundstage (Anm. 3), S. 221.

Hanna Engelmeier

Martin Schlosser liest Walter Kempowski

Was heißt hier eigentlich lesen, und wer sind diese Leute? Walter Kempowski ist ein deutscher Schriftsteller, dem unter anderem der vorliegende Sammelband gewidmet ist, von daher ist hier zunächst relativ wenig Erläuterungsbedarf gegeben. Diese Feststellung weist aber auch darauf hin, dass es sich um einen Autor handelt, der ein relativ großes Publikum erreicht hat, zu dem sogar Romanfiguren gehören. Eine solche ist Martin Schlosser, dessen Biografie etliche Überschneidungen mit der des Schriftstellers Gerhard Henschel (geboren 1962) aufweist. In mittlerweile neun Romanen, die unter den Namen *Kindheitsroman, Jugendroman, Liebesroman, Abenteuerroman, Künstlerroman, Arbeiterroman, Erfolgsroman* und *Schauerroman* seit 2004 erschienen sind, behandelt Henschel das Leben Martin Schlossers, der in den 1960er Jahren in eine bürgerliche Familie der noch bestehenden nivellierten Mittelstandsgesellschaft der Bundesrepublik geboren wird.[1]

In Henschels autobiografischer Romanreihe, die noch nicht abgeschlossen ist, wird ein sehr kleinteiliges Bild, insbesondere des Alltags dieses Milieus, entworfen. Dem jungen Martin Schlosser begegnet der Autor Walter Kempowski 1978 zum ersten Mal, als in der Illustrierten *Stern* Kempowskis *Aus großer Zeit* als Fortsetzungsroman publiziert wird.[2] Mit diesem Teil der *Deutschen Chronik*, der den in der historischen Chronologie frühesten Teil der Geschichte der Familie Kempowski erzählt, kann der jugendliche Leser allerdings nicht viel anfangen. Er begeistert sich in dieser Zeit noch für Micky-Maus-Hefte, vor allem aber auch für das Fernsehprogramm, das in allen Teilen der Martin-Schlosser-Romane sehr gewissenhaft rekonstruiert wird.

Die Abneigung gegen Kempowski legt sich relativ bald. Martin Schlosser wird nicht nur einer seiner begeisterten Leser, sondern fährt sogar, zunächst in Begleitung seiner Mutter, zu den von Kempowski angebotenen Literaturseminaren in seinem Haus in Nartum. Zwischen dem berühmten Autor und Schlosser entwickelt sich eine nicht immer spannungsfreie Bekanntschaft, die der von Kempowski und Henschel bis ins Detail entspricht – zumindest, wenn man den Auskünften Henschels folgt.[3] Hinweise auf deren gutes Verhältnis sind jedoch auch den Tagebüchern Michael Rutschkys zu entnehmen, den Henschel Anfang der 1990er Jahre in Berlin kennenlernte. Diese Bekanntschaft wiederum ist ebenfalls in fiktionalisierter Form in die Martin-Schlosser-Romane eingegangen, die Anteile von Bildungs- und Künstlerromanen in sich vereinen und dementsprechend ausführlich von Schlossers Anstrengungen handeln, eine Karriere als Schriftsteller zu lancieren. Das gelingt ihm nicht zuletzt auch durch die Förderung von Mentoren-Figuren wie eben Michael Rutschky (oder den Chefredakteuren von Satire-Zeitschriften wie *Kowalski* oder *Titanic*). Es wäre eine schöne germanistische Fingerübung, dem Personaltableau der Schlosser-Romane mit dem Begriffsbesteck der Fiktionalitätsforschung zu Leibe zu rücken; Fragen nach Autofiktionalität könnte man hier ebenso diskutieren wie die nach der Zugehörigkeit zur Gattung des Schlüsselromans abschlägig beantworten: Niemand kann auftrumpfend feststellen, Michael Rutschky oder Max Goldt oder Person XY richtig erkannt zu haben. Sie alle treten ja leibhaftig und mit Klarnamen auf.

Diskutiert werden soll hier vielmehr, mit welcher Art von Buchführung und welchen Archivpraktiken diese Auftritte organisiert werden, und wie dadurch eine homosoziale Lektüregemeinschaft als Stilgemeinschaft etabliert wird. Die Beobachtung dieser Stilgemeinschaft hilft auch dabei, der Antwort auf eine Frage näher zu kommen, die sich auch beim Blick in die Inhaltsverzeichnisse der Sammelbände zu Kempowskis Œuvre immer wieder stellt – und dieser hier ist dabei keine Ausnahme. Die Frage lautet: Ist Walter Kempowski ein Jungsautor? Die vorläufige Antwort lautet: ja, schon. Aber nicht nur! Im Folgenden geht es darum zu klären, warum das so ist, und damit implizit auch eine Antwort auf die Frage anzubieten, was das nun wieder soll: Einen Schriftsteller als Jungsautor zu bezeichnen.[4]

(Auto)Biografische Legenden: Henschel/Schlosser – Kempowski

Ganz und gar vorläufig und zugegebenermaßen unbefriedigend definiert ist ein Jungsautor ein Autor, der vor allem von (selbsternannten) Jungs (jeden Alters) gelesen wird. Gründe dafür könnten sowohl in den bei ihm behandelten Themen liegen oder in einem identifikatorischen Potential des bei ihm angebotenen Personaltableaus und der sozialen Umgebung, in der sich die Figuren seiner Texte aufhalten.[5] Das wäre ein Befund, der nicht nur für Kempowski gilt, und den hier zu behandeln gar keinen Anspruch auf Exemplarität erhebt, es ist nur eine Eigenschaft der Kempowski-Rezeption, der bislang nicht viel Aufmerksamkeit entgegengebracht worden ist. Betont worden ist hingegen vielfach (und vielfach in kritischer Absicht), dass die Romane Kempowskis nur eine bestimmte Schicht, nämlich ein kaufmännisch-bürgerlich geprägtes Milieu behandeln. Wie in einer Ableitung klassischer Stillehren, die vorsehen, dass von bestimmten Gruppen (sozial hoch- oder niedrigstehend) nur in bestimmten hohen oder niedrigen Stilen gesprochen werden könnte, hat sich insbesondere die Kritik an Kempowski darauf versteift, dass die Beschreibung der Mittelklasse in Kempowskis Romanen nur mittelmäßige Literatur hervorbringen könne.

Henschels Romane treten nun die Nachfolge Kempowskis unter anderem darin an, dass sie sich einer mittlerweile bereits historisch gewordenen Mittelklasse emphatisch zuwenden und dies nicht im Modus einer allzu naheliegenden Kritik à la »sehet nur die geistige Enge« tun. Beschrieben wird vielmehr ein Milieu, das formierend für eine ganze Reihe von Autoren ist, die in Henschels Romanen selbst auch wieder auftauchen. Die Bereitschaft zur Bewertung der dabei entstehenden Sozialformen liegt bei der einzelnen Leserin oder dem einzelnen Leser.

Dementsprechend stellt sich auch die Frage, was ist damit gewonnen, dass ein Autor vor allem von Personen seines eigenen Geschlechts und Herkunftsmilieus gelesen wird? Gibt es nicht vielleicht einfach für Frauen andere Autorinnen und Autoren? Niemand hat die Verpflichtung, Texte zu schreiben, die allen gefallen, abgesehen davon, dass fraglich ist, wie ein solcher Text ästhetisch einzuschätzen wäre. Die Frage danach, wer wen liest und welche Texte auch dadurch zum Gegenstand von literaturwissenschaftlicher Forschung werden können und wer diese Forschung betreibt, ist jedoch unter anderem auch von grundsätzlichem epistemischem Interesse. Erstens deshalb, weil damit die Frage danach aufgeworfen ist, ob im Fach ausreichend diverse Empirie vorhanden ist, um die Theoriebildung absichern zu können: Sind genug unterschiedliche Leserinnen und Leser berücksichtigt worden? Aber wann wäre das der Fall? Und muss man dabei davon ausgehen, dass die Identität einer Person ein oder sogar das entscheidende Kriterium für die Lektüre ist? Diese Fragen betreffen zweitens vor allem jenen Teil der Diskussion um sogenannte »Jungsliteratur«, die sich auf genderspezifische Rezeption und Forschung sowie um Ressourcen und Repräsentation dreht: Die Zeit, die auch für diesen Beitrag zu Henschel/Kempowski aufgewendet wurde, entgeht der Forschung um bisher unerforschte Autor:innen und trägt nicht zu ihrer Sichtbarkeit bei. Jede Entscheidung für ein Thema ist eine Entscheidung gegen Millionen andere mögliche Themen, insofern ist dies keine Besonderheit der Kempowski-Forschung. Entscheidend scheint mir aber zu sein, die selbstproduzierten Ausschlüsse zumindest zu thematisieren, insbesondere da, wo sie in den Quellen sichtbar werden – so wie im Schlussteil dieses Textes.

Die Frage danach, ob durch die Identifikation mit der Figur Walter Kempowski aus den Romanen der *Deutschen Chronik* des Autors Walter Kempowski tatsächlich eine spezifische Rezeption und den Erfolg seiner Romane erklärt, ist schwer zu beantworten. Identifikatorische Lektüre ist zwar ein in der Forschung etablierter Lektüremodus (der im Übrigen vor allem mit weiblicher Lektüre verknüpft wurde),[6] scheint aber vor allem auf individualpsychologischer Ebene beantwortbar zu sein. Am Beispiel der Kempowski-Rezeption der Romanfigur Martin Schlosser lässt sich dieses Problem anders angehen: Die Lektüren, die Henschel in seinen Romanen anbietet, verhalten sich epigonal zu Kempowskis *Deutscher Chronik*. Epigonalität, die sich vermutlich prinzipiell nicht vermeiden lässt, ist dabei als grundsätzlich produktives Verfahren zu verstehen, bei dem die mimetische Qualität des ›zweiten‹ Textes (in diesem Fall also der Romanreihe von Henschel) eine Form annimmt, die auch als literarisches Reenactment beschrieben werden könnte. Henschel nimmt in den Martin-Schlosser-Romanen entscheidende Stilelemente Kempowskis auf und orientiert sich auch in den Arbeitsverfahren zur Textherstellung an Kempowskis Archivpraxis.

Das Ergebnis ist in beiden Fällen der Entwurf einer autobiografischen Legende, mit der ein rezeptionssteuerndes Instrument eingeführt wird, das die Forschung, aber auch das allgemeine Publikum scheinbar der Aufgabe enthebt, selbst eine biografische Legende zu entwerfen. Das Konzept der biografischen Legende, das der russische Formalist Boris Tomaševskij bereits 1923 entwickelt hat, dient der Analyse einer Kausalitätsbeziehung zwischen einem Text (oder: ›Werk‹) und einer bestimmten Figur namens Autor. »Der Leser rief: ›Der Autor, der Autor!‹ – aber er forderte, dass auf diesen Ruf hin ein schlanker Jüngling im Umhang mit einer Lyra und einem rätselhaften Gesichtsausdruck erscheinen sollte. Dieses Bedürfnis nach einem Autor – egal, ob real oder nicht, aber jedenfalls potentiell existierend – brachte eine besondere Form der anonymen Literatur hervor, eine Literatur mit einem erfundenen Autor, dessen Biographie gleich mit hinzugefügt wurde.«[7]

Als Beispiel für diesen Prozess führt Tomaševskij unter Pseudonym veröffentlichte Märchen Voltaires an; andere Beispiele sind möglich. Entscheidend ist für Tomaševskij die Feststellung, dass die Formulierung eines irgendwie schlüssigen Narrativs über das Leben eines Autors vor allem ein wissenschaftliches Interesse nach Historisierung befriedigt. Dem dient eine Rezeption, die nach »biographische[n] Legenden« verlangt, »eine[r] Konzeption, die [...] als wahrnehmbarer Hintergrund des literarischen Werks« fungiert und dem Autor selbst zugeschrieben werden kann.[8]

Kai Sina hat herausgearbeitet, auf welche Weise bei Kempowski literaturinterne, aber auch literaturexterne Formulierungen dieser Legende zum Tragen kommen.[9] Eine zentrale Rolle spielt dabei die Verwendung seines eigenen Namens, die in der *Deutschen Chronik* innerhalb von Romanen erfolgt,[10] denen als Motto »Alles frei erfunden« vorangestellt ist. Die literaturinterne Formulierung der eigenen biografischen Legende erfährt also eine erhebliche Ausbreitung in der Gattung des Romans, zusätzlich hat Kempowski zahlreiche Epitexte zu seinen Romanen produziert. In Interviews mit Zeitschriften,[11] Forschenden[12] und besonders gern auch jüngeren Autorenkollegen nahm Kempowski nicht nur zum zeitgenössischen literarischen Betrieb Stellung, in dem er seiner eigenen Meinung nach stets zu schlecht wegkam,[13] sondern diskutierte auch ausführlich über seine Biografie. Gewachsen war das Interesse daran auch durch die sehr erfolgreichen Verfilmungen von *Tadellöser & Wolff* und *Ein Kapitel für sich*,[14] durch die Kempowski zu einem Protagonisten des literarischen Lebens, wenn auch nicht (seiner Meinung nach zu Unrecht) der literarischen Avantgarde geworden war.

Der Autor Gerhard Henschel befindet sich in einer anderen Lage; weder sind seine Bücher verfilmt worden, noch liegt überhaupt eine eigene Forschung zu seinem fortgesetzt entstehenden Werk vor. Von Interesse ist hier allerdings auch nicht eine Parallele zwischen Kempowskis und seiner epitextuellen

Formulierung einer (auto)biographischen Legende, sondern Henschels Archivpraxis, das Montageverfahren in seinen Martin-Schlosser-Romanen und das ebenfalls in dieser Serie aufscheinende Werkbegehren: Hier soll die ganze Geschichte, ein ganzes Leben erzählt werden.

Archiv und Verfahren

Das dauert so seine Zeit, auch wenn man so schnell schreibt wie Henschel – die neun bislang erschienenen Teile der Serie wurden im Abstand von jeweils ein bis zwei Jahren publiziert (eine Ausnahme stellt nur der Abstand von vier Jahren zwischen *Kindheitsroman* und *Jugendroman* dar) und umfassen jeweils mindestens 500 Seiten. Henschel hatte Mitte der 1990er Jahre bei einer Re-Lektüre von *Tadellöser & Wolff* den Plan gefasst, ein Äquivalent zu Kempowskis *Deutscher Chronik* für seine Generation zu verfassen.[15] Er übernimmt dabei das Verfahren Kempowskis, mit harten Schnitten teils sehr kurze Szenen aneinanderzureihen und sich dabei sowohl stark auf die Figurenrede der jeweiligen Familienmitglieder zu verlassen als auch darauf, Werbesprüche, Liedzeilen oder Redewendungen einzubauen. Martin Schlosser begegnet uns zum ersten Mal als Kind im Kindergartenalter im Bett liegend: »Licht ausmachen, Handflächen neben die Augen legen und durchs Fenster schräg nach oben kucken, in den fallenden Schnee: Dann hatte man das Gefühl, man würde fliegen, zwischen den Schneeflocken durch. Das hatte Renate mir beigebracht. Ich und du, Müllers Kuh.«[16]

Mit zunehmendem Alter werden seine Erinnerungen ausdifferenzierter und betreffen häufig die Einförmigkeit, bisweilen auch die Langeweile einer in westdeutschen Kleinstädten verlebten Kindheit und Jugend. Ein Nachmittag des jugendlichen Martin Schlosser klingt beispielsweise so:

Irgendwie machte das Rumstromern im Wambachtal [...] auch weniger Laune als früher. Als kleine Krötze hatten wir da Indianeraufstand am Wounded Knee gespielt und als Rothäute Bleichgesichter umgenietet. Darauf hatten wir keine Böcke mehr. Aber worauf sonst?

Papa war in Meppen, Mama beim Friseur, Renate an der Côte d'Azur, Volker im Schwimmbad und Wibke nebenan bei Ute Rautenbergs Geburtstagsfeier.[17]

Während Passagen wie diese Fiktionalisierungen oder Verdichtungen von Erinnerungen sein mögen, beruhen doch weite Teile der Martin-Schlosser-Romane auf Material, das Gerhard Henschel in seinem Privatarchiv aufbewahrt, das sich im Keller seines Hauses in Bad Bevensen befindet.[18] Das Archiv besteht aus zwei Kellerräumen, in denen in mehreren hundert Aktenordnern chronologisch geordnet ein Großteil der geschäftlichen und privaten Briefpost der Familie Henschel aufbewahrt wird. Zudem finden sich noch alle möglichen anderen Arten von Schriftstücken, Fotos und Papieren, die in der Familie in großer Zahl gesammelt wurden und ein Panorama dessen bieten, was verschiedene Familienmitglieder für aufbewahrenswert hielten.

Dieses Archiv stellt nach Henschels Aussagen die erste und wichtigste Quelle für die Komposition seiner Romane dar. Hinzu kamen, bevor die Recherchearbeit durch das Angebot an digitalisierten Materialien in online zugänglichen Archiven und Bibliotheken stark vereinfacht wurde, Nachforschungen extern vorliegender Quellen. Um einen Abend im Hause Schlosser zu schildern, an dem typischerweise auch ferngesehen wird, nutzte Henschel beispielsweise archivierte Fernsehzeitschriften, um herauszufinden, was an einem bestimmten Abend in den 1970er Jahren ausgestrahlt wurde, zu dem ihm über Tagebücher, Briefe oder andere Schriftstücke Informationen vorlagen. Äußere Ereignisse (Fernsehprogramm) und Familienleben werden im

Text schließlich zusammengeführt. Insbesondere die genaue Buchführung seiner Mutter erlaubte ihm hier eine teilweise minutiöse Rekonstruktion. Ein Aktenordner in Henschels Privatarchiv enthält beispielsweise die Packungsbeilagen aller Medikamente, die in der Familie über einen bestimmten Zeitraum eingenommen wurden, versehen mit Datum (beispielsweise »8.81«) und Namen des Familienmitglieds, das das Medikament einnehmen musste. Ein anderer Ordner enthält ein Bautagebuch seiner Mutter, die bei den verschiedenen Hausbau- und Umbaumaßnahmen in der Familie jede von Handwerkern unternommene Arbeit dokumentiert.[19]

Dieses kompilatorische Verfahren, mit dem Henschel im Rahmen seiner Möglichkeiten (die beispielsweise auch die Frage nach der verfügbaren Quadratmeterzahl für ein Privatarchiv betreffen) Kempowskis Verfahren adaptiert, ist die Grundlage der Martin-Schlosser-Romane. Deren Geschehen ist im Jahr 2021 bis Mitte der 1990er Jahre vorangeschritten, und da sie autobiographisch sind, wird irgendwann der Moment kommen, so Henschel, in dem Martin Schlosser sich entscheidet, *Tadellöser & Wolff* für seine Generation zu schreiben. Der Protagonist wird dann wohl Gerhard Henschel heißen müssen.[20] Die noch nicht nivellierte Mittelstandsgesellschaft der 1950er und 1960er Jahre, in die Schlosser hineingeboren wird, wird zu diesem Zeitpunkt ungefähr so exotisch wirken, wie auf den jungen Schlosser die Welt der 1920er und 1930er Jahre, in denen der Kempowski seine Kindheit und Jugend verbracht hat.

Schmunzelrationen

Neben den von Henschel selbst thematisierten Ähnlichkeiten in Archivierungs- und Schreibverfahren sowie seinem offen vorgetragenen Wunsch, als Epigone zu Kempowski zu fungieren, gibt es jedoch eine Art *missing link* zwischen beiden Autoren – ein Element, das die Familienähnlichkeit zwischen den beiden

Autoren und damit die Evolution der Kempowski-Rezeption an einem exemplarischen Fall besser beschreibbar macht.

In *Da mal nachhaken. Näheres über Walter Kempowski* schreibt Henschel in der sehr materialreichen Darstellung des »Images« von Kempowski:

> Aus den Tagen im Oktober 1984, als er eines seiner Seminare im Haus Kreienhoop abgehalten hat, ist mir die Bemerkung in Erinnerung geblieben: »Ich möchte mich ja nicht über die Menschheit lustig machen.« Doch mit dieser Selbstauskunft ist Kempowski nicht zu allen Lesern durchgedrungen: »Sie denken, ich bin eine lustige Person, lachen gleich, wenn sie mich sehen usw. So geht es wahrscheinlich auch Loriot, der doch ebenfalls ein ganz ernsthafter Mensch ist.«[21]

Kempowski ist in vieler Hinsicht erforscht worden: als Kompilator von umfangreichen Oral-History-Projekten, als bürgerlicher Schriftsteller, in seinen Bezügen zu literarischen Vorbildern. Eberhard Fechners Verknappung der *Deutschen Chronik* für die Drehbuchfassung seiner sehr erfolgreichen Verfilmungen der Romanreihe hat aber vor allem die Schnacks popularisiert, die die Familiensprache der Kempowskis fast weltberühmt machten, ganz unabhängig davon, ob Redewendungen wie »völlig verbumfeit« in ihrer Bedeutung irgendwie etymologisch aufgeklärt oder gar übersetzt werden können.[22]

Es lohnt sich, der Formulierung zu Loriot (»der doch ebenfalls ein ganz ernsthafter Mensch ist«) ein wenig nachzusteigen. In ihr enthalten ist eine Grundannahme darüber, wie eine bestimmte Art von Humor (die eventuell aber auch einfach Witzigkeit ist) funktioniert, und wie diese zu einem Missverständnis über ein Œuvre führen kann. Leider führt Kempowski an der Stelle nicht aus, wie genau die Ernsthaftigkeit Loriots beschaffen ist – möglicherweise handelt es sich auch nur um einen schnell formulierten, unfertigen Gedanken. Kempowskis Rede vom »ernsthafte[n] Mensch[en]« verleiht diesem jedoch ein gewisses Gewicht und eine anthropologische Note. Genauso gut hätte er Loriot auch als ernsthaften Künstler, Zeichner, Autor oder Darsteller bezeichnen können. So stattet er das Missverständnis, um das es ihm geht, jedoch mit einer existenziellen Gravitas aus, die sich durch die Differenz von Eigentlichkeit (ernst) und Uneigentlichkeit (witzig) ausdrückt.

Vielleicht ist diese Differenz eine Wiederkehr der Dichotomien von Ernst und Heiterkeit, Kunst und Leben, mit der sich auch schon die fideleren Typen bei Thomas Mann abquälen, dessen *Buddenbrooks* für Walter und Robert Kempowski in der *Deutschen Chronik* eine wichtige Referenz gewesen ist: Wer von ihnen Christian Buddenbrook ähnlicher sei, ist Gegenstand eines Streits.[23] Vor allem aber ist der Wunsch, sich mit Loriot gemeinsam auf der Eigentlichkeitsseite der eben genannten Differenz häuslich einzurichten, auch als Bestätigung ihrer anderen Seite, also der Uneigentlichkeit, auslesbar: als ihr Komplement. Es spricht wenig dafür, Kempowski oder auch Loriot die Ernsthaftigkeit ihres Schaffens abzusprechen, wollte man das tun, wären auch psychologische Erwägungen notwendig, die Ferndiagnosen an Verstorbenen vornähmen. Einfacher festzustellen wäre die Dominanz einer Redemimesis mit komischen Effekten, die einerseits ein bestimmtes Milieu beschreibt, das sowohl im Falle Loriots als auch im Falle Kempowskis bürgerlich ist (ob klein- oder großbürgerlich, muss andernorts diskutiert werden). Die Darstellung dieser Bürgerlichkeit ist im Fall von Kempowski wiederum in Nachfolge Manns als Chronik einer bestimmten Epoche zu verstehen; sie wird sogar zum titelgebenden Element und zur Verschärfung der Gattungszuschreibung genutzt (*Tadellöser & Wolf. Ein bürgerlicher Roman*). Im Falle Loriots ist das Interesse an der Bürgerlichkeit und ihren Schwundstufen eher als satirischer Kommentar zur Gegenwart zu lesen, Henschel schließlich arbeitet sich in den Martin-Schlosser-Romanen momentan noch aus der Vergangenheit der Gegenwart entgegen, die zu kommentieren er eher in seinen laufenden Beiträgen zur Tages- oder Monatspresse unternimmt.[24]

Diese unterschiedlichen Interessenlagen erlauben es, die Komik der verschiedenen Autoren historisch zu datieren und damit beispielsweise den Zeitpunkt festzulegen, an dem die Sentenz »früher war mehr Lametta« ihren Weg in den Schatz deutscher Redensarten antrat,[25] oder ab wann nicht nur Leserinnen und Lesern Kempowskis, sondern auch einem bis dato mit dem Autor nicht vertrauten Fernsehpublikum die Aussprüche Margarete Kempowskis (»wie isses nun bloß möglich«) durch die Intonation der Darstellerin Edda Seippel vertraut wurden.

Dem Zusammenhang von Humor, Redewendungen und Popularität ist Odo Marquard in Bezug auf Loriot nachgegangen. Seine Laudatio auf Loriot anlässlich des Literaturpreises der Stadt Kassel für grotesken Humor, gehalten im Jahr 1985, ist von besonderem Interesse, nicht nur, weil sie von einem Autor stammt, der seinerseits eine nicht uneingeschränkt günstige Neigung zu witzigen Wendungen hatte, sondern auch, weil er gleich zu Beginn eine Verbindung zwischen Intellektualität (die hier stillschweigend als Ernsthaftigkeit eingeführt wird), Humor und Popularität herstellt – seine Laudatio hat nicht zuletzt den Zweck, Loriot zum Intellektuellen zu promovieren.

> [B]ei Loriot kennt fast jedermann fast alle Werke: die ungesammelten und die »gesammelten Werke«, dabei die prosaischen, die illustrierten, die dramatischen, [...] vor allem die ausschließlich gemalten und gezeichneten: die Cartoons mit Menschen und Tieren und Hunden und Nashörnern und Möpsen und Wum und dem Drumherum. Man kennt sie wie Volkslieder. Das Volkslied ist das Volkslied des Volkes; das Bonmot ist das Volkslied des Intellektuellen; der Cartoon ist die ins Bild gesetzte Identität von Volkslied und Bonmot. Ich denke, fast jeder von uns führt Schöpfungen von Loriot als eiserne Schmunzelration in seiner Erinnerung mit sich: also brauche ich auch an sie hier nicht eigens zu erinnern.[26]

Dieses Bonmot-hafte, die Stärke des Schnacks und der ins »Bild gesetzten Identität von Volkslied und Bonmot« lässt sich als eine der zentralen Vermittlungsstellen verstehen, die die Machart der Martin-Schlosser-Romane mit Kempowski verbindet. Marquard weist Loriot als einen Bestandteil des kollektiven Gedächtnisses aus, und zwar den Teil, der auch in Notsituationen die allgemeine Versorgung mit Humor sicherstellt (»eiserne Schmunzelration«). Thesen zur strengen Rationierung des Humors in der deutschen Literatur seit 1945 gehören in einen anderen Essay, die Bemerkung, dass die aus Kriegszeiten übernommene Formulierung der »eisernen Ration« einen wichtigen Teil des Werks von Kempowski trifft, hingegen nicht. Er beschreibt darin immer wieder Situationen des Hungers und der allgemeinen Knappheit, dies betrifft insbesondere die Teile der *Deutschen Chronik*, in denen es um seine Inhaftierung in Bautzen geht. Der Vorwurf der Verharmlosung des Erlebten, der daraus abgeleitet wurde, dass sich auch diese Teile stark auf Figurenrede verlassen und zum Teil auch komische Elemente aufweisen,[27] mag zutreffen oder nicht. Im Anschluss an Marquards Analogie von Volkslied und Bonmot des Intellektuellen wird Kempowskis Einbau von griffigen (wenn auch zum Teil vollständig privatistischen) Formulierungen jedoch als Verwendung von Refrains oder, um im Segment des Populären zu bleiben, *hook lines* beschreibbar – und als solche wandern sie auch bei Henschel ein: »›Du ahnst es nicht‹, sagte Mama beim Auspacken. ›Ja, ist es denn die Possibility?‹ Und: ›Kaum zu glauben Komma!‹ Als Papa ein Deodorant-Spray aus Jever ausgewickelt hatte, rief Mama: ›Ach du dickes Ei!‹«[28] Diese bleiben als literarische Ohrwürmer im Kopf, unabhängig davon, wie man sie humoristisch einschätzt.

Hier ist das Schmunzelige und vor allem das Veralten des Schmunzeligen von Interesse: Das Schmunzelige, das auch als Triviales ausgelesen werden kann und ausgelesen wurde, sichert die Zugänglichkeit von Kempowskis Literatur. Allgemein gilt, dass selbst der schlechte Witz eine gute Sache ist – er ist recht einfach zu erzählen. Die epidemischen Schmunzelzitate, die sowohl bei Loriot als auch bei Kempowski aufzufinden sind, scheinen die entscheidende Stilebene zu sein, über die ein Autor wie Gerhard Henschel auf die Idee kommt: Das kann ich auch. Jetzt mal *Tadellöser & Wolff* für meine Generation, warum nicht.

Gemeinschaftskunde

Martin Schlosser liest Kempowski zunächst skeptisch, durch den persönlichen Kontakt mit dem Autor dann gelehrig, aber auch schmunzelnd, schmunzelig sind auch die Teile der Romane Henschels, in denen es um das Verhältnis von Schlosser und Kempowski geht, und die in einem erweiterten ›Jetzt‹ erscheinen. Also da mal genauer nachhaken:

Der Weg in die Bekanntschaft von Schlosser/Henschel und Kempowski ist wie eingangs erwähnt etwas holprig. Im *Liebesroman* verfolgt Martin Schlosser im Jahr 1978 als Teenager die Nachbeben des Deutschen Herbstes, wartet auf seine Entjungferung und hat Langeweile. Gerade eben noch hat sein Vater eine Dohle in der Waschküche eingeschlossen, schon geht es in der gleichen Gewichtung mit der Kempowski-Rezeption weiter:

> Im *Stern* fing ein neuer Fortsetzungsroman an, der im wilhelminischen Kaiserreich spielte. »Aus großer Zeit« von Walter Kempowski. [Zitiert die ersten Zeilen] Na, das war ja nun wohl nicht ganz das richtige für Leser unter hundert. Von Konsuln und Geheimräten wollte ich jedenfalls nix wissen.[29]

Das ist der Erstkontakt. Von nun an konvergiert der Bildungsroman des jungen Schlossers mit seiner Kempowskiphilie, wozu auch gehört, dass zunächst die Abneigung gegen den Autor K. eine Weile erhalten bleibt.[30] Schließlich aber beginnt Martin Schlosser mit dem Studium der Germanistik, zunächst in Bielefeld, wo er unter anderem den sehr realen Kempowski-Experten Jörg Drews als Dozenten schätzen lernt, dann jedoch wechselt Schlosser nach Berlin.

Jörg Drews ist einer derjenigen, die immer wieder betont haben, die Betonung des »Netten und Pausbäckigen«, die Präferenz des Niedlichen sei ein Effekt der Kempowski-Rezeption, ein Ausweis des Verblendungszusammenhangs des Publikums.[31] Das scheint zu einfach, wenn man sich allein die Zusammensetzung des Kempowski-Publikums anschaut, das in den verschiedenen Berichten über seine Literaturkurse in Nartum beschrieben wird – nicht zuletzt Henschel. Kempowskis Leserschaft war und ist divers und besteht auch aus Literaten, die selbst wiederum populär wurden und in gutem Einvernehmen mit Kempowski eine Stilgemeinschaft bildeten und bilden. Das gilt auch für solche Autoren, die sich wie Benjamin von Stuckrad-Barre unter dem Label Pop-Literatur einfanden.[32] Stuckrad-Barre und Kempowski gingen Anfang der 2000er Jahre eine enge Kooperation ein, in der sich der Jüngere des Älteren Dignität und literarisches Charisma, der Ältere des Jüngeren Reichweite und Coolness leihen konnte: Stuckrad-Barre publizierte eine Kompilation von Lieblingsliedern unter dem Titel *Autodiskographie*, darunter auch zwei Bonustracks, auf denen man Kempowski Klavier spielen hört. Stuckrad-Barre war zu diesem Zeitpunkt 28 Jahre alt, Kempowksi 74; auch danach hat Stuckrad-Barre noch häufiger über Kempowski geschrieben, der sich von dem jüngeren Autor gern besuchen ließ. Stuckrad-Barres Romanen wie *Soloalbum* und Reportagen stand die *Deutsche Chronik* und der Versuch einer umfassenden Oral History (*Echolot*) gegenüber. Ideal:

> Zwei Experten, Fachleute fürs Zusammenbringen, für Ironie, Vernetzung, Zitierweisen, Montagen und Sammeln, die beide nicht unumstritten sind in der Rezeption, haben sich gefunden. Eine Nähmaschine und ein Seziertisch treffen sich unvermutet unter einem Regenschirm. Zwei Autoren

> fangen an, sich gegenseitig zu promoten. Im Hinblick auf die Konstitution des Werks von Stuckrad-Barre und Kempowski haben diese kleinen Bei- und Nebenprodukte in Tageszeitungen, im Fernsehen, auf CDs eine wichtige Funktion. Reichen die Bücher denn nicht aus? Sprechen die nicht für sich? Nein, das haben sie noch nie getan, einen Text ohne Paratext gibt es nicht.[33]

Rembert Hüser hat beschrieben, wie die regelmäßige lobende Erwähnung des jüngeren/älteren Kollegen zur wechselseitigen Stärkung des jeweiligen Anerkennungskapitals führte. Die Besuche beim Meister gehören zur biographischen Legende Kempowskis,[34] die seine autobiografische Legende begleitet. Die Bedingungen zur Herstellung von beidem hielt er jedoch fest in der Hand.

Das wird auch in den Martin-Schlosser-Romanen deutlich, in denen die Initiationsriten ins Hause Kempowski, die mit der Initiation in sein Werk konvergieren, erzählt und durchaus auch ironisiert werden – allerdings vor allem hinsichtlich des präpotenten Ich-Erzählers Martin Schlosser, der erst mit der Zunahme seiner *sittlichen Reife* in gehobenem Jugendalter das Werk Kempowskis wirklich zu schätzen lernt. In Lebenserfahrung und Studium fortgeschritten, nimmt im *Bildungsroman* die Kempowski-Lektüre von Martin Schlosser Fahrt auf. Seine Mutter, die selbst Schreibambitionen hegt, meldet sich zu einem Literaturseminar in Nartum an. Schlosser zweifelt zunächst:

> Kempowski? Sollte man den überhaupt ernstnehmen? Verfasste der nicht nostalgische Heimatliteratur? Und von dem sollte man sich tagelang schulmeistern lassen?
>
> Könnte aber ja auch ganz lustig werden, dachte ich und sagte zu.[35]

Der Anspruch und Umgangston des Seminars wird gleich zu Beginn durch die Frage geklärt, ob jemand ein Gedicht aufsagen oder Klavier spielen könne. Falls ja, sei das erwünscht, außer in den Mittagszeiten, vor allem aber sei üben verboten. Ein Teilnehmer rezitiert daraufhin ein Gedicht von Christian Morgenstern. Martin Schlosser hat nicht vor, sich »hier groß beeindrucken zu lassen«,[36] dann entdeckt er jedoch, dass in Kempowskis Buchregal unter anderem das von ihm sehr geschätzte Werk *Die Vollidioten* von Eckhard Henscheid steht und die richtigen Stellen angestrichen sind. Später finden beide über die geteilte Begeisterung für *Rom, Blicke* von Rolf Dieter Brinkmann zueinander. So versöhnt Schlosser sich mit dem Autor und liest in der folgenden Nacht *Tadellöser & Wolff* in einem Rutsch. Es folgen weitere Teilnahmen an den Seminaren in Nartum und ein reger Austausch.

In einem Interview Gerhard Henschels mit Walter Kempowski aus dem Jahr 2007 findet sich folgender Dialog:

> WK: So, mein Lieber! Woran arbeiten Sie jetzt?
> GH: Ich setze jetzt den »Kindheitsroman« fort mit dem »Jugendroman«.
> WK: Ah, da komm ich dann ja auch drin vor!
> GH: Nicht ganz, der geht bis 1981 …
> WK: Wie schade! Vielleicht können Sie als letzten Satz … »Und dann lernte ich Kempowski kennen, da wurde alles anders.«[37]

Den Wunsch danach, Schüler zu haben und Autoren auszubilden, die ganz im Sinne des Lehrmeisters schreiben, ist von Michael Rutschky in seinem Essay »Unbelebte Erinnerung« als ein Wunsch nach Gemeinschaft beschrieben worden, den er aus der Biografie Kempowskis herleitet. In den Seminaren in Nartum sei »eine Form von Geselligkeit mit Bekannten und Unbekannten« entstanden, »die an die Lebensgemeinschaft in Bautzen erinnert, tatsächlich.«[38] Die Lebensgemeinschaft in Bautzen, deren homosoziale Form und homosexuellen Praktiken Kempowski dezent, aber deutlich beschreibt, ist eine

Zwangsgemeinschaft, in der sich Fantasien aber unter anderem darauf richten, zumindest die Homosozialität auch nach der Haft fortzusetzen. Robert Kempowski entwirft ein Grundstück, auf dem die Brüder dann gemeinsam ihre Häuser bauen sollen: »hier Robert und hier Walter Kempowski, ›ein Haus also *hier* und mein Haus *da*, ja? Verstahnevous? Chateau des frères?‹. Hunden und Frauen ist der Zutritt strengstens untersagt.«[39] In Kempowskis Roman *Herzlich willkommen* ist nachzulesen, welch deprimierenden Erfahrungen die entlassenen Häftlinge dabei machten, diese Zeit in ihren Familien irgendwie zu vermitteln, und wie schwer es ihnen fiel, Freundschaften oder Bekanntschaften aus der Zeit aufrechtzuerhalten, ganz zu schweigen von den Problemen dabei, neue zu knüpfen. Zugleich entstehen in der Haftzeit in Bautzen auch immer wieder mehr oder weniger intellektuelle Zirkel, die sich um einzelne Charismatiker bilden, die sich eine Gefolgschaft aufbauen. Durch zahlreiche Äußerungen, die den in den vergangenen Jahren erschienenen Tagebüchern Michael Rutschkys zu entnehmen sind, liegt der Verdacht nahe, dass zumindest die autobiografische Persona »R.«, als die Rutschky in seinen Texten häufig auftritt, ebenfalls Interesse daran hatte, eine derartige Gefolgschaft zu prägen.[40] Das hat Folgen, die schließlich auch die Persona Schlosser/Henschel betreffen, sowie sie zugleich Rutschkys eigene Kempowski-Rezeption steuern.

Martin Schlosser wird in seiner Schilderung des Literaturseminars in Nartum, verfolgt man Rutschkys Lesart bis zum Schluss, zu einem unheimlichen Wiedergänger. Einerseits wird er zu einer Figur aus Kempowskis Bautzen-Roman *Ein Kapitel für sich*. Zugleich ist er stets auch Wiedergänger von Gerhard Henschel, der tatsächlich diese Seminare mitgemacht hat. Schlosser/Henschel informiert später wiederum Michael Rutschky darüber, dass Kempowski als Schriftsteller anzuerkennen sei. Michael Rutschky über R., R. wie Referent und Rutschky: »verläßliche Informanten wie Max Goldt und Gerhard Henschel klärten ihn darüber auf, daß Walter Kempowski zu lesen sei, nachdem die auf Max Frisch oder Heinrich Böll oder Günter Grass gerichteten Erwartungen abstarben.«[41] Rutschky wird Schlosser/Henschels Redakteur und Mentor, was wir wissen können, weil R. ebenfalls als zeitgeschichtliche Person in seinem Martin-Schlosser-Roman *Erfolgsroman* auftaucht; Henschel wiederum taucht in den Tagebüchern von Michael Rutschky als Informationsquelle über den Gesundheitszustand Kempowskis auf, als dieser sein Lebensende erreicht hat.[42]

Das Personaltableau wird langsam unübersichtlich: Vergemeinschaftet haben sich bis jetzt Kempowski, Schlosser/Henschel und Rutschky, Letzterer holt noch Max Goldt mit ins Boot, das daraufhin so voll ist, dass Frisch, Böll und Grass nicht mehr reinpassen. Das Potential der Verzweigungen, die sich durch die unterschiedlichen Grade von Aversion, Ressentiment, Freundschaft, Verehrung und Epigonalität ergeben, mit denen dieses Personal miteinander verbunden ist, kann man auf zwei Weisen beschreiben: 1) ein interessanter Fall für Netzwerkforschung im Bereich der Gegenwartsliteratur, 2) ist *boys club* nicht vielleicht auch ein hinreichend analytischer Begriff, um 1) schnell zu erledigen?

Dieser *boys club* wird aber vor allem dann als solcher verständlich, wenn man ihn als Stilgemeinschaft versteht; ein Begriff, den Jochen Venus für die Auseinandersetzung mit populären Kulturen entwickelt hat.[43] Als ihr Kennzeichen hebt Venus hervor, dass sie über ein hohes Maß an Selbstreferenz verfügen und zur Ausbildung serieller Formen und Selbstähnlichkeit neigen. Venus schließt aus seinen Überlegungen die bürgerliche Kultur dezidiert aus, populäre Kulturen seien solche, die sich »um individuelle und kollektive Selbstbehauptung jenseits der bürgerlichen Kultur« bemühten. Die Stilgemeinschaft, um die es hier geht, ist nun eine, mit der es etwas komplizierter wird, weil sie aus der bürgerlichen Kultur stammt, ihre Werke aber nicht unbedingt in diese zurückspielt: Entweder, weil die entsprechenden Vertreter wie Henschel (oder Goldt) versuchen, einen Weg in die Popularität über Alternativkultur zu nehmen; oder weil sie durch Überaffirmation und Übersteigerung des Bürgerlichen Bürgerlichkeit für sich reklamieren wie Kempowski, der nicht bloß einen Roman, sondern einen *bürgerlichen* Roman vorlegt; oder aber, weil sie wie Rutschky versuchen, als neben dem bürgerlichen und populären Milieu stehender Kommentator dennoch bürgerliche Intellektuelle zu sein.[44]

Die Herstellung serieller Formen der Selbstreferenz wurde weiter oben über die Inflation der kempowskischen Schnacks und die Übernahme seiner Verfahren bei Henschel bereits angedeutet. Sie verschärft sich durch die Verflechtung der gerade skizzierten Lektüreberichte mit (fiktionalisierten) Auftritten in den Texten anderer Teilnehmer am Sozialleben des Clubs, dem man auch dann angehören will, wenn er einen gern als Mitglied aufnimmt. Ein Übermaß an Selbstähnlichkeit erzeugt diese Stilgemeinschaft vor allem in diesem Punkt: In der weitgehenden Homogenität ihrer Zusammensetzung, die männlich, bürgerlich, und beinahe überflüssig zu sagen, blütenweiß ist und sich unter Aufnahme einzelner Ausnahmefrauen stetig reproduziert.

Von diesen Ausnahmefrauen weiß man im Umfeld Michael Rutschkys unter anderem, weil sie selbst publizieren oder publiziert haben (Kathrin Passig und Katharina Rutschky sind bekannte Beispiele). Immerhin hat es bei Kempowskis Literaturseminaren aktive Teilnehmerinnen gegeben, Schlosser/Henschels Mutter ist schließlich ein Beispiel dafür. Ihre Versuche, schriftstellerisch auf einen grünen Zweig zu kommen, ihre Briefe an Verlage, deren Absagen selbst ihrer literarischen Übersetzungen stellen ein immer wiederkehrendes Motiv in den Schlosser-Romanen dar. Die Biographie der Mutter Ingeborg, die ihrem Sohn niemals im Weg steht und mit Geduld (wenn auch Verzweiflung) seinen Weg als Autor verfolgt, ist gewissermaßen eine Inversion dessen, was ihrem Sohn zu Gebot steht: provinzielle Einschließung, Sorgearbeit für die Familie und fruchtlose Ausbruchsversuche daraus stehen im scharfen Kontrast zum erfolgreichen Bildungsroman ihres Sohnes.

Aus dem Umfeld Kempowskis sind nicht viele Selbstzeugnisse von Frauen bekannt, die entweder über Mentorenschaft oder auch nur aus den Literaturseminaren bei ihm berichten. Eine Ausnahme stellt ein Beitrag der Userin »Sopran« aus dem Online-Forum *Wir höflichen Paparazzi* dar, das es seit 1999 gibt, und in dem zeitweilig bis zu 600 Personen aktiv waren.[45]

Kempowski, Walter, betrügt mich mit Susanne

> [...] Susanne und ich waren 14 Jahre alt und besuchten die selbe Klasse. Bücher und Bach waren unsere gemeinsamen Themen. Pferde und Küssen dagegen interessierte sie nicht.
>
> Nach einer Lesung des von uns verehrten Walter Kempowski stellten wir uns am Signiertisch an, erhielten hübsche Widmungen in unsere Taschenbücher, die Frage, ob wir alt genug für seine Literaturseminare seien, wurde vom Meister positiv beschieden. Seine Adresse laute Kreienhoop Nartum, wir mögen ihm schreiben.
>
> Es entspann sich ein keuscher Briefwechsel, und Anfang Januar 1983 fuhren wir für fünf Tage zum Seminar nach Nartum, von der Schule beurlaubt. Den 55 Teilnehmern stand Kempowskis Haus von morgens bis abends offen. Schreibende Hausfrauen. Germanistikstudenten. Pensionäre. Künstlerinnen. Journalisten. Mittags lungerten wir im Haus herum, das Essen im Gasthaus war nicht vom Taschengeld gedeckt. Wir saßen auf Kempowskis Teppich und lasen Kempowskis Bücher – die ihm gehörenden, nicht die von ihm geschriebenen, die kannten wir auswendig. Einmal störte ich den Hausherrn mit Beethoven beim Mittagsschlaf. Ich bekam einen Rüffel, der sich nicht nur auf den Zeitpunkt, sondern auch auf die Qualität meines Klavierspiels bezog. Das fühlt sich noch heute peinlich an. Am Abend rehabilitierte ich mich mit meiner Kenntnis aller Strophen von »Der Mond ist aufgegangen«. [...]

Mit Susanne traf ich mich bis zum Abitur bei Goethe, Thomas Mann und Uwe Johnson, wir blieben uns in Gefühlsdingen fern. Ich fuhr 1985 noch einmal mit einem Freund zu Kempowski nach Nartum, spielte am bunten Abschiedsabend zur Zufriedenheit Debussy und verliebte mich vergeblich in seine Tochter Renate.

Das alles war sehr lang her, »Schöne Aussicht« hatte ich nicht mehr zuende gelesen, mich über »Hundstage« ein wenig geärgert, »Ulrike« nach 1990 nur noch zu ihrer Hochzeit gesehen und Renate nach meinem 17. Geburtstag gar nicht mehr.

1997 kaufte ich aus Nostalgie Kempowskis »Sirius«, Untertitel: »Eine Art Tagebuch«, spielt im Jahr 1983. [...]

30. November 1983 »Am Nachmittag war ich dann in Bonn bei meinem kleinen Sternchen«, lese ich auf Seite 583. »Susanne hat sich schon ganz furchtbar gefreut. Kaffee und Kuchen«.

Scheiße.

Das hat sie mir nicht gesagt.

Das hätte sie mir doch sagen müssen.

Wir waren doch Freundinnen.

Maile ihr noch einmal. »Sirius gelesen. Gewundert.«

Und dann nicht mehr.[46]

Dieser Text ist weder so bekannt wie Henschels Berichte über Kempowski und noch weniger so berühmt wie Kempowski selbst. Die spezifischen Inwertsetzungsprogramme, die bei der Einschätzung von Online-Quellen ablaufen, mögen ein Grund dafür sein, sicherlich aber auch, dass die Userin »Sopran« eben unter Pseudonym auftritt. Sie hat auch nicht, wie beispielsweise Henschel, diese Geschichte zum Teil ihrer autobiographischen Legende werden lassen, dazu müsste sie ihre Autor:innenfunktion[47] im Feld der Literatur an anderer Stelle und mit einer anderen publizistischen Strategie (zusammengefasst: in Buchform) ausüben.

Martin Schlosser liest Walter Kempowski: Was heißt hier eigentlich lesen, und wer sind diese Leute? Lesen bezeichnet hier den Übertrag einer biographisch zentralen Lektüreerfahrung in eine autobiographische Legende, die nicht nur Zugang zu demjenigen sichert, der der Urheber der Texte ist, die am Grund dieser Erfahrung liegen. Sie erlauben weiterhin Kommunikationen mit anderen Lesern desselben Autors, die ebenfalls mit autobiographischen Formen experimentieren. Die homosoziale Gemeinschaft, die sich so herausbildet, hat den Vorteil, dass die weitgehend ausgeschlossenen Autor:innen oder zumindest weiblichen Stimmen sich neue Publikationsorte suchen konnten, entlastet von den Ruhm- und Anerkennungsökonomien, in denen sie nie vorgesehen waren.

1 Alle Romane sind bei Hoffmann und Campe, Hamburg erschienen. Zusätzlich zu den Martin-Schlosser-Romanen liegt auch noch ein Briefband (*Die Liebenden*, Hamburg 2002) vor, der, ähnlich wie Kempowskis *Aus großer Zeit*, in der Zeit beginnt, in der sich Ingeborg und Richard Schlosser, Martins Eltern, kennenlernen. Dieser Roman ist eine Montage aus Briefen aus dem weiteren Familienumfeld der beiden Figuren, auch die Schwiegereltern, Tanten und andere Verwandte kommen zu Wort. Die Familiengeschichte, die hier allein auf Grundlage von Briefen konstruiert wird, behandelt jedoch den Zeitraum bis zum Tod von Richard Schlosser – dieses Datum ist in den Martin-Schlosser-Romanen zum Zeitpunkt der Abfassung dieses Essays noch nicht erreicht.

2 Vgl. Gerhard Henschel: »Liebesroman«, in: G. H.: Sieben Martin-Schlosser-Romane in einem Band. Kindheitsroman – Jugendroman – Liebesroman – Abenteuerroman – Bildungsroman – Künstlerroman – Arbeiterroman, Kindle-Ausgabe, Hamburg 2018.

3 Zur Vorbereitung des Vortrages, auf dem der vorliegende Aufsatz beruht, konnte ich im August 2019 ein Interview mit Gerhard Henschel in seinem Wohnhaus in Bad Bevensen führen; dort befindet sich auch sein Privatarchiv. Weitere Informationen zum Verhältnis Henschel/Kempowski entnehme ich einem Interview zwischen den beiden, das Henschel im Jahr vor Kempowskis Tod mit ihm führen konnte. Beide Quellen liegen mir als Transkript vor, für seine Auskunftsbereitschaft und das Interview mit Kempowski danke ich Gerhard Henschel.

4 Und was würde es nützen, hier zu einer Entscheidung kommen zu können? In erster Linie handelt es sich um eine bald schon antiquarisch werdende Symptomatik: Die Suche nach Frauen, die sich als akademische Autorinnen zu Kempowski äußern könnten, wettet vor allem auf eine zeitgenössische und innerfachliche Kritik an der Zusammensetzung der Beitragenden zu Veranstaltungen und Büchern zu Kempowski. Ob ihn dieser Punkt interessiert hätte, kann nicht mehr geklärt werden, ob sich durch ein wie immer divers kuratiertes Tableau von Beiträgen in der Sache etwas ändert, ist hingegen eine grundsätzliche Frage, die sich bei jedem Thema stellt. Ob sie deshalb bei jedem Anlass besprochen werden sollte, muss hingegen andernorts geklärt werden.

5 Gibt es auch Jungs-Autorinnen? Das kann schon sein, in die Diskussion geraten sind sie allerdings bislang eher nicht. Im Zuge von jüngeren Diskussionen über die Diversifikation von Kanones in der Gegenwartsliteratur waren es vor allem Autoren postmoderner Romane großen Umfangs, die als »Jungs-Autoren« eher geschmäht wurden, als dass der flapsige Begriff genutzt worden wäre, um ihre poetologischen Verfahren oder das Netzwerk ihrer Leserschaft in Hinblick auf Gender genau zu untersuchen. Exemplarisch sei hier insbesondere die Auseinandersetzung mit David Foster Wallace genannt, pointiert dazu Amy Hungerford: »On Not Reading«, in: Chronicle of Higher Education, 11.9.2016 (https://www.chronicle.com/article/On-Refusing-to-Read/237717; letzter Zugriff am 1.11.2021).

6 Zur historischen Genese dieser Konzepte siehe Silke Schlichtmann: Geschlechterdifferenz in der Literaturrezeption um 1800? Zu zeitgenössischen Goethe-Lektüren, Tübingen 2001. Einen neueren und allgemeineren Überblick bietet Jost Schneider: »Geschichte und Sozialgeschichte des Lesens und der Lesekulturen«, in: Grundthemen der Literaturwissenschaft: Lesen, hg. von Rolf Parr u. a., Berlin 2018, S. 29–98.

7 Boris Tomaševskij: »Literatur und Biographie«, in: Texte zur Theorie der Autorschaft, hg. von Fotis Jannidis u. a., Stuttgart 2000, S. 49–61, hier S. 55f.

8 Ebd., S. 56.

9 Kai Sina: Sühnewerk und Opferleben. Kunstreligion bei Walter Kempowski, Göttingen 2012.

10 »Walter Kempowskis« Geburt findet in *Schöne Aussicht* (1981) statt, der Junge »Walter Kempowski« tritt allerdings literaturhistorisch zuerst in *Tadellöser & Wolff* (1971) auf. Zur Komposition und Chronologie der *Deutschen Chronik* siehe Stefanie Stockhorst: »Exemplarische Befindlichkeiten. Walter Kempowskis Deutsche Chronik als literarisierte Familien-

geschichte und bürgerlicher Erinnerungsort«, in: Walter Kempowski. Bürgerliche Repräsentanz, Erinnerungskultur, Gegenwartsbewältigung, hg. von Lutz Hagestedt, Berlin 2010, S. 423–442.

11 Vgl. Sven Michaelsen: »›Der Ärger muss raus‹. Er erzählt Geschichte von unten – und fühlt sich manchmal gehasst dafür, Recht zu haben: Walter Kempowski über Schuld und Vertreibung, seine Lebensaufgabe ›Echolot‹ und die Frauen«, in: Stern, 3.4.2002 (https://www.stern.de/kultur/buecher/walter-kempowski--der-aerger-muss-raus--3861344.html; letzter Zugriff am 1.11.2021).

12 Besuche bei Kempowski sind Bestandteil von einigen Forschungsbeiträgen. Vgl. etwa Manfred Dierks: »Hans mein Igel. Kempowski der Schriftsteller. Anfänge, Motive, Formen«, in: Hagestedt: Walter Kempowski (Anm. 10), S. 123–138.

13 Siehe dazu das sehr materialreiche Kapitel »Das Image« in Gerhard Henschels Portrait von Kempowski (Gerhard Henschel: Da mal nachhaken. Näheres über Walter Kempowski, München 2009, S. 19–75). Ebenfalls unzufrieden zeigte sich Kempowski mit der Zahl der zu seinem Werk verfassten Dissertationen und Sammelbände, zu deren zahlenmäßigem Umfang er jedoch nicht die sicherste Informationsquelle war (vgl. Sina: Sühnewerk und Opferleben [Anm. 9], S. 69).

14 Zu den Verfilmungen siehe auch Dirk Hempel: Walter Kempowski. Eine bürgerliche Biografie, München 2004, und Bernd Kiefer: »Ein Kapitel bürgerlicher (Fernseh-)Geschichte. Zur Wahlverwandtschaft von Walter Kempowski und Eberhard Fechner«, in: Hagestedt: Walter Kempowski (Anm. 10), S. 261–274.

15 Henschel im Interview mit H. E. im August 2019 (Anm. 3).

16 Henschel: »Kindheitsroman« (Anm. 2), Pos. 10.

17 Ebd., Pos. 6274. À propos »Rothaut«: Henschel verzichtet in seinen Romanen durchaus nicht auf die Wiedergabe eines Vokabulars, das angesichts des heutigen Diskussionsstandes als wenigstens kontaminiert, in vielen Fällen sogar rassistisch angesehen würde. Diese Verwendung wird nicht eingeordnet. Diese Problematik wiederholt jedoch ebenfalls eine Diskussion, die auch schon im Zusammenhang mit Walter Kempowskis Schilderung des Umgangs einer bürgerlichen Familie mit dem Nationalsozialismus geführt wurde. Im Modus eines »so redete man halt« sei keine Kritik (an der damals üblichen Rhetorik) möglich (kritisch demgegenüber wiederum Henschel: Da mal nachhaken [Anm. 13], insb. S. 26 und S. 68ff.). Eine andere, Kempowski wohlwollender gegenüberstehende Perspektive auf dieses Verfahren könnte seine (auch stark auf Komik setzende) Montageverfahren auch als Möglichkeit sehen, durch Überzeichnung in Form von Satire Kritik zu üben.

18 Im *Bildungsroman* besichtigt der junge Martin Schlosser zum ersten Mal Walter Kempowskis Privatarchiv, dessen Archivalien genau verschlagwortet und in einem Katalog zusammengefasst sind. Sucht Kempowski Material zum Thema »Zöpfe«, kann er, so beobachtet Schlosser, direkt auf ein Foto in seinem Archiv zugreifen, das zwei Mädchen mit schönen Zöpfen zeigt. Schlosser ist sehr beeindruckt. Diese Szene, die Henschel als mit seinem Erlebnis vor Ort deckungsgleich beschreibt, ist dementsprechend als Initiation in die Privatarchivführung zu lesen.

19 So geht dies in den Text ein: »Kurz vor Weihnachten brachten Leute von Raab Karcher die neue Wohnzimmerscheibe, aber als sie die einsetzen wollten, fiel sie hin und ging zu Bruch. Mama sagte, wenn sie das alles geahnt hätte, wäre sie in Moorwarfen geblieben und Kuhmelkerin geworden.« Henschel: »Kindheitsroman« (Anm. 2), Pos. 194.3.

20 So Henschel im Interview mit H. E. (Anm. 3).

21 Kempowskis Bemerkung zu Loriot ist ein Zitat aus dem Text »Der Epochenpanoramiker« von Alexander Cammann in: die tageszeitung, 19.5.2007. Henschel: Da mal nachhaken (Anm. 13), S. 28.

22 Die Formulierung bedeutet so viel wie »völlig daneben« oder »plemplem« (was unter Umständen nicht weiterhilft); jedenfalls findet sie sich in *Tadellöser & Wolff* sechs Mal platziert, regelmäßig genug, um den Eindruck zu erwecken, dass ständig irgendetwas völlig verbumfeit ist. Zu Anthea Bells Übersetzung Kempowskis siehe James Wood: »Walter Kempowski's Epic Novel of Germany in Collapse«, in: The New Yorker, 16.4.2018 (https://www.newyorker.com/magazine/2018/04/16/walter-kempowskis-epic-novel-of-germany-in-collapse; letzter Zugriff am 1.11.2021).

23 Walter Kempowski: Uns geht's ja noch gold. Roman, München 2016, S. 314. Kai Sina hat eindrucksvoll gezeigt, dass eine Linie von Thomas Manns Goethe-Epigonentum direkt zu Kempowskis Thomas Mann-Epigonentum läuft (vgl. Sina: Sühnewerk und Opferleben [Anm. 9], S. 80ff.). Auch hier besteht offenbar schon der dringende Wunsch, eine Wahlverwandtschaft einzugehen, die dann wiederum der nächsten Generation von Autoren, siehe Henschel, ebenfalls nahegelegt wird.

24 Vgl. bspw. Gerhard Henschel: Beim Zwiebeln des Häuters. Glossen und Verrisse 1992–2012, Berlin 2012.

25 Ihre hohe Bekanntheit hat allerdings noch nicht dazu geführt, dass die Redensart rechtlich geschützt ist, siehe: »›Früher war mehr Lametta‹ ist nicht schützenswert«, in: Der Spiegel, 20.12.2020 (https://www.spiegel.de/panorama/justiz/loriot-streit-um-legendaeren-spruch-erbinnen-unterliegen-vor-gericht-a-1302230.html; letzter Zugriff am 1.11.2021).

26 Odo Marquard: »Loriot lauréat. Laudatio auf Bernhard-Viktor von Bülow bei der Verleihung des Kasseler Literaturpreises für grotesken Humor 1985«, in: O. M.: Skepsis und Zustimmung, Stuttgart 1994, S. 93–98, hier S. 94.

27 Ausführlich diskutiert dies auch Henschel, der dabei eindeutig (und möglicherweise durch die persönliche Beziehung befangen) für Kempowski Stellung bezieht (Henschel: Da mal nachhaken [Anm. 13], S. 68ff.).

28 Henschel: »Liebesroman« (Anm. 2), Pos. 1953.

29 Ebd., Pos. 16633.

30 »In der neuen *konkret* stand, daß der Schriftsteller Walter Kempowski sich in seinem Haus aus Angst vor den Russen einen Fluchttunnel gegraben habe, mit Geheimausgang. Hatte offenbar ›n Sockenschuss‹ der Mann.« Ebd., Pos. 22865.

31 Siehe Klaus Modick: »Heile Welt«, in: Deutschlandfunk: Büchermarkt, 23.11.1998 (https://www.deutschlandfunk.de/heile-welt.700.de.html?dram:article_id=81135; letzter Zugriff am 1.11.2011).

32 Möglicherweise, das war und wäre noch eine andere Diskussion, die beispielsweise Moritz Baßler bereits geführt hat, wird gerade durch dieses Andienen beim Bürgertum, aus dessen Schoß ja auch Stuckrad-Barre entspringt, besonders deutlich, welche Art von Literatur die Pop-Literaten (kein generisches Maskulinum) eigentlich produzieren wollten: Bürgerliche Romane.

33 Rembert Hüser: »Klavierbegleitung«, »Was das nun wieder soll?« Zu Werk und Leben Walter Kempowskis, hg. von Carla A. Damiano u. a., Göttingen 2005, S. 221–246, hier S. 237.

34 »Besuch bei Kempowski« ist innerhalb der Kempowski-Rezeption ein eigenes Genre. Zusammenfassend siehe dazu auch Falko Hennig: »Ehrenritter der Archive«, in: die tageszeitung, 25.2.2006 (https://taz.de/!469829/).

35 Henschel: »Liebesroman« (Anm. 2), Pos. 35327.

36 Ebd., Pos. 36820.

37 Interview Henschel/Kempowski (Anm. 3).

38 Michael Rutschky: »Unbelebte Erinnerung. Der Schriftsteller Walter Kempowski«, in: Merkur 57.2 (2003), S. 127–140, hier S. 140.

39 Walter Kempowski: Ein Kapitel für sich. Roman, München 1975, S. 304.

40 Er äußert in höherem Alter beispielsweise Enttäuschung darüber, dass während eines Gesprächs mit einer Person aus seinem Zirkel diese keinen einzigen Gedanken geäußert habe, der ursprünglich von ihm selbst stammte. Nach dem Tod Rutschkys und der Veröffentlichung des letzten Bandes seiner Tagebücher traten verschiedene Personen mit

Berichten aus der Clique um Michael und Katharina Rutschky hervor, die vor allem den sozialen Druck zur Originalität und allgemeiner Kennerschaft und détachment beschrieben, den sie dort erlebten. Siehe dazu Stephan Wackwitz: »Der Rutschky Kreis«, in: Die Zeit, 8.8.2019 (https://www.zeit.de/2019/33/merkur-gespraechskreis-michael-rutschky-literatur-intellektualitaet; letzter Zugriff am 1.11.2021), und Willi Winkler: »Auf der Spur der Verwüstung«, in: Süddeutsche Zeitung, 22.7.2019 (https://www.sueddeutsche.de/kultur/rutschky-tagebuecher-1.4535162?reduced=true; letzter Zugriff am 1.11.2021).

41 Rutschky: »Unbelebte Erinnerung« (Anm. 38), S. 135.

42 »Freitag, 22. Juni [2007], a. a. O. Er komme eben aus Nartum, erzählt Gerhard Henschel am Telefon, Kempowski ist aus dem Krankenhaus zurück. So gut wie keine feste Nahrung mehr, Infusionen. Eine weitere Chemotherapie verweigert er; nehme er sie, er hätte noch sechs Wochen, sagt der Arzt. ›Es geht also zu Ende.‹ Dabei ist Kempowski gut gelaunt und fleißig. Er schreibt gegenwärtig an zwei Büchern, einem Roman und dem Tagebuch von 1991. Die offizielle Biographie von Kempowski werde Edo Reents verfassen. Aber er, Henschel, erhielt von dtv den Auftrag für ein ›Psychogramm, wie man früher gesagt hätte‹. Persönliche Erinnerungen und Einschätzungen. Ein sehr gutes Angebot, ›da hat unsere kleine Familie dann wieder für drei Monate was zu leben‹« (Michael Rutschky: Gegen Ende, Berlin 2019, S. 278f.).

43 »Die Selbstreferenz populärer Kulturen konstituiert (und stimuliert!) – und zwar gemäß ihres ästhetischen Prinzips – ein selbstähnliches Formenrepertoire. Wann immer populäre Kulturen einen Aufmerksamkeitserfolg erzielen, kristallisiert an diesem Erfolg sofort ein Konvolut ähnlicher Produkte. Jedes Faszinosum geht unmittelbar in Serie, strahlt aus, metastasiert und bezieht immer mehr Rezipienten in die spezifische Form spektakulärer Selbstreferenz ein. Auf diese Weise emergieren Stilgemeinschaften normalisierten Spektakels« (Jochen Venus: »Ausnahme Pop. Über die Unwahrscheinlichkeit einer besonderen ästhetischen Erfahrung«, in: Zeitschrift für Literaturwissenschaft und Linguistik 46.3 [2016], S. 333–347, hier S. 345).

44 Die Beweisführung wäre hier etwas komplexer, als es dieser Essay zulässt, verwiesen sei nur auf die in Anm. 40 zitierten Berichte sowie auf die Beschreibungen des eigenen Lebensvollzugs in den Tagebuch-Bänden.

45 Ursprünglich berichteten die Texte im Forum von diskreten Begegnungen mit mehr oder weniger Prominenten, die Themen erweiterten sich im Lauf der Zeit. Das ganze Forum antwortet eigentlich auf Frage 1 des *Plankton*-Projekts von Kempowski: Haben Sie einen Prominenten gesehen? Und auch die Art der Ausführung ähnelt dem Projekt, denn

die Erläuterungen, sollte die Antwort Ja lauten, werden diskret ins Netz geschrieben, und nicht an die Yellow Press verhökert. Die teils sehr degressive Struktur dieser netzspezifischen Vergemeinschaftung ist bislang wenig untersucht, dabei gehörte mit Wolfgang Herrndorf ein zur Schullektüre gewordener Autor der Gegenwartsliteratur zu den Teilnehmern des Forums. Weitere bekannte Autor:innen aus dem Umfeld sind beispielsweise Tex Rubinowitz, Klaus Cäsar Zehrer und Kathrin Passig, Letztere hat in ihrem Beitrag »Denkräume im Netz« (in: Denkräume, hg. von Simone Jung und Jana Marlene Mader, Reinbek 2020) das gemeinsame Nachdenken im Paparazzi-Forum knapp dokumentiert.

46 Beitrag der Userin Sopran: »Kempowski, Walter, betrügt mich mit Susanne«, in: Höfliche Paparazzi, 7.5.2004 (http://www.hoeflichepaparazzi.de/forum/showthread.php?21252-Kempowski-Walter-betr%FCgt-mich-mit-Susanne; letzter Zugriff am 1.11.2021).

47 Michel Foucault: »Was ist ein Autor?«, in: Texte zur Theorie der Autorschaft, hg. von Fotis Jannidis u. a., Stuttgart 2000, S. 198–229.

Daniel Fulda

Mitte, Meer oder Mainstream?

Kempowskis *Echolot* und seine Geschichts-Bilder

1. Welche Mitte? Oder doch eher ein Meer?

Welche Mitte könnte gemeint sein, wenn Walter Kempowskis *Echolot* mit diesem Stichwort charakterisiert werden soll? Die Mitte, die liberale bis konservative Politiker beanspruchen, wenn sie von »Maß und Mitte« sprechen?[1] Der Ostfront des Zweiten Weltkriegs, an die uns die zehn Bände des *Echolots* führen, und häufig auch den Zeitzeugen, deren Sicht Kempowski präsentiert, fehlt es eklatant an solcher Mittigkeit. Vielmehr sind wir bei vielen dieser Stimmen mit ideologisch disponierten Verblendungen konfrontiert. Oder sollen wir uns die ›Mitte‹ im Sinne des Gemäßigten als den Standpunkt vorstellen, den der Leser beziehen ›muss‹ angesichts so extremer Einstellungen und Erfahrungen: von rassistischer oder sadistischer Mordlust über Erfrieren und Verhungern bis zu Todesangst oder dem existentiellen Getroffensein durch den Tod z. B. des eigenen Sohnes? Das wäre eine ›Erziehung zur Mitte‹ durch Vergegenwärtigung vergangener Extreme, kritischer formuliert: eine schwarze Pädagogik, die den NS-Völkermord, den deutschen Vernichtungskrieg gegen die Sowjetunion und viel anderes Leid extremen Ausmaßes instrumentalisieren würde. Die ungeheure Leistung des *Echolots* in der Re-Präsentation gewesener subjektiver Wahrnehmung und Artikulation wäre darauf verkürzt, was man nachträglich daraus lernen kann.

Die Frage nach einer ›Poetik der Mitte‹ legt es denn auch nahe, die Aufmerksamkeit auf etwas anderes, nämlich auf Kempowskis Schreibweisen zu richten. Im gegebenen Rahmen kann ich das nur viel summarischer tun, als es eine ganze Reihe von Kolleginnen und Kollegen bereits getan hat.[2] Im *Echolot* ist unter diesem Blickwinkel zum einen das ordnende Arrangement zitierter Texte zu betrachten, die sich gegenseitig kommentieren, sobald der Leser sie in Bezug zueinander setzt, zum anderen sind es die paratextuellen Informationen dazu, einschließlich der Register, Quellenverzeichnisse und weiterer editorischer Notizen, sowie die Widmungen und vereinzelten knappen Vorworte, schließlich neben all diesen Texten auch die zahlreich eingestreuten Fotos. Dann mag man konstatieren, dass ein Verfahren, das vorwiegend aus dem – durch Mitarbeiter unterstützten – Sammeln, der Auswahl und der Collage[3] historischer Texte und Bilder besteht, zwischen poetologischer Innovation und Traditionalität balanciert. Und dass es die Mitte hält zwischen überraschender und womöglich verstörender Ungewöhnlichkeit einerseits und Attraktivität für ein breiteres Publikum andererseits.

Schaut man genauer auf die unüberblickbar vielen Texte, die in den zehn Bänden des *Echolots* zitiert werden, findet man jedoch nicht leicht eine ›Mitte‹. Stimmen von Hitlers Leibarzt bis zu der polnischen Historikerin, die die täglichen Neuzugänge im KZ Auschwitz aufgelistet hat, von den Tages-Losungen der Herrnhuter bis zu den Schlagern des ›Dritten Reiches‹, von Thomas Mann im kalifornischen Exil bis zur sowjetischen Ärztin im belagerten Leningrad: Lässt sich in diesen vielen Tausend »Zeugnisse[n]«[4] eine Mitte irgendeiner Art identifizieren? Ist das nicht weit eher ein ›Meer‹ von Quellen, oder mit einer von Kempowski selbst eingeführten und von vielen Interpreten aufgegriffenen Metapher: ein vielstimmiger, ja »babylonischer Chorus«?[5] Ein Chor kann weit mehr Stimmen haben als die üblichen vier; von Thomas Tallis (†1585) gibt es eine Motette zu 40 Stimmen, »Spem in alium«, so dass die noch weit höhere Zahl der von Kempowski zitierten Stimmen nicht unbedingt gegen diese Metapher spricht. Aber wo hätte ein Chor seine Mitte?

Die Meeres-Metapher passt überdies zum Titel *Echolot*, zum exorbitanten Umfang des Werkes sowie zu den historischen

»Quellen«, die Kempowski dort hat ›hineinfließen‹ lassen. Weniger treffend als der ›Chor‹ ist das ›Meer‹, insofern es nicht die trotz der Quellenfülle hochselektive Auswahl und künstlerische Strukturierung ausdrückt, die der Autor vorgenommen hat, und auch nicht die temporale Rhythmisierung seines Werks, die zuallererst ins Auge fällt, nämlich die Anlehnung an die Tagebuch-Form.[6] Dagegen hat das Meer den Vorzug, dass es die ›Meeresströmung‹ einschließt. Gleichsam einer solchen konnten sich nur wenige Deutsche entziehen, wie man im *Echolot* an vielen Tagebuch, Briefe oder anderes Schreibenden beobachten kann, für die ein nationalistischer Überlegenheitsdünkel ganz selbstverständlich war, der häufig mit einem bürgerlichen Selbstverständnis und einer ›kultivierten‹ Sprache einherging, die der Akzeptanz von Gewalt nur scheinbar entgegenstand, tatsächlich aber dienstbar war.[7] Die ›Meeresströmung‹ dieser mentalen Disposition hat, so stellt es sich im *Echolot* dar, viele Deutsche aus der sogenannten Mitte der Gesellschaft dem Nationalsozialismus zugeführt und eine heute kaum begreifliche Siegeserwartung bis in den Untergang erzeugt.[8] Insofern diese Gruppe im Zentrum von Kempowskis Aufmerksamkeit steht – quantitativ, wie manche kritisiert haben, aber auch was die Bereitschaft zur bürgerlichen Selbstkritik angeht, die man dem Autor zuschreiben darf –, mag man durchaus von einer ›Poetik der Mitte‹ als einer auf die bürgerliche Mitte gerichteten Darstellungsabsicht sprechen. Freilich in dem keineswegs affirmativen Sinne einer Montage-Poetik der ästhetisch-ideologischen De-Montage der soziokulturellen deutschen ›Mitte‹, jedenfalls derjenigen vor 1945.

2. Ein Außenseiterwerk mitten im Mainstream

Soll der Begriff (oder die Metapher?) der Mitte ein positiv konnotierter Bezugspunkt sein, so wäre mein Gebrauchsangebot mit der folgenden These verbunden: Seit den 1990er Jahren hat sich in Deutschland ein breiter Konsens über Grundfragen der Geschichtsrekonstruktion und -darstellung herausgebildet und ebenso ein für unsere Gegenwart charakteristisches Interesse für bestimmte Aspekte oder Zugangsweisen[9] und an beidem hat Kempowskis *Echolot* Teil oder fungierte sogar als Trendsetter. Obwohl das *Echolot* ein einzigartiges Werk ist und sein Autor lange als Außenseiter galt und sich als solchen stilisiert hat,[10] ist es Mainstream. Es ragt heraus, weil es so monumental, so quellengesättigt, so multiperspektivisch, so eindrücklich und formal originell ist, steht dabei aber durchaus in der Mitte des historisch-literarischen Feldes.

Vier Punkte, beginnend mit den geschichtstheoretischen Voraussetzungen: In den 1990er Jahren hat sich sowohl in der Wissenschaft als auch in der allgemeinen intellektuell interessierten Öffentlichkeit die Einsicht durchgesetzt, dass Geschichte nichts per se Gegebenes und Stabiles ist, sondern durch Erzählungen erzeugt wird und daher höchst unsicher und bildsam ist, also immer wieder neu hervorgebracht werden kann und muss. Der ehedem scharfe Widerstreit zwischen theoretischer ›Avantgarde‹ und ›Konservativen‹, will sagen zwischen dekonstruktiver Kritik an der unreflektierten Voraussetzung einer gegebenen und empirisch fassbaren Geschichte einerseits[11] und der Abwehr einer solchen Reduktion von Geschichte auf Textualität und Erzählung andererseits, wurde zugunsten eines nahezu allseits akzeptierten gemäßigten Konstruktivismus überwunden.[12] Weitgehend Konsens ist nun, Geschichte sei ein Konstrukt, aber mit unaufgebbarem Tatsächlichkeitsanspruch und unabweisbarer Relevanz für Gesellschaft wie Individuum.

Zweitens sind bestimmte literaturtheoretische und erzähltechnische Tendenzen zu vermerken. Die Annäherung zwischen literarischer Konstruktionsfreude und historiographischer Realitätsreferenz hat zu neuartigen Hybridformen geführt, die sich als ›Literatur ohne Fiktion‹ zusammenfassen lassen. Quellenverzeichnisse und Namensregister haben Einzug in literarische Texte gehalten; genannt sei nur Hans Magnus Enzensbergers

Hammerstein oder Der Eigensinn von 2008; viele populäre historische Romane ließen sich hinzufügen. Unter ›Literatur ohne Fiktion‹ ist insbesondere die Boomgattung des beginnenden 21. Jahrhunderts, die autobiographische Familienerzählung, zu rechnen. Ego-Dokumente samt Fotos und andere Aufzeichnungen, die dem Wahrnehmungshorizont und den Erlebnissen von Zeitgenossen des Nationalsozialsozialismus und des Zweiten Weltkriegs Ausdruck geben, bilden dort die Materialgrundlage, in *Pawels Briefen* von Monika Maron von 1999 beispielsweise nicht anders als im *Echolot*. Dort wird die geschichtsrekonstruktive Erzählung in der Regel von einem Ich-Erzähler getragen, der ausgiebig über seine Tätigkeit reflektiert. Während, verglichen mit dem *Echolot*, die Erzählweise eine andere ist, steht hier wie dort das Interesse am Leben, Empfinden, Denken, Tun und Schreiben früherer Generationen im Vordergrund. Ein gemeinsames Charakteristikum ist zudem, dass im Verhältnis zwischen Gegenwart und jeweils fokussierter Vergangenheit sowohl die Historizität jeder Zeit, die vergangene Denkweisen *fremd* erscheinen lässt, als auch Ähnlichkeiten trotz des historischen Wandels herausgestellt oder zumindest wahrnehmbar gemacht werden.

Ein dritter Punkt schließt direkt daran an. Der Erzähler des *Echolots* verschwindet hinter den narrativen Strukturen des Textes, d.h. hinter den vielen angeführten Stimmen, die ihre Geschichten erzählen, sowie hinter der chronologisch-historischen Ordnung des Gesamtwerks. Umso sichtbarer wird die Tätigkeit des Autors: das Sammeln, Auswählen, diaristische Rhythmisieren sowie das Arrangieren von Texten allermeist anderer Erzähler. Mangels Erzählerstimme ist der Text des *Echolots* in seiner gesamten Verfasstheit dem Autor zuzurechnen.[13] Bei faktualen Texten ist das normal, literaturtheoretisch jedoch skandalös. Das *Echolot* ist nicht das freie, unbelangbare Spiel, als das Kunst und Literatur seit Schiller angesehen werden, sondern besteht aus Feststellungen. Aber auch in fiktionaler Literatur verwischt neuerdings die Unterscheidung zwischen Erzähler und Autor. Nur ein Beispiel: Im Nachwort zu ihrem 2010 erschienenen Roman *Katzenberge*, einer fiktionalen Variation auf die autobiographische Familienerzählung, dankt Sabrina Janesch ihrem polnischen Großvater, welcher der »eigentliche Erzähler« der Geschichten sei, die im Roman die Ich-Erzählerin von ihrem natürlich fiktiven Großvater zu hören bekommt.[14] Janeschs metaleptische Formulierung ist nur ein winziges Indiz, aber für eine weitreichende Tendenz unserer Gegenwart, die wir als beliebtes Thema der Medien- und Gesellschaftskritik kennen: ich meine das Ineinanderübergehen von Fiktionalität und faktualem, behauptendem Diskurs. In den vergangenen zwei Jahrzehnten ist es normal geworden, dass Literatur Dokumente beibringt und auslegt und dadurch historische Erkenntnis ermöglicht. Dieser Aufhebung der traditionellen Arbeitsteilung zwischen Historiographie und Literatur – Faktenrekonstruktion und -referenz dort, »Phantasievariation« hier[15] – hat das *Echolot* wie wohl wenig andere Werke die Bahn gebrochen. Der in der Literaturkritik, aber auch in der Wissenschaft geführte Streit darüber, ob es vor allem eine Dokumentationsleistung erbringt oder ein literarisches Kunstwerk darstellt, erweist sich demgegenüber als anachronistisch, sofern die Kontrahenten davon ausgehen, es handle sich um eine Entweder-Oder-Frage.

3. Fotografien zwischen Dokument- und Irritationsfunktion

Eine vierte Tendenz kollidiert noch auffälliger mit herkömmlichen Erwartungen an Literatur. Seit den 1990er Jahren gibt es in nicht wenigen literarischen Texten reproduzierte Bilder, meist Fotografien, als integralen Werkbestandteil; so auch im *Echolot*. In der Literatur war dies traditionell sehr unüblich.[16] Denn zur Fotografie gehört ein Anspruch auf Realitätsreferenz,[17] den die Fiktion aber suspendiert.

In faktualer Literatur haben Fotografien häufig eine Dokumentfunktion, beispielsweise in den vorhin genannten Büchern von Enzensberger und Maron.[18] Mitunter mündet ihre erzählerische Ausdeutung aber auch in eine Art Paragone, einen inszenierten Wettstreit der Medien, der dem Rezipienten vermittelt, wie wenig Bestimmtes Fotos zeigen, wenn man nicht weiß, was sie zeigen (das war die Fehlerquelle, die 1999 zum Rückzug der ersten Wehrmachtsausstellung führte). Nicht als Fehler, sondern als – nicht gleich auffallende – Verunsicherungsstrategie lassen etwa *Die Ausgewanderten*, W.G. Sebalds fiktionale Erzählungen mit untergründiger Holocaust-Thematik von 1992, eine Lücke zwischen Textinformationen und Bildinhalt klaffen, sodass die vordergründig faktuale Referentialität unterminiert wird.

Überraschend angesichts von Kempowskis Eifer, die Dokumente des Gewesenen zu »retten«,[19] bewirkt der Foto-Einsatz auch im *Echolot* immer wieder eine solche De-Referentialisierung. Häufig lassen sich nur ganz allgemeine Bezüge zwischen Text und Bild ausmachen. Die Perspektiven, die die Fotos festhalten, sind anders als die der Texte völlig entindividualisiert; die Quellenangabe lautet stets nur »Kempowski Archiv, Nartum«. Die oft fehlenden oder wenig aussagekräftigen Bildunterschriften – etwa »Russischer Gefangener«[20] – stehen in maximalem Kontrast zu der Präzision, mit der Ort, Datum und Herkunft der zitierten Texte vermerkt sind. Manche Bilder passen gar nicht, jedenfalls nicht in die diarische Ordnung des Werks, etwa wenn dem 28. Juni 1941 ein Schneefoto zugeordnet ist.[21]

Ob die Fotografien im *Echolot* diese irritierenden Wirkungen haben *sollen*, müsste eingehender untersucht werden. Was Kempowski in seinem Arbeitstagebuch notiert und später publiziert hat, weist Fotos als von Anfang an zu seinen Publikationsideen gehörend aus. Obwohl manche Einträge mit einer eher platten Wirkung kalkulieren (»Die Fotos sind sehr nötig. Sie vermenschlichen alles.«), regiert das Prinzip der Herausfor-

SONNABEND, 28. JUNI 1941 139

schaukelnden geschlossenen Kästen, auf deren Seiten groß und grell das rote Kreuz im weißen Feld aufgemalt ist. …
Mit dem Auftauchen der Sanitätswagen sind wir ohne Ausnahme plötzlich vor die neue Stufe des Verzichts geführt, und jeder muß sie allein für sich überschreiten und die verdrängte Erinnerung an hinter uns liegende Kämpfe und Todesnöte wieder ins Bewußtsein nehmen.
Fern im Frieden wurde uns der Verzicht auf Familie, Beruf und persönliche Freiheit aufgezwungen, jetzt wird wie vor einem Jahr das Leben dazu gefordert. Man begreift's nur stückweise beim Auftreten eindeutiger Vorzeichen.

Erich Kuby *1910 Estland
Inzwischen sind die Wege so schlecht geworden, daß wir sehr oft aus dem Wagen springen und schieben müssen. Immerhin haben wir es bis zum Boden nur ein paar Zentimeter, vor uns aber fuhr längere Zeit ein hochbordiges Ding der Pioniere, und die 15 Mann, die dort in luftiger Höhe saßen, mußten auch alle Viertelstunde abspringen, um ihre Riesenkarre wieder flott zu machen. Es war auch ihre vierte durchwachte Nacht, und sie waren völlig erledigt. Bei drei Stunden Dunkelheit haben die Flieger 21 Stunden Frist, sich mit uns zu beschäftigen, und das tun sie nach Strich und Fadenkreuz. Wir können bemerken, daß dies vorerst ein russischer Luftraum ist. Sie fliegen herum, als machten sie Übungen, aber sie treffen nicht viel mit ihren Bomben.
Wir warten noch immer, haben die Wagen getarnt, Tarnung ist das Gebot der Stunde. Wir sehen Fahrzeuge auf einer Fähre über den Fluß schwimmen. Die Brücke wird weiter unten gebaut. Merkwürdigerweise war die große Brücke bei Dünaburg unversehrt, man erzählt sich allerlei Verkleidungsmärchen, wie man sie in Besitz genommen habe. Durch die Motorisierung der ganzen Division – und aller Teile, die hier eingesetzt sind – hat sich für uns die Art der Kriegführung verändert. In Frankreich hatten wir das Gefühl der Leichtfüßigkeit gegenüber der marschierenden Infanterie, die wir nach Belieben und Befehl überholten. Hier bewegen wir uns langsam in geschlossenen Kolonnen vorwärts. Ich werde mich bei nächster Gelegenheit auf den Horch einüben und Bertram dann von Zeit zu Zeit ohne viel Aufhebens ablösen. Ein solcher Staatswagen mit seiner gar nicht auszuschöpfenden Motorleistung ist nicht schwer zu fahren.
Wir sind jetzt schon im nächsten Ländchen, Estland, und der Unterschied zu Litauen ist beträchtlich. Statt der Holzhäuser, die sich in die Landschaft einkuschelten, dem zivilisatorischen Unverstand unserer

Abb. 1

derung zum genauen Hinsehen und Nachdenken: »Man müßte auf den ersten Blick nichtssagende Bilder abdrucken wie ein Gedicht«; »Gerade das Nebeneinander von Fotos, die zeitlich oder inhaltlich nichts miteinander zu tun haben, ist sehr aufregend.«[22] Chronologische und mediale Reibungen sind durchaus intendiert: »Auf den Kalenderblättern lassen sich Wort und Bild aus verschiedenen Quellen und Zeiten zusammenbringen«, freut sich Kempowski über seine Idee eines historischen Kalenders mit je einem Blatt für jeden Tag.[23] Kaum anders denn als Absicht denkbar ist denn auch die irritierende Wirkung, die beim Frontispiz-Foto zum ersten 1943er-Band des *Echolots* von dem Kontrast zwischen Bild und Text ausgeht: ein sorgfältig gekleideter bürgerlicher Zeitungsleser im komfortablen Eigenheim, mit »Stalingrad« als Bildunterschrift.

Das zielt zum einen auf die Diskrepanz zwischen manch blauäugiger Feier des Kriegs durch die zitierten Stimmen und den daneben berichteten Leiderfahrungen, zum andern aber auch auf die bequeme und sichere Lage, in der sich die Leser

Abb. 2

des *Echolots* befinden, selbst wenn sie sich imaginativ auf einen mörderischen Krieg einlassen. Darüber hinaus lässt sich die Aussage dieses ›Frontispizes‹ so verstehen, dass man sich ordentlich täuschen kann, wenn man auf einen vermeintlich sicheren Abstand von der Katastrophe vertraut. Es wäre demnach eine Warnung an den Leser.

Nicht anders als die Texte dokumentieren die Fotos im *Echolot* weniger Faktisches, als dass sie den Nachvollzug von Perspektiven ermöglichen. Fast makaber signalisiert dies das Frontispiz zum 1941er-*Echolot* (das vermutlich *kein* Dokument aus dem Zweiten Weltkrieg ist). Das durch ein Zielfernrohr ›geschossene‹ Foto stellt zunächst den Blick eines Scharfschützen auf die Welt nach. Darüber hinaus kann man es als Allegorie auf die Schärfung des historischen Verständnisses verstehen, die Kempowskis Werk in Aussicht stellt.[24] Allerdings zeigt sich in der zu sehenden Suchoptik kein einziger Mensch, weder die – wie Kempowski in seinem Nicht-Vorwort zum publikationschronologisch allerersten *Echolot*-Band formuliert – »Guten,

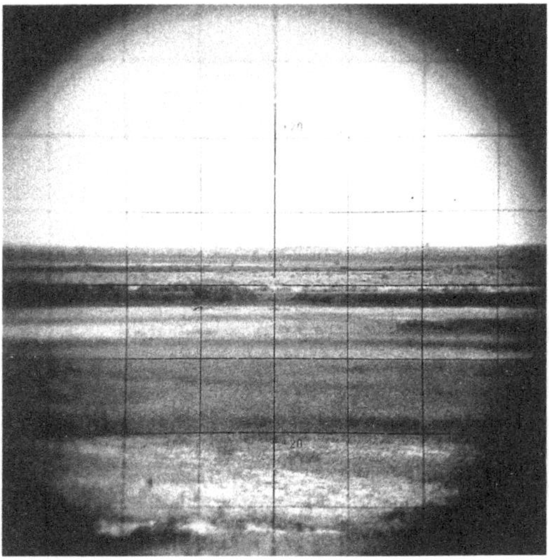

Abb. 3

die auch immer ein wenig böse sind«, noch die »Bösen, die auch von einer Mutter geboren wurden«.[25] Sind die Menschen, die den Zweiten Weltkrieg miterlebt, mitgemacht und miterlitten haben, für uns Nachgeborene also doch nicht erreichbar, obwohl Kempowski angibt, er habe ihnen »zugehört«? Versteht man das Zielfernrohr-Foto als programmatisches Statement – und dazu gibt die Plazierung als Frontispiz hinreichend Anlass –, so haben wir es mit einem Aufbrechen der so geschlossen und konsequent erscheinenden Machart des *Echolots* zu tun, unabhängig davon, ob es sich um eine intendierte Selbstkritik handelt oder nicht. Oder ist der erste Satz des *Barbarossa '41*-Vorworts wörtlich zu nehmen, der ankündigt, dass »wir uns [...] eine Zeitlang unter die toten Seelen mischen« werden[26] – von denen Sichtbarkeit schwerlich erwartet werden darf?

4. Zurück in die Zukunft eines vormodernen Geschichtsverständnisses

Die merkwürdigste Formulierung des Nähe-Effekts, den Kempowskis Komposition aus den unendlich vielen »Mitteilungen« der »Toten« bewirken soll, ist diese: »als ich den großen Chor beisammen hatte und das Ganze auf mich wirken ließ, stand ich plötzlich unter ihnen, und es überwog das, was wir mit dem Wort ›Liebe‹ nur unzulänglich bezeichnen können.«[27] Kai Sina erkennt darin eine Parallele zum Erscheinen Christi unter seinen Jüngern,[28] und in der Tat ist Kempowskis unbedingt annehmende, obschon nicht kritiklose Haltung gegenüber den Toten charakteristisch christlich. Die vom eben Zitierten aufgerufene Bibelstelle zum plötzlichen Hinzutreten Christi aber lautet: »wo zwei oder drei versammelt sind in meinem Namen, da bin ich mitten unter ihnen.« (Mt 18,20) »Mitten unter ihnen« – damit sind wir erneut bei unserem Ausgangspunkt: der Frage, in welchem Sinne man beim *Echolot* von einer ›Poetik der Mitte‹ sprechen kann. Was Selbstverständnis und Absicht des Autors betrifft, lässt sie sich nun so beantworten: Kempowski sah sich durch sein Schreiben mitten in das Leben einer vergangenen Zeit versetzt, und die Lektüre seines Werks soll dies ebenso dem Leser ermöglichen. Die Brüche im fotografischen Teil der Werk-Konstruktion lassen erkennen, welche Hindernisse der Erfüllung dieses Anspruchs entgegenstehen, heben ihn jedoch nicht auf.

Bis zu einem gewissen Grad bezeugt sogar Kempowskis höchst gewagter Anspruch auf historische Translokation durch die Sammlung von Totenstimmen zu einem Chor seine Zugehörigkeit zum Mainstream. Denn seit einigen Jahren ist im historisch-literarischen Diskurs gerne und oft von »Zeitreisen« die Rede, wenn Publikumsinteresse für historische Themen geweckt werden soll. Vor dem Hintergrund eines boomenden Tourismus und nicht zuletzt Geschichtstourismus[29] ist der Gebrauchserfolg der Zeitreise-Metapher funktional. Gleichwohl ist sie irreführend, soweit sie suggeriert, der Zugang zu den

Mentalitäten oder Denkweisen der Vergangenheit sei ebenso leicht möglich wie eine Ortsveränderung. Eine Zeitreise sogar ohne Anreise imaginiert Kempowski, wo er sich »plötzlich« unter den Menschen einer vergangenen Zeit stehen sieht. Welche Art von Geschichtsdenken lässt eine solche Vorstellung zu?

Es ist nicht anzunehmen, Kempowski hätte im Augenblick seiner ›Ankunft‹ in der Vergangenheit vergessen, dass sich die Weltkriegsjahre in grundlegenden Hinsichten sehr von unserer Zeit unterscheiden – das zeigen die nachfolgenden Zeugnisse ja tausendfach. Historizität soll trotzdem kein Hindernis sein für ein, so wörtlich, »Zuhören« über die Zeiten hinweg.[30] Um den darin steckenden Widerspruch aufzulösen, hilft es, sich daran zu erinnern, dass das moderne Geschichtsverständnis, das die Zeiten für gegeneinander inkommensurabel hält, gerade einmal gut zweieinhalb Jahrhunderte alt ist. Zumindest partiell hängt Kempowski offensichtlich dem *vor*modernen Geschichtsdenken an, das die Verschiedenheit der Zeiten zwar kannte, aber nicht für substantiell hielt. Dem vormodernen ›Bild‹ von Geschichte entspricht überdies, dass Kempowski sein historisches Interesse wie selbstverständlich mit einer religiösen Perspektive verbindet. Nach vormoderner Ansicht schwinden die Unterschiede zwischen den Zeiten insbesondere in Anbetracht des göttlichen Gerichts, das allen bevorsteht. Wohl ist bei Kempowski keine Rede vom Jüngsten Tag oder einem Gericht, jedenfalls nicht im Sinne einer Bestrafung. Von »Verständnis und Verachtung, Ekel und Trauer« gelangt er vielmehr, wie bereits zitiert, zu einer Einstellung, die »wir mit dem Wort ›Liebe‹ nur unzulänglich bezeichnen können.«[31] Eben damit jedoch ist, was der Autor für sich beansprucht und zugleich dem Leser anbietet, nicht weniger als eine Annäherung an Gott,[32] trotz aller Demut oder besser gerade deswegen. Im vorhin betrachteten Fadenkreuz des *Barbarossa '41*-Frontispizes mag man daher zusätzlich das christliche Zentralsymbol erkennen.

Zusätzlich belegen lässt sich die These, Kempowski ziele (partiell) auf eine Überwindung der modernen Historisierung, durch sein Vorwort zum 1941er-*Echolot*. Dort beschreibt er kurz drei manifeste Bilder von Geschichte, nämlich Historienbilder, die alle der Frühen Neuzeit entstammen: Breughels *Turmbau zu Babel*, die *Alexanderschlacht* von Albrecht Altdorfer und Velásquez' *Übergabe von Breda*. Alle drei zeigen unzählbar viele Figuren, also sichtbare Äquivalente ›babylonischer Chöre‹. Das mittlere Bild dieses Triptychons, die 1528/29 entstandene *Alexanderschlacht*, ist indessen nicht allein die Darstellung eines Meeres »von Kriegern [...], die gegeneinander wogen«,[33] sondern zugleich ein programmatisches Geschichts-Bild im vormodernen Sinne, wie Reinhart Koselleck in seinem berühmten Aufsatz über die »Vergangene Zukunft der frühen Neuzeit« herausgearbeitet hat.[34] Altdorfer stellt Alexander den Großen als Zeitgenossen dar und zeigt überdies die eschatologische Dimension des Kampfes gegen die Perser auf. Sein Bild setzt das Nichtgetrenntsein von Vergangenheit, Gegenwart und Zukunft voraus und eröffnet eine Erlösungsperspektive.

Beides ist auch das Ziel des *Echolots* und soll durch dessen poetische Verfahren erreicht werden: durch das Sammeln und eine spezifische Ordnung verstummter Stimmen. Sie sollen dadurch neu zum Sprechen kommen und sogar wieder zu »singen« beginnen, wie es das aus Eichendorffs »Wünschelrute«-Gedicht entlehnte »Zauberwort« im letzten Satz von Kempowskis ›Vorwort‹ »Statt eines Vorworts« verheißt. Aus ›babylonischer Verwirrung‹ sollen sie sich zu einem »Ganzen« formieren, in dem exorbitant viele zitierte Wörter jenes dichterische Zauberwort »ergeben«.[35] Zur Poetik des *Echolots* ist damit zu resümieren: Hinsichtlich der ideologischen Verbrämungen des deutschen Vernichtungskrieges bewirkt es eine *De*montage; auf der basaleren Ebene, dass die Lebenden den Toten ›zuhören‹ sollen, zielt sein poetologisches Programm dagegen auf *Re*konstruktion. In der ersten Hinsicht haben wir es mit einer effektiven *Praxis* des Werks zu tun; in der zweiten hingegen mit einem *Anspruch*, über dessen Erfüllung die Literaturwissenschaft nicht zu urteilen vermag.

1 Vgl. Martina Steber: Die Hüter der Begriffe. Politische Sprachen des Konservativen in Großbritannien und der Bundesrepublik Deutschland, 1945–1980, Berlin 2017, S. 333–354.

2 Vgl. Walter Kempowski. Bürgerliche Repräsentanz, Erinnerungskultur, Gegenwartsbewältigung, hg. von Lutz Hagestedt, Berlin/New York 2010, dort besonders die Beiträge von Alexandra Pontzen und Wolfgang Struck, sowie Kai Sina: Sühnewerk und Opferleben. Kunstreligion bei Walter Kempowski, Göttingen 2012.

3 ›Collage‹ statt ›Montage‹ bevorzuge ich gemäß der Begriffsdifferenzierung von Georg Jäger: »Montage«, in: Reallexikon der deutschen Literaturwissenschaft. Neubearbeitung des Reallexikons der deutschen Literaturgeschichte, Bd. 2: H–O, hg. von Harald Fricke u. a., Berlin/New York 2000, S. 631–633, hier S. 631: Werden in Collagen »die Bruchstellen [ihres Materials, D. F.] offengehalten und zu Zwecken der Bewusstmachung genutzt«, so werden sie in Montagen »verwischt und einem Gesamteindruck untergeordnet«.

4 Walter Kempowski: Das Echolot. Ein kollektives Tagebuch. Januar und Februar 1943, München 1993, Bd. 1, S. 6.

5 Ebd., S. 7.

6 Von ›Anlehnung‹ spreche ich, weil das diarische Prinzip nicht streng durchgeführt ist. Denn es sind keine lückenlosen Tagesfolgen, die in den ausgewählten Zeiträumen abgedeckt werden. Zudem ist eine Reihe der zitierten Texte nicht an den Tagen, denen sie zugeordnet sind, oder kurz danach entstanden, sondern erst nach Kriegsende. Markiert ist das nur manchmal (z. B. in Walter Kempowski: Das Echolot. Barbarossa '41. Ein kollektives Tagebuch, München 2002, S. 28, 57). Des Weiteren durchbrechen viele der eingestreuten Fotos die Zeitordnung, manchmal als regelrechte Rückblenden (vgl. Sina: Sühnewerk und Opferleben [Anm. 2], S. 235–238).

7 Vgl. Jürgen Ritte: Endspiele. Geschichte und Erinnerung bei Dieter Forte, Walter Kempowski und W. G. Sebald, Berlin 2009, S. 68–70.

8 Die im *Echolot* ebenso sichtbar werdenden Schattierungen in der Haltung zum Krieg vermerkt Ulrich Herbert: »Deutsches Tagebuch 1943«, in: Ein Buch, das mein Leben verändert hat. Liber amicorum für Wolfgang Beck, hg. von Detlef Felken, München 2007, S. 174–179, hier S. 176–178.

9 Vgl. Daniel Fulda, Stephan Jaeger: »Einleitung: Romanhaftes Geschichtserzählen in einer erlebnisorientierten, enthierarchisierten und hybriden *Geschichtskultur*«, in: Romanhaftes Erzählen von Geschichte. Vergegenwärtigte Vergangenheiten im beginnenden 21. Jahrhundert, hg. von D. F. und S. J., Berlin/Boston 2019, S. 1–53, hier S. 5–14, 20–24.

10 Mit Bezug auf das uns interessierende Werk vgl. Walter Kempowski:

Culpa. Notizen zum »Echolot«, München 2005, S. 351: »Die Historiker werden jetzt sagen: ›Echolot‹? Das ist eine Sache für die Germanisten. / Und die Germanisten: Das betrifft die Historiker. So werden wir hin und her geschoben, bis sich die Sache von selbst erledigt.«

11 So noch bei Robert F. Berkhofer, Jr.: Beyond the Great Story. History as Text and Discourse, Cambridge, M. A./London 1995.

12 Bezeichnend für die Abschwächung des Faktizitätstrotzes mancher Historiker ist Werner Paravicini: Die Wahrheit der Historiker, München 2010: Obwohl Paravicini scharfe Kritik am »methodischen Masochismus unserer Theoretiker« übt, konzediert er: »Konstruieren wir also, aber nur, um rekonstruieren zu können.« (S. 40 und 32)

13 Eine »Preisgabe des Auktorialen« (Moritz Baßler: »›Geschichte: naivste Form der LITERATUR‹? Paul Valéry in Walter Kempowskis *Echolot*«, in: Hagestedt: Walter Kempowski [Anm. 2], S. 15–26, hier S. 23) sehe ich daher gerade nicht. Alexandra Pontzen: Sieger der Geschichte, Herr der Annalen, Seelenarbeiter. Zur Funktion von »Nachwelt« und »Simultaneität« in Kempowskis Spätwerk (ebd., S. 347–368, hier S. 363) schreibt, dass Kempowski im *Echolot* »darauf verzichten muss, als Autor aufzutreten«. Meines Erachtens ist das Gegenteil der Fall: In fiktionalen Texten hat der Autor keinen Auftritt – weil die Erzählerstimme nicht dem Autor zugerechnet werden darf –, wohl aber in faktualen Texten, deren Aussagen seine eigenen sind.

14 Sabrina Janesch: Katzenberge. Roman, Berlin 2010, S. 273.

15 So der Begriff bei Paul Ricœur: Zeit und Erzählung. Bd. III: Die erzählte Zeit. Aus dem Französischen von Andreas Knop, München 1991, S. 160.

16 Eine berühmte Ausnahme mit demselben Stoff ist Alexander Kluges Docu-Fiction *Schlachtbeschreibung* über Stalingrad, die zuerst 1964 erschien, allerdings erst seit der vierten Fassung von 1978 mit Fotos. Vgl. Thomas von Steinaecker: Literarische Foto-Texte. Zur Funktion der Fotografien in den Texten Rolf Dieter Brinkmanns, Alexander Kluges und W. G. Sebalds, Bielefeld 2007.

17 Vgl. Roland Barthes: Die helle Kammer. Bemerkungen zur Photographie. Aus dem Französischen von Dietrich Leube, Frankfurt am Main 1989, S. 87.

18 Zu dieser Funktion von Fotografien im *Echolot* vgl. Raul Calzoni: »Archiv als Widerstand gegen das Vergessen. Walter Kempowskis ›*Echolot*-Projekt‹«, in: GegenWorte – GegenSpiele. Zu einer neuen Widerstandsästhetik in Literatur und Theater der Gegenwart, hg. von Emmanuel Béhague u. a., Bielefeld 2018, S. 55–71, hier S. 63f.

19 Kempowski: Das Echolot. Januar und Februar 1943 (Anm. 4), S. 7.

20 Kempowski: Das Echolot. Barbarossa '41 (Anm. 6), S. 438. In diesem Band handelt es sich, wie der »Bildnachweis« angibt, um die »Beschriftungen

der Photographien« (S. 729), ob in der Originalsprache, bleibt offen, ebenso von wem sie stammen. Ähnlich vermerkt Walter Kempowski: Das Echolot. Fuga furiosa. Ein kollektives Tagebuch. Winter 1945, München 1999, Bd. 4, S. 904: »Die Bildunterschriften entsprechen den Beschriftungen auf den Rückseiten der Photographien.« Nicht ganz klar ist, ob dies lediglich für die Bildunterschriften in Anführungszeichen oder für alle gilt.

21 Vgl. Kempowski: Das Echolot. Barbarossa '41 (Anm. 6), S. 138f. (obere Seitenhälfte).

22 Kempowski: Culpa (Anm. 10), S. 130, 12 und 7.

23 Ebd., S. 28.

24 Sina: Sühnewerk und Opferleben (Anm. 2), S. 217, sieht in dem Bild eine intertextuelle Anspielung auf Walter Kempowski: Tadellöser & Wolff. Ein bürgerlicher Roman, München 1971, S. 23. Dort gibt der Vater an, er habe als Soldat im Ersten Weltkrieg »immer nur so ungefähr in die Richtung gehalten. Das seien dann so schwarze Punkte.« Die Parallele scheint mir nicht sehr stark zu sein, denn der fotografierte Blick durch das Zielfernrohr zeigt keine schwarzen Punkte, in denen man Menschen vermuten muss oder auch nur kann. Näherliegend scheint mir, dass es sich um eine interpikturale Anspielung handelt: In den literarischen Text eingefügte Fotos mit Rastern im Vordergrund spielen in Sebalds *Ringen des Saturn* von 1995 eine wichtige, poetologisch ausdeutbare Rolle. Für den Hinweis darauf und überhaupt für die kritische Lektüre meines Textes danke ich Dr. Robert Forkel.

25 Kempowski: Das Echolot. Januar und Februar 1943 (Anm. 4), S. 7. Das folgende Zitat ebd.

26 Kempowski: Das Echolot. Barbarossa '41 (Anm. 6), S. 5.

27 Kempowski: Das Echolot. Januar und Februar 1943 (Anm. 4), S. 7.

28 Vgl. Sina: Sühnewerk und Opferleben (Anm. 2), S. 247.

29 Vgl. Valentin Groebner: Retroland. Geschichtstourismus und die Sehnsucht nach dem Authentischen, Frankfurt am Main 2018.

30 Kempowski: Das Echolot. Januar und Februar 1943 (Anm. 4), S. 7.

31 Ebd.

32 Vgl. Sina: Sühnewerk und Opferleben (Anm. 2), S. 247f. sowie 223, wo Sina ganz zu Recht vom »als Christus entworfenen Autor« des *Echolot* spricht.

33 Kempowski: Das Echolot. Barbarossa '41 (Anm. 6), S. 5.

34 Vgl. Reinhart Koselleck: »Vergangene Zukunft der frühen Neuzeit«, in: R. K.: Vergangene Zukunft. Zur Semantik geschichtlicher Zeiten, Frankfurt am Main 1979, S. 17–37, hier S. 17–21.

35 Kempowski: Das Echolot. Januar und Februar 1943 (Anm. 4), S. 7.

Kevin Kempke

Artistik auf mittlerer Stufe

Zu Walter Kempowskis autointertextuellen und konzeptuellen Schreibverfahren

Im Januar 1990 geht Walter Kempowski mit seinem Bruder Robert durch Rostock. In seinem Tagebuch, das erst 2006 unter dem Namen *Hamit* erscheint, berichtet er davon. Vor allem in den ausführlichen Einträgen vom 4., 5., 6. und 7. Januar erzählt Kempowski, wie sie gemeinsam die alte Heimat erkunden, die »›Hamit‹, die wir hatten verlassen müssen«.[1] Durch die deutsche Teilung von der Geburtsstadt abgeschnitten, liegt die letzte Begegnung mit Rostock für ihn fast 40 Jahre zurück. Nun ist Walter Kempowski wieder da und sieht sich einem »Erinnerungsschock« ausgesetzt.[2] Im ungläubigen Registrieren der Veränderungen, die die Stadt in der langen Zeit der Abwesenheit durchlaufen hat, kommt der Restitution durch Erinnerung für ihn eine zentrale Stellung zu. Weil nichts mehr so ist, wie es war, sieht Kempowski vor allem das, was nicht mehr da ist und nun vergegenwärtigt werden muss. Das Motto der Tour lautet: »Zu jedem Haus Anekdoten repetierend.«[3]

Kempowski erzählt dann zwar auch, wie es heute, das heißt 1990, in Rostock aussieht, aber letztlich erzählt er uns noch weit genauer, wie es früher dort aussah, oder noch präziser: wie es in seinen eigenen Romanen, in denen Kempowski die Geschichte [s]einer Familie über einen Zeitraum von mehreren Jahrzehnten schreibt, dort aussah. Über die Wiederbegegnung mit der Stadt schiebt sich eine zweite Wahrnehmungsebene, die die erste eigentlich beherrscht. Geschehensmomente, Redewendungen und Episoden aus den Romanen der *Deutschen Chronik* werden in den Bericht der erinnernden Erkundung Rostocks mitaufgenommen. Alle Orte, an denen Kempowski auf seinem Spaziergang vorbeikommt, werden sogleich mit einer ganzen

Kaskade von textuellen Reminiszenzen überzogen, die immer mehr den eigentlichen Gegenstand der Erinnerung darstellen, vom Einzug in die Stadt (»Wir fuhren erst mal um die Stadt herum und näherten uns von Osten, wie damals die Picknickgesellschaft meines Großvaters, vor dem Weltkrieg, ›mit *de* Pierd will'n Se noch na Rostock?‹«)[4] bis hin zum Besuch von »historischen Kempowski-Stätten«.[5]

Die genannten Tagebucheinträge setzten dieserart eines der grundlegenden Anliegen von Kempowskis Schreiben in Szene, das besonders für seine Romane der *Deutschen Chronik* das zentrale Prinzip darstellt – der Versuch, die schlechte Wirklichkeit des (materiell und ideell) zerstörten Rostock durch ein kunstreligiöses Wiederaufbauprojekt zu überschreiten.[6] Dieser Versuch lässt sich mit den Herausgebern dieses Bandes als zentrales Element einer Poetik der Mitte verstehen, bei der formale Heterogenität und Synthese eine dialektische Verbindung eingehen.[7] Die Spezifik der literarischen Mittel, mit denen Kempowski dabei verfährt, sind aber bislang noch unterbelichtet geblieben.[8] Über die Anwendung von Techniken wie Polyphonie und Fragmentarität der Darstellungsweise hinaus, die zu Recht zur Makro-Beschreibung von Kempowskis Stil fruchtbar gemacht wurden, arbeitet Kempowski auch auf der Ebene des einzelnen Satzes, des einzelnen Motivs, mit einer Poetik, in der Gegensätze aufeinander bezogen und vermittelt werden. Diesen – auf verschiedene Weise in der ›Mitte‹ angesiedelten – Verfahren spürt mein Text nach und exemplifiziert sie an drei Beispielen: Kempowskis selbstbezüglicher Erinnerungspoetik zwischen Tagebüchern und Romanen (1), den dabei angewendeten Fiktionalisierungsstrategien und ihrer Offenlegung (2) sowie an der Konzeptualisierung literarischer Verfahren (3).

Kempowski gestaltet, so meine These zu den einschlägigen Einträgen in *Hamit*, seine Wiedererkundung Rostocks in ständigem Rekurs auf das eigene Werk. So wird nicht nur eine Gedächtnisleistung im individualpsychischen Sinn in den Blick gerückt,[9] sondern noch dazu ein ›Gedächtnis der Literatur‹[10] auf textueller Ebene, d. h. durch Autointertextualität, gestaltet. Der Schmerz über die Zerstörung der Stadt, so wie sie Kempowski über Jahrzehnte im Gedächtnis hatte, soll offensichtlich durch einen selbstbezüglichen Erinnerungstext überschrieben werden. In seiner zitatreichen Stadttour erinnert Kempowski auch in dieser Hinsicht sowohl an als auch durch seine eigenen Texte. Episoden aus den Romanen werden im Tagebuch noch einmal erzählt oder häufig auch nur anzitiert: »Das Metropol, ›Union‹ und die ›Schauburg‹: Dick und Doof als Elektrohändler – das Kinogeld mußte zuvor vom Großvater erbettelt werden.«[11] Diese kurze Stelle aus *Hamit* etwa verweist auf eine längere Romanpassage aus *Tadellöser & Wolff*. Dort beginnt die Episode mit dem nahezu gleichen Wortlaut: »Wir machten, daß wir ins Kino kamen. Dick und Doof als Elektrohändler. [...] Eile war nötig, denn zuvor mußte das Geld beim Großvater erbettelt werden.«[12] Im Roman wird nun ausführlicher von dem sonntäglichen Ritual des Kinobesuchs erzählt, bei dem die Beschäftigung mit dem Großvater als notwendiges Übel erscheint, um an das Geld für den Kinobesuch zu kommen.

Der autointertextuelle Bezug auf das eigene Werk erweitert die Tagebuchstelle auf diese Weise um die Elemente, die aus der Romanerzählung ergänzt werden können. Dieses Verfahren kommt in der Erzählung des Rostock-Besuchs überaus häufig zum Einsatz. Eine besondere Intensität gewinnt es bei der Schilderung, wie Walter und Robert die frühere Wohnung der Kempowskis in der Augustenstraße 90 besichtigen. Die Verhältnisse haben sich dort ganz grundlegend geändert – die Wohnung »dient jetzt den Arbeitern als Kantine«.[13] Beim Gang durch das kaum mehr wiedererkennbare Zuhause der Kindheit erreicht die Anekdotendichte (und damit auch die Autointertextualität) ihren Höhepunkt.

> Ich zog Robert mit ins Treppenhaus. [...]
>
> In diesem Treppenhaus hatte mein Großvater mich gestoppt, als ich aus der Schule kam, und mir ins Ohr geflüstert: »Dein Vater ist tooot ...«, und bei meiner Verhaftung, als sie mich hinunterführten, hatte die Mutter oben gestanden und gesagt »Armer Junge«.
>
> Hinauf in unsern 2. Stock. Anstelle der Etagentür befindet sich da jetzt eine weiße Tür mit der Aufschrift »Männer«. [...]
>
> Links hatte der offene Schrank mit den Wolffschen Telegraphenberichten und – »Giftfische und Fischgifte« – unzähligen Kosmosbändchen gestanden, nie gelesen. [...]
>
> Das Eßzimmer: mittags beim Abmachen der Maischollen »Schulbericht« – klare Sache und damit hopp!
>
> Das Wohnzimmer mit dem Bild von der »Alten Liebe« in Cuxhaven.[14]

Für alle diese Zitate und Allusionen gibt es im Werk Kempowskis (teilweise mehrere) Parallelstellen. Auf diese Weise verfährt Kempowski immer wieder in seinen Tagebüchern.[15] Es lässt sich eine große Anzahl von Beispielen finden für Kempowskis Textstrategie, die Lücken aufzufüllen, die sich zwischen Gegenwart und Erinnerung auftun. All diese Erinnerungen sind dabei doppelt codiert – sie verweisen auf Kempowskis Lebensgeschichte, aber sie verweisen auch (und für uns als Rezipient:innen, denen ja nur textuelle Zeugnisse vorliegen, vordringlich) auf Kempowskis Romanwerk. Der autobiographische Gehalt der *Deutschen Chronik* – der durch die dortige Verwendung des Namens Kempowski ohnehin schon mehr als nahegelegt wird – wird en passant noch einmal bekräftigt. Aber darum geht es hier weniger. Wichtiger ist die autointertextuelle Verfasstheit des Erinnerungstextes.

Abb. 1

Dieser wird außerdem nicht nur schriftlich präsentiert – Kempowski fügt in seiner Tagebuchfassung Fotos hinzu. In dem Ensemble aus imaginierten, erinnerten und zitierten Rostock-Fragmenten nehmen diese Bilder nun poetologisch eine herausgehobene Stellung ein. Kempowski nutzt sie vor allem, um die entstandenen Lücken (in der Stadt, in der Erinnerung) anschaulich werden zu lassen. Ein besonders eindrückliches Foto zeigt eine verschmutzte Wand mit einer Reihe von drei kleinen Fenstern in Kopfhöhe und einen Spind linker Hand.

Der Bildunterschrift und dem Text auf der gegenüberliegenden Seite lässt sich entnehmen, dass es sich hierbei um eine Aufnahme aus Kempowskis früherem Kinderzimmer handelt. »Hier stand das Bett, quer unter dem Fenster.«[16] Diese Bildunterschrift changiert an dieser Stelle geradezu zwischen Klage über die Abwesenheit des Bettes und seiner Beschwörung. Einzig als Text ist das Bett noch zu vergegenwärtigen, aus dem (vermeintlichen) Abbild des Realen ist es unwiderruflich getilgt.[17] Das Foto zeigt den trostlosen Zustand des Zimmers um

1990, die Bildunterschrift stellt das Bett als Romangegenstand und als Referenzpunkt einer anderen Seinsordnung wieder hinein. Kempowski ist an dem Abgebildeten vor allem insofern interessiert, als es auf etwas Abwesendes, nur noch im Text Präsentes verweist. Folge ist ein elaboratives Text-Bild-Verhältnis, bei dem mit harten Brüchen und Dissonanzen gearbeitet wird.

Eine Wiederbeschwörung unsichtbar gewordener, zerstörter Dinge scheint für Kempowski umso mehr geboten, als sich sowohl das individuelle wie auch das intertextuelle Gedächtnis als höchst störungsanfällig erweisen. Denn es sind nicht nur die eigenen Texte, an die sich Kempowski erinnert:

> Wir standen also in der alten Wohnung. Ich hatte Mühe, mich zu konzentrieren, nicht wegen der Menschen, die hier herumliefen, sondern weil sich Fechners Film dazwischenschob. Wenn ich versuchte, mich an die Möbel zu erinnern, dann waren es die Möbel der Filmrequisite, und wenn ich versuchte, den Vater zu sehen, kam Karl Lieffen ins Bild: Pape ist mir piepe, ich pupe auf Pape.[18]

Gegen Literaturverfilmungen wird gerne ins Feld geführt, dass sie die Einbildungskraft der Leser:innen beschneiden, indem sie die wechselnde Vielzahl innerer Bilder im Lesevorgang notwendig durch ein unveränderliches äußeres Pendant ersetzten – nun scheint selbst dem Autor des (noch dazu autobiographischen) Romans das Gleiche zu widerfahren. Die breit rezipierte Verfilmung von *Tadellöser & Wolff* unter der Regie von Eberhard Fechner erweist sich als stärker als die Erinnerung. Sogar den eigenen Vater kann sich Kempowski nur mehr in Gestalt des Schauspielers Karl Lieffen vorstellen.

Spätestens hier zeigt sich nun vollends, dass die Rostock-Eindrücke und Erinnerungen, die Kempowski 1990 registriert und dann in seinem Tagebuch präsentiert, bereits durch und durch medialisiert sind. Damit sind sie – in einer auffälligen semantischen Koinzidenz – ganz wörtlich in der Mitte angesiedelt.

Die Medialität der Erinnerung kommt dabei gleichermaßen als Apriori wie als Aporie in den Blick. Anschauung, Erinnerung, Text und Film verschwimmen Kempowski zu einem nebulösen Bild, bei dem immer wieder einzelne Elemente scharfgestellt werden können, das sich aber niemals zu einem klaren Ganzen fügt. Der Text des Tagebuchs fährt wie mit Geisteraugen über dieses Bild, ohne das Dickicht durchdringen zu können – und verbleibt in einer mittleren (und das heißt an dieser Stelle: unerlösten) Position.

2. Realismus durch Verfahren

Die Stadt Rostock offenbart sich dabei schließlich als Reservat von Topoi in doppeltem, wörtlich-figurativem Sinn. Kempowski findet an den Orten seiner Jugend nicht nur seine Erinnerungen, sondern auch und gerade seine eigenen Erfindungen wieder. »Das Gefängnis in der Schwaanschen Straße: Hier saß dann ja Mutter und winkte zwischen den Gitterstäben hindurch dem Herrn Cornelli zu, den es gar nicht gegeben hat.«[19] Ganz nebenbei wird auf diese Weise einem umfassenden Wahrheitsanspruch der Romane eine Absage erteilt. Mag auch nicht »Alles frei erfunden!«[20] sein, wie es im Paratext zu *Tadellöser & Wolff* hieß, so zumindest doch einiges. Als Autor, der poetologisch tief in der klassischen Moderne verwurzelt ist, stellt Kempowski nun gerade den Umstand, dass es sich um eine Konstruktionsleistung handelt, bewusst aus. Es geht in den Rostock-Einträgen des Tagebuchs *Hamit* zunehmend um die Verfertigung der eigenen Texte, die mitunter bis in die Mikroebene hinein nachvollzogen wird. Beherrschend ist hier, wie auch an anderen Stellen, die undogmatische und gerade dadurch wirkungsvolle Bearbeitung von Realitätsreferenzen, die Vermischung von Fakten und Fiktion.[21]

Kempowski widmet sich etwa der Entstehung eines der vielen geflügelten Worten der *Deutschen Chronik*. Es handelt sich um den eingängigen Werbespruch des benachbarten Seltersfabrikanten Krause:

> Ob im Wald, ob in der Klause
> Dr. Krauses Sonnenbrause.[22]

Eigentlich hieß der Spruch, wie man im Tagebuch erfährt:

> Der Sonne Licht, des Apfels Kraft
> in Kempgens Nordmark-Apfelsaft.[23]

Der Werbespruch für ›Dr. Krauses Sonnenbrause‹ wird somit als bewusst fiktionalisiertes Pendant zu einem tatsächlich existierenden Slogan präsentiert. Bei einem Autor, dessen Poetik ganz wesentlich auf Effekte der Wiedererkennung angelegt ist und der immer wieder für seine Archivierung vergangener alltäglicher Lebenswelten gerühmt bzw. als bloßer Sammler abgewertet wird,[24] scheint gerade ein solches Detail alles andere als trivial. Kempowski gibt Einblick in seine Werkstatt und lässt sich dabei in die Karten schauen, wie er Wirklichkeit produziert. Ob der originale Werbespruch tatsächlich existiert hat, bleibt offen, aber Kempowski gibt seinen Leser:innen einen starken Hinweis, dass es wirklich eine Firma Kempgens gab. Dieser Hinweis ist allerdings nicht in *Hamit*, sondern im Tagebuch *Sirius* zu finden, genauer im Eintrag vom 20. Juni 1983. Dort ist auf einem Foto, das mit der Bildunterschrift »Wir wohnten im 2. Stock« versehen ist, ein Gebäude mit dem Schriftzug »Kempgens u. Co« zu sehen.[25]

Im dazugehörigen Tagebucheintrag wird erläutert, dass es sich um das Gebäude in der Rostocker Augustenstraße handelt, in dem Familie Kempowski wohnte, als Walter ein Kind war, und das in mehreren Romanen der *Deutschen Chronik* prominent vertreten ist. Vermittelt wurde diese Wohnung fiktionsintern durch den Selters- und Brausefabrikant Krause, der in der *Deutschen Chronik* chronologisch gesehen zuerst im Roman

Nartum Mo 20. Juni 1983 schön

T: Ein überschönes Luftgebilde umrundet die Erde.
«Sie werden genauso, wie Sie sind, Herr Kempowski», höre ich jemanden sagen, «und das ist das Schlimmste, was Ihnen passieren kann.»

*

Ein Herr schickte mir eine Ansichts-Postkarte von unserm Haus in der Augustenstraße. Mein Vater hat sie geschrieben! Ein Wunder, daß diese Karte überlebt hat. Vater kündigte darin den Umzug in die neue Wohnung an: «Ende März ziehen wir nun in eine fabelhafte moderne Wohnung, Augustenstraße 90 II ...» Das war der Anfang vom Ende. Die letzte Station.

Wir wohnten im 2. Stock

*

Gestern fuhren KF und Marion ab. Ich bin wieder ganz allein in dem großen Haus. (Es ist mir noch niemals zu groß gewesen.) Ich sah mir noch einmal die Fotos der Manson-Family an: Mord ohne Motiv, das wäre ein Thema für einen Kriminalroman, das mich interessieren könnte. Sich eine Pistole kaufen, nach Kempten fahren, dort in der Bahnhofstraße Nr. 3, zweite Etage klingeln,

275

Abb. 2

Schöne Aussicht auftaucht. Krause ist ein Logenbruder und Regimentskamerad von Walters Vater Karl und wohnt selbst auch in der Rostocker Augustenstraße 90, wo er seine Fabrik hat. Dieser Krause kann nun durch Kempowskis Hinweis wiederum als Kempgens identifiziert werden. Genaues Lesen über die Grenzen des einzelnen Werkes hinaus wird von Kempowski also offensichtlich mit solchen Funden belohnt. Die Fotografien sind dabei Teil eines intertextuellen Geflechts, das die sprachlich vermittelten Realitätsreferenzen wahlweise verdoppelt oder im Hinblick auf die Werkkonzeption korrigiert. Für das Funktionieren von Kempowskis Werkkonzeption ist der Nachvollzug solcher Signifikationsprozesse über größere Zeit- und Werkkontexte sehr wichtig. Auf diese Weise nämlich wird Kohärenz zwischen den verschiedenen Werken und Werkteilen gestiftet. Auch die Verschaltung von Roman- und Tagebuchtext, die oben rekonstruiert wurde, gehört in diesen Zusammenhang. Mit Sascha Feuchert ließe sich hier von einem »intertextuellen Pakt« sprechen, der den Leser:innen angeboten wird.[26]

Warum aber gerade Krause statt Kempgens? Über die Gründe hält sich Kempowski bedeckt. Eine naheliegende Antwort wäre: Um des Reimes willen. Denn welcher Spruch bleibt wohl besser im Gedächtnis? Das mit Plosiven und Genitivkonstruktionen überfrachtete und rhythmisch holpernde Original oder der suggestiv rauschende Krause-Brause-Reim? Auffällig ist auch eine deutliche inhaltliche Akzentverschiebung, die die Verwendung des ungewöhnlichen Wortes »Klause« erklären könnte. Während das Motiv der Sonne in der originalen Kempgens-Variante an »Kraft« und »Licht« gekoppelt ist, arbeitet die Neufassung mit ganz anderen Konnotationen. »Wald« und »Klause« verweisen generell auf den Topos der Waldeinsamkeit und auch ganz konkret auf eine Eichendorff-Stelle aus dem Gedicht *Abschied*: »Hier in Waldes grüner Klause / Herz, geh endlich auch zur Ruh«.[27] Mit diesen Versen endet Eichendorffs Gedicht, das in seiner Topik geradezu einem Pastiche der eigenen Schreibweise ähnlich sieht und von der Opposition zwischen Himmel und Erde und dem abendlichen Sehnen eines Wanderers im Wald spricht. Der Wunsch nach einer durchaus religiös zu verstehenden letzten Ruhestätte aus dem Kontext romantischer Sehnsuchtsbilder – ein zentrales Element der Romanpoetik – wird von Kempowski im Roman an ganz unauffälliger Stelle (in einem Werbespruch!) platziert. Im Tagebuch wiederum wird – durch den Kontrast mit dem diesseitig-zupackenden Vorbild – das Konstruktionsprinzip dieser Stelle vollends offengelegt und damit durchsichtig: Die Heilssehnsucht als Utopie entspringt der Zurücknahme bzw. Überhöhung des allzu Realen, Kraftstrotzenden. Nicht zuletzt lässt sich der Originalspruch auch als eine Vorausdeutung auf die Sprache des Nationalsozialismus verstehen, die in Kempowskis Umformung transformiert wird.

Eine solche Entscheidung im Kleinen verweist also auf größere Ordnungsverfahren in Kempowskis Werk. Kempowski jedenfalls hat immer wieder betont, dass ihm das Repräsentative, und das heißt auch: das ästhetisch Verdichtete, stets wichtiger war als eine naturalistische Abbildung des Ereigneten. Im Erzählverfahren der Romane mit ihrem Prinzip des Immer-wieder-neu-Ansetzens spiegelt sich dieses Verfahren: Die Erzählung der Wirklichkeit und damit die Wirklichkeit selbst ergeben sich aus dem Syntagma vieler kleiner konzentrierter Einzelmomente und -beobachtungen. Die Kempgens-Krause-Verschiebung und ihre Offenlegung sind damit charakteristisch für Kempowskis Schreibverfahren generell; durch die kleinen Änderungen wird die Wirklichkeit erst eigentlich literarisch, und das heißt auch: wird die Wirklichkeit so verdichtet, dass sie erst eigentlich wirklich erscheint. Als künstlerisches Prinzip ziehen sich die kleinen poetischen Verschiebungen in der Textur des Realen jedenfalls durch alle Teile von Kempowskis Werk.

3. Konservativer Avantgardismus

Das Prinzip der kleinen Abweichung erstreckt sich schließlich auch auf die selbstauferlegten Regeln der Werkerzeugung. Die eigenen Tagebücher werden für die Veröffentlichung umfassend überarbeitet und mit einem narrativen Bogen versehen, im *Echolot* werden Texte auch dann verwendet, wenn sie nicht genau an dem in Frage stehenden Tag geschrieben wurden (eine Technik, die von Kempowskis Assistentin Simone Neteler als »Transponieren« bezeichnet wird),[28] und in der begleitenden Dokumentation zu seiner Fernsehmitschrift *Bloomsday '97* gibt Kempowski entgegen zunächst anderslautender Pläne zu, die Zapping-Geschwindigkeit immer wieder verändert zu haben; etwa dann, wenn etwas besonders Interessantes lief, das er gerne länger verfolgen wollte; einige Male habe er sogar nochmal zurückgeschaltet, was den Regeln nach eigentlich nicht vorgesehen war.[29] Auch und gerade in den Werken, die ein starkes konzeptuelles Fundament haben, wird der formgebende Eingriff des Autors zum zentralen Gestaltungsprinzip.

Darin ergibt sich eine durchaus unerwartete Parallele zur Konzeptualisierung literarischer Techniken, wie sie in den 1960ern und 1970ern etwa in der avantgardistischen Gruppe Oulipo zum Einsatz gekommen waren.[30] Auch hier war es das Prinzip der kleinen Abweichung, das zum entscheidenden poetologischen Reflexionspunkt wurde. Vor allem in der Anfangsphase der Gruppe stand die Entwicklung von Verfahren im Vordergrund, mit denen Texte regelgeleitet erzeugt und verändert werden konnten. Zu den bekannten Varianten gehört etwa das Prinzip s + n, bei dem die Substantive eines vorhandenen Textes jeweils durch das n-te darauf folgende Wort in einem beliebigen Wörterbuch ersetzt werden. Charakteristisches Merkmal der Oulipo-Literatur ist also die Anwendung sogenannter contraintes, d. h. bestimmter Einschränkungen beim Schreiben, denen sich die Autor:innen freiwillig unterwerfen. Nach einer stark mathematisch-maschinell geprägten Phase zu Beginn wurde auch hier das Problem virulent, inwiefern die Autor:innen noch nachträglich in das Programm eingreifen sollten. Solche Eingriffe wurden zunehmend bejaht bzw. als Kennzeichen des eigentlich Literarischen (und das heißt auch: des Menschlichen) konzeptualisiert – so etwa bei Italo Calvino und Georges Perec.

Genau diese Dehnung des Prinzips, um aus Kontingentem Literatur zu machen, findet sich bei Kempowski (mindestens in seinen konzeptuellen Arbeiten) wieder – ohne dass dieser allerdings jemals wie die Oulipoten überhaupt mit dem Anspruch auf formale Radikalität angetreten war (»das Hochartistische seiner Arbeit gerät leicht in Vergessenheit«).[31] Auch poetologisch nimmt Kempowski insofern eine mittlere Position ein – avantgardistische Techniken der jüngeren Vergangenheit sowie die Arbeit mit neu(est)en Medien (Fernsehen, Computer) kommen im Rahmen einer strukturell konservativen Werkanlage zum Einsatz. Als Vertreter einer schon klassisch gewordenen Moderne verzichtet Kempowski auch und vor allem in seinen Selbstbeschreibungen und -inszenierungen darauf, Avantgardismen auszustellen.

Insbesondere das Prinzip der kleinen Abweichung hat bei Kempowski nun vor allem etwas mit einer Form textueller Ethik zu tun. Die Regeln sind nicht wichtiger als das poetische Ergebnis; die Werkkonzepte und die faktuale Wirklichkeit werden strapaziert und gerade dadurch gerettet. Die Übertretung der selbstauferlegten Regeln und die flexible Handhabung von Fiktionalität und Faktualität im Detail stehen aber nicht nur im Dienste der ästhetischen Wirkung, sondern versehen die literarischen Verfahren auch mit dem Signum der Menschlichkeit, indem sie diese kommensurabel machen. Ist das Verklärung? So richtig scheint dieser Begriff auf Kempowski nicht zu passen, denn seine Texte verschweigen die Grausamkeiten der Wirklichkeit keineswegs und verharmlosen sie auch nicht.

Eher haben der Verzicht auf Extreme und die Orientierung am Menschenmöglichen[32] etwas damit zu tun, was Odo Marquard als »Vizelösungen« bezeichnet hat: »Das Absolute – das schlechthin Vollkommene und Außerordentliche – ist nicht menschenmöglich, denn die Menschen sind endlich. ›Alles oder nichts‹ ist für sie keine praktikable Devise: Das Menschliche liegt dazwischen, das Wahre ist das Halbe.«[33] In diesem Sinne sind Kempowskis literarische Verfahren auch Teil eines Humanismus – sowohl in den produktionsleitenden Konzepten (die überschritten werden dürfen) als auch in den wirkungsästhetischen Erwägungen. Kempowski bemüht sich, den Schmerz und die Zerstörung im Rahmen seiner auf Heilung zielenden Poetik[34] durch poetische Mittel auf ein erträgliches Maß herunterzufahren, sie kommensurabel zu machen. Nicht zuletzt können auch die autointertextuellen Verfahren Kempowskis in diesem Rahmen gelesen werden: Gerade in den Tagebuchpassagen über Rostock stiftet dieses Verfahren Nähe und Vertrautheit im Moment größter Unsicherheit.

Dieser Art Kommensurabilität herzustellen, kann auch heißen, bewusst Lücken zu lassen. Oder Dramatik durch skurrilen bis rührenden Humor abzufedern – auch dies ein Verfahren einer Poetik der Mitte. So auch in einer der emotional wichtigsten Stellen in Kempowskis *Deutscher Chronik*, an der man sehen kann, wie aus einer bedeutenden Aussparung und einer lakonischen Brechung das alles beherrschende Leiden umso stärker akzentuiert wird. Noch einmal geht es dabei um ein Wiedersehen. Die Situation ist folgende: Am Ende des Romans *Ein Kapitel für sich*, der wiederum eine multiperspektivisch aufgesplitterte Variation des autodiegetischen Debüts *Im Block* ist, wird Walter aus der Haft entlassen und fährt mit dem Taxi zu seiner Mutter. Er ist überzeugt davon, dass er durch sein unter Folter erzwungenes Geständnis schuld daran ist, dass auch sie jahrelang im Gefängnis sitzen musste. Nun wird er, den Gedanken an die Schuld und die Last der langen Trennung mit sich tragend, seine Mutter zum ersten Mal seit vielen Jahren wiedersehen:

> Der Wagen hielt in der Bärenstraße. Da wartete meine Mutter in ihrem abgeschabten Mantel. In dem hatte sie früher immer Milch geholt.
>
> Wir weinten beide, und der Taxifahrer ging um sein Auto rum und sagte: »Das ist ja direkt erschütternd.«[35]

Das sind die letzten Worte des Romans. Ob sich das so zugetragen hat oder nicht: Die Kraft einer Poetik der Mitte, die Gegensätze gleichermaßen aushält wie vermittelt und dabei »niemals über den Menschen hinaus«[36] geht, ist hier auf verfahrenstechnischer Ebene ganz unmittelbar zu erleben.

1 Walter Kempowski: Hamit. Tagebuch 1990, München 2006, S. 13.
2 Ebd., S. 30.
3 Ebd., S. 26.
4 Ebd., S. 16f.
5 Ebd., S. 39.
6 Vgl. Kai Sina: Sühnewerk und Opferleben. Kunstreligion bei Walter Kempowski, Göttingen 2012, S. 203–207.

7 Vgl. die Einleitung der Herausgeber.

8 Vgl. zur Collage als zentrales Verfahren bei Kempowski: Carla Damiano: Montage/Collage, in: Walter-Kempowski-Handbuch, hg. von C. D. u. a., Berlin/Boston 2020, S. 267–277.

9 Vgl. zum Konzept der Eidetik an dieser Stelle: Sina: Sühnewerk und Opferleben (Anm. 6), S. 120–124.

10 Astrid Erll: Kollektives Gedächtnis und Erinnerungskulturen. Eine Einführung, Stuttgart 2011, S. 77.

11 Kempowski: Hamit (Anm. 1), S. 17.

12 Kempowski: Tadellöser & Wolff. Ein bürgerlicher Roman, München 1971, S. 26.

13 Kempowski: Hamit (Anm. 1), S. 28.

14 Ebd., S. 28f.

15 Vgl. auch Philipp Böttcher: »›Sie werden mich wieder als Sammler bezeichnen.‹ Werkstrategien in Walter Kempowskis *Culpa. Notizen zum ›Echolot‹*«, in: Walter Kempowskis Tagebücher. Selbstausdruck – Poetik – Werkstrategie, hg. von P. B. und Kai Sina, München 2014, S. 87–122.

16 Kempowski: Hamit (Anm. 1), S. 31.

17 Vgl. zur fotografietheoretischen Dimension dieses Themas: Anne-Kathrin Hillenbach: Literatur und Fotografie. Analysen eines intermedialen Verhältnisses, Bielefeld 2012, S. 38–55.

18 Kempowski: Hamit (Anm. 1), S. 29f.

19 Ebd., S. 32.

20 Kempowski: Tadellöser & Wolff (Anm. 12), S. 6.

21 Vgl. dazu auch Daniel Weidner: »Täglichkeit. Tagebuch und Kalender bei Walter Kempowski und Uwe Johnson«, in: Weimarer Beiträge 59.4 (2013), S. 505–525, hier S. 509.

22 Kempowski: Tadellöser & Wolff (Anm. 12), S. 29.

23 Kempowski: Hamit (Anm. 1), S. 27f.

24 Vgl. etwa das vernichtende Diktum W. G. Sebalds: »[D]er ist für mich eine Art von Archivar. [...] Er ist ein Sammler, der ein gewisses Vergnügen hat« (W. G. Sebald: »So wie ein Hund einen Löffel findet. Gespräch mit Jean Pierre Rondas [2001]«, in: »Auf ungeheuer dünnem Eis«. Gespräche 1971 bis 2001, hg. von Torsten Hoffmann, Frankfurt am Main 2011, S. 208–223, hier S. 214). Vgl. zur Aufarbeitung dieses Topos: Böttcher: »Sie werden mich wieder als Sammler bezeichnen.« (Anm. 15), S. 89–93.

25 Walter Kempowski: Sirius. Eine Art Tagebuch, München 1990, S. 275.

26 Sascha Feuchert: »Vermischte Nachrichten und der intertextuelle Pakt. Zu einer zentralen Strategie Walter Kempowskis«, in: Walter Kempowski. Bürgerliche Repräsentanz, Erinnerungskultur, Gegenwartsbewältigung, hg. von Lutz Hagestedt, Berlin/New York 2010, S. 139–151.

27 Freiherr Joseph von Eichendorff: »Abschied«, in: J. v. E.: Sämtliche Werke. Historisch-kritische Ausgabe, begründet von Wilhelm Kosch, fortgeführt und hg. von August Sauer u. a., Bd. I/1: Gedichte. Erster Teil. Text, hg. von Harry Fröhlich und Ursula Regener, Stuttgart u. a. 1993, S. 327.

28 Valéria Sabrina Pereira: »Wie Walter Kempowskis *Echolot* entstand. Ein Gespräch mit Simone Neteler«, in: Pandaemonium Germanicum. Revista de estudos germanísticos 18 (2011), S. 138–152, hier S. 150.

29 Vgl. Walter Kempowski: »Notizen zum *Bloomsday 97*«, in: Walter Kempowskis Tagebücher. Selbstausdruck – Poetik – Werkstrategie, hg. von Philipp Böttcher und Kai Sina, München 2014, S. 268–281, hier S. 276.

30 Vgl. für den gesamten Absatz Kevin Kempke: »Das Schweigen der Maschine – Georges Perec/Italo Calvino«, in: Fordschritt und Rückblick. Verhandlungen von Technik in Literatur und Film des 20. und 21. Jahrhunderts, hg. von Imme Bageritz u. a., Göttingen 2019, S. 27–46.

31 Michael Rutschky: »Unbelebte Erinnerung. Der Schriftsteller Walter Kempowski«, in: Merkur 57.2 (2003), S. 127–140, hier S. 132.

32 Vgl. Sina: Sühnewerk und Opferleben (Anm. 6), S. 144–148.

33 Odo Marquard: »Vorbemerkung: Verteidigung des Unvollkommenen«, in: O. M.: Glück im Unglück. Philosophische Überlegungen, München 1995, S. 9.

34 Vgl. Sina: Sühnewerk und Opferleben (Anm. 6), S. 209f.

35 Walter Kempowski: Ein Kapitel für sich. Roman, München 1975, S. 388.

36 Einleitung der Herausgeber.

Carsten Dutt

»Wir wollten immer lachen, aber da gab es nichts zu lachen.«
Gebrochene Komik in *Tadellöser & Wolff*

Für Helmuth Kiesel

Welche Bewandtnis es mit dem Komischen im Werk Walter Kempowskis habe, ist eine weitreichende und nur erst in Ansätzen untersuchte Frage.[1] Obschon es seit Jahrzehnten zum Repertoire positiver Kritiken (seit 2007 auch vieler Gedenkartikel) gehört, Kempowskis Witz und Humor, Schalk und Ironie, Sinn für Komik eben zu bescheinigen und seiner Schreibart die Kraft, sie hervorzubringen, hat das jüngst erschienene Kempowski-Handbuch auf einen Eintrag zum Thema verzichtet – offensichtlich aus Mangel an Forschungsergebnissen, die man einer kompendiengerechten Aufbereitung hätte zugrunde legen können.[2] In einem Handbuch ließe sich Verlässliches über den Gegenstand in der Tat nur dann sagen, wenn man seine generischen, motivisch-thematischen und strukturell-funktionalen Ausprägungen werkentwicklungsgeschichtlich überblickte, und dafür müsste man nun einmal etliche tausend Seiten von Romanen und Aufzeichnungen, individuellen und kollektiven Tagebüchern, Essays, Interviews, Kindergeschichten und sogar Märchen im besagten Aspekt vergleichen.

Dieser Herkulesaufgabe kann ich im Folgenden nur mit einer sehr bescheidenen Skizze zuarbeiten. Œuvreinterne Vergleiche werde ich dabei nicht anstellen, mich in Sachen Komik vielmehr auf ein einziges der vielen Bücher Kempowskis konzentrieren: den 1971 erschienenen Roman *Tadellöser & Wolff*. Eine thematische Beschränkung kommt hinzu. Es soll im Folgenden allein von dem im Untertitel meines Beitrags bezeichneten Phänomen und damit von einer Relativierungs- und Reflexionsstufe des Komischen die Rede sein, die mir in der interpretativen Befassung mit *Tadellöser & Wolff* die ihr gebührende Aufmerksamkeit noch nicht gefunden zu haben scheint. Auf welche Weise *gebrochene Komik* in Kempowskis bekanntestem Roman begegnet und welche Rolle ihr Einsatz für die Darstellungs- und Wirkungsästhetik des Buches spielt, möchte ich zeigen.

Um die Dinge auf knappem Raum übersichtlich zu machen, sei vorab an eine Unterscheidung erinnert, die in keiner Verständigung über Komik, sei es in lebensweltlichen, sei es in literarischen Kontexten, entbehrlich sein dürfte. Ich meine die Unterscheidung zwischen unfreiwilliger und intendierter, in dieser oder jener Situation zu diesem oder jenem Zweck und mit diesen oder jenen Mitteln veranstalteter Komik. Auffassungsbedingt sind freilich beide Formen: Etwas, was immer es sei, ist nie an sich, sondern jeweils *für jemanden*, das Subjekt seiner Realisation, komisch.[3] Zweierlei ist es indessen, ob man als Subjekt solcher Realisation schon vorgezeichneten und einschlägig kommunizierten Intentionslinien folgt oder nicht. Der Spaghettirest zunächst am Kinn, dann an der Oberlippe und schließlich am rechten Nasenflügel des erfolgsstolzen Einkaufsabteilungsleiters, der die letzte, die Espresso-Phase eines Restaurantbesuchs dafür nutzt, einer ersichtlich überraschten und wenig begeisterten Mitarbeiterin auf tollpatschig wortreiche Weise seine Liebe zu erklären, ist unfreiwillig komisch; Loriots grandiose Inszenierung der entsprechenden Szene hingegen das publikumsbezogene Produkt der Intention zur Darstellung solch unfreiwilliger Komik.

Als Darstellungen unfreiwilliger Komik darf man auch einige, freilich nicht sehr viele der weit über tausend kleinen bis kleinsten Erzählblöcke begreifen, aus denen sich die 37 Kapitel von *Tadellöser & Wolff* zusammensetzen. So sehr aber in den betreffenden Passagen, die der seinem Autor autobiographisch nahe Ich-Erzähler des Romans streng kommentarabstinent vermittelt, die *vis comica* ihre Muskeln spielen lässt, so sehr wird sie dabei auf empfindliche Weise gehemmt, durch Elemente depotenziert, die das Komische der vergegenwärtigten Sachverhalte und Situationen mit Ernstem und Schlimmem, schließlich sogar mit Katastrophalem verquicken und es dergestalt schwer bis unmöglich machen, es wie im Falle der Loriotschen Nudel lachend oder schmunzelnd als ungetrübte Quelle der Erheiterung zu rezipieren.

Hierzu drei Beispiele: Zunächst eines gleich aus dem ersten Kapitel des »bürgerlichen Romans«, als den der Untertitel *Tadellöser & Wolff* avisiert. Es rückt die in der Tat exemplarisch bürgerliche – weder großbürgerliche noch kleinbürgerliche und allenfalls mäßig bildungsbürgerliche – Häuslichkeit und die in ihr sich abspielenden Alltagsroutinen der Rostocker Reederfamilie Kempowski in den Blick. Unter anderem ist da vom Ritual des Gutenachtsagens die Rede, in das sich Mutter Grete und Walter, ihr jüngstes Kind, in der 1938 neu bezogenen Wohnung – 2. Stock und zur Miete, allerdings mit Flügel und Klingelzug zum Herbeirufen des Hausmädchens – allabendlich teilen:

> Beim Gutenachtsagen legte sie mir die Hand auf die Stirn. (»Sieht sie nicht aus wie eine Gräfin?«)
>
> Dann sprach sie lange Gebete, bei denen sich ihre Augen allmählich mit Tränen füllten.
>
> »Oh, lieber Gott, sieh an, wie wir ohnmächtig sind vor Dir, sei barmherzig, hilf uns in allen Nöten des Leibes und Lebens, daß das Gute in uns aufkomme, und mach uns zu Deinen Kindern. Hilf allen Menschen durch Deine allmächtige, alles ver-, ver-, ver- veranlassende, verordnende Güte …« und so weiter.
>
> Das dauerte oft lange, und ich suchte durch Strecken und Dehnen anzudeuten, daß es nun genug sei. (S. 11)[4]

Dass im Stammeln, in den wie Stottern wirkenden Wortfindungsmühen der durchaus formelhaft, aber gefühlvoll betenden Mutter unfreiwillige Komik an den Start geht, duldet keinen Zweifel; aber eben: sie startet im thematischen Kontext religiösen Ernstes und religiöser Innigkeit nicht durch. Dem repetitiven »ver-, ver, ver-« wohnt vielmehr in eins mit seinem

Erheiterungs- ein Irritationsmoment inne, das ›komisch‹ im *anderen*, Seltsamkeit und Befremdlichkeit bezeichnenden Sinn des Wortes ist. Was der Betenden an den Klippen ausgerechnet dieses Präfixes widerfährt, ist ja ein Symptom: das sprachliche Anzeichen ihrer im Grunde unsicheren, bei allem guten Willen zur Frömmigkeit dogmatisch verlegenen Religiosität,[5] und damit ein Darstellungszug, der an die Nachdenklichkeit des Lesers, seine Bereitschaft und Fähigkeit, die geschilderte Figur psychologisch zu durchleuchten, appelliert. Ungebrochen komisch ist die winzige Szene jedenfalls nicht; auch im Nachhall des abwinkenden »und so weiter« des Erzählers nicht.

Ein zweites Beispiel: Es entstammt dem 13. Kapitel, das im Frühjahr 1941 spielt. Unter den zu Soldaten gewordenen Lehrern des Gymnasiums, das Walter und sein älterer Bruder Robert besuchen – es ist längst NS-konform in »Schule bei den sieben Linden« (S. 37) umbenannt und auch sonst ganz auf Linie gebracht worden –, ist im Mai der erste Gefallene zu beklagen: »In Jugoslawien, auf dem Felde der Ehre.« (S. 123) In der Turnhalle der Schule findet eine Gedenkfeier statt. Der bei seinen Schülern beliebte Lehrer Hannes hält eine von Trostklischees anlasshalber triefende Totenrede, in der er ausgerechnet »zwischen Barren, Leitern und Stangen« eine »bronzene Tafel« für Peule, den gefallenen Kollegen, visiert und obendrein das »Gotterleben im Kriege« beschwört (ebd., vgl. schon S. 39). Nach viel zu tiefer Intonation durch den Schuldirektor wird zum Abschluss der Feier das Deutschlandlied gesungen, wobei die Schüler den Hitlergruß leisten müssen, »die ganze Zeit [...] mit schwerer werdendem Arm. Schließlich stützte man sich auf die Schulter des Vordermannes.« (S. 124) Aber damit ist es noch nicht vorbei, denn der »verschrumpelte Direktor erkletterte das Podium«, und zwar in disziplinarischer Absicht:

> Das Tragen von Schülermützen sei verboten, das wüßten wir doch.
>
> [...]

> Und dann *noch* eine Ansage – »halt's Maul dahinten, ja, du bist gemeint!« – er habe es schon im Kollegium bekannt lassen gegeben, er habe es schon angeordnet zu sagen zu machen, im Diktat, in der Nachschrift, da dürfe es nicht mehr »Verbesserung«, sondern »Berichtigung« heißen.
>
> Das sei schlechtes Deutsch. (S. 124)

Gewiss: Der performative Selbstwiderspruch, »schlechtes Deutsch« in markant schlechtem Deutsch zu untersagen, ist komisch, unfreiwillig komisch. Dieses Komische kommt hier aber nicht los von der Negativität der imbezilen Paukergewalt im Dienste nationalsozialistischer Schulbekleidungs- und Sprachpolitik,[6] eines Lächerlichen, das angesichts der totalitären Aggression der hinter ihm stehenden Macht zum Lachen nicht ist. Und eben dieser Spannungszustand wird hier zur darstellungserwirkten Erfahrung. Was dem Schema komischer Inkongruenz nach erheiternd sein *könnte*, wirkt in seiner inhaltlichen Konkretion durch den Erzählkontext gebrochen komisch: zugleich lächerlich und beklemmend, bei ausreichendem Mitgefühl für die der gleichgeschalteten Schulleitung Unterworfenen wohl auch empörend.

Schließlich ein drittes und letztes Beispiel: Kapitel 33, Herbst 1944. Vater Karl Kempowski ist an der Front (und wird wenig später fallen), Walter leistet HJ-»Pflichtdienst« zur Einsammlung von allem und jedem, das sich als »Altmaterial« kriegswirtschaftlich noch nutzen lässt (S. 381). Das läuft freilich nicht gut für den langes Haar kultivierenden Gymnasiasten und heimlichen Jazz-Hörer. Während des Dienstes gerät Walter an linientreue, obendrein stramm maskulinitätsbewusste »Jungen aus der Werftgegend« (S. 387), die seiner anstößigen Haartracht – »Ich säh ja aus wie ein Weib. Meine Lippen so rot, ob ich die geschminkt hätte? Und Wasserwelle, wie?« (ebd.) – in einer dunklen Ecke des Hausflurs einen Zwangsschnitt verpassen. Die Beschwerde seiner Mutter wiederum – »sie könne ihren Jungen ja gar nicht mehr in Ruhe zum Dienst schicken« (S. 395) –

führt nicht etwa zur Ermittlung und Verwarnung der Täter, sondern zu Walters »Vorladung zum Bann« (S. 396). Auf dem Weg dorthin – »Vorher das Haar mit Wasser anklatschen, dann liegt es wie ein Helm« (ebd.) – wird er erneut der schweren Zerstörungen ansichtig, die die Luftangriffe der Alliierten in Rostock angerichtet haben:

> Die Banndienststelle befand sich in einer Villa, nicht weit vom Konservatorium entfernt. Im April waren in dieser Gegend eine Menge Sprengbomben gefallen, die hatten den Bahnhof treffen sollen, alle daneben.
>
> Bombentrichter 20 Meter tief.
>
> Das Haus von Dr. Felgendreher zusammengeklappt und das Dach wie eine Mütze obendrauf. Das Telefon hatte geklingelt, in den Trümmern: Felgendreher, der grade auf dem Lande Urlaub machte, wollte wissen, ob was passiert sei. (S. 397)

Der groteske Mützenvergleich zur Versprachlichung des Anblicks der Ruine, der im Kontext gesteigert biderbe Name des Hausbesitzers und vollends die vom Hörensagen erinnerte Szene seines eigentumsängstlich besorgten Anrufs inmitten der bis aufs sinnlos weiterfunktionierende Telefon irreparabel zerstörten Habe – sie sind auf unfreiwillige Weise komisch. Dass sie gleichwohl die Reaktionschance herzhaften Lachens nicht eröffnen und die wissenden Lächelns nur unter Aufwendung einschlägiger Gedankenarbeit, ist klar. Denn das Schreckliche, das hier seine komische Seite zeigt, bleibt eben: schrecklich – es sei denn, man setzte sich in gefühlloser Lektüre über die erzählten Fakten hinweg.

Die Beispiele ließen sich vermehren, aber das ihnen zugrundeliegende Gestaltungs- und Wirkungsprinzip dürfte deutlich geworden sein: In *Tadellöser & Wolff* dient die Darstellung unfreiwilliger Komik nicht der Erheiterung, gar der Belustigung des Lesers durch komische und nichts als komische Konstellationen. Es verhält sich umgekehrt so, dass die fraglichen Erzählblöcke – Kempowski sprach treffend von »Bildern«[7] – unfreiwillig Komisches in Verquickung mit Inhaltsmomenten darbieten, die es an lebensweltlichen Ernst und geschichtliche Negativität ketten: an Problematisches und Bedenkliches, markant Ungutes und eindeutig Arges. Was dieses Verfahren hervorbringt, darf man gebrochene Komik nennen und unter Funktionsgesichtspunkten als eine Interferenzstruktur beschreiben, die dem Leser, anstatt ihm einfachhin die vergnügliche Wahrnehmung von Komischem zu gestatten, die reflexive Revision solcher Wahrnehmung und der mit ihr Hand in Hand gehenden Reaktionspropensitäten abverlangt. Anders gesagt: Es handelt es sich um eine Spielart literarischer Komik, die kraft ihrer Gebrochenheit »eine zweite Ebene bietet«, sofern sich in ihr »zugleich die Problematik der im Lachen liegenden Affirmation mitteilt und mithin im Komischen die Norm des Komischen selbst relativiert wird«.[8]

Wolfgang Preisendanz, den ich soeben zitiert habe, kommt das Verdienst zu, die in Rede stehende Form einer an sich selbst grenzreflexiv werdenden Komik literaturtheoretisch identifiziert und literarhistorisch in ihrer Bedeutung für die Darstellungsleistungen zeitgeschichtlicher Romane der Nachkriegszeit profiliert zu haben.[9] Neben Grass' *Blechtrommel*, Janoschs *Cholonek oder Der liebe Gott aus Lehm* und Albert Drachs *»Z. Z.« das ist die Zwischenzeit* hat Preisendanz in diesem Zusammenhang auch *Tadellöser & Wolff* Exemplarität zuerkannt und sein Urteil durch den Hinweis auf eine Passage des 13. Kapitels illustriert. In ihr ist von den Fantasien die Rede, die Manfred, ein masochistisch veranlagter Schulfreund des Erzählers,[10] an Berichte über Kriegsverletzungen knüpft, die 1941 immer häufiger werden:

> Bauchschuß, das stellte sich Manfred am schrecklichsten vor. Wenn denn so die grünen Gedärme raushängen und Erde kommt da dran: wie paniert; wie beim Baden die Büx, wenn man sich auf den Sand setzt. (S. 120)

Ersichtlich fällt der angeführte Passus in die schon erörterte Rubrik der Darstellungen unfreiwilliger Komik. Denn die Vergleiche, mit denen der vom Schrecklichen faszinierte Junge das Schreckliche in norddeutscher Sprachfärbung umkleidet, dienen ja nicht etwa der Absicht, Scherze mit ihm zu treiben, es zum eigenen Vergnügen oder dem anderer in ein komisches Licht zu tauchen. Vielmehr handelt es sich um den ebenso energischen wie naiven Versuch, Anschaulichkeit herzustellen: durch Anschluss an Bekanntes. Dass dabei komische Inkongruenzen entstehen, ist wahr – und freilich auch, dass das unintendiert Komische der dem kindlichen Bewusstsein entschlüpfenden Bilder deren entsetzliches Analogon nicht zu fassen und *a fortiori* nicht ins Harmlose, Heitere, wie auch immer Positive hinüberzuspielen vermag. Im Gegenteil: Was es heißt, einen offenen Bauchschuss zu erleiden, tritt in seiner unvorstellbaren Schwere umso deutlicher hervor, als das zweimal schiefe »wie paniert«, »wie beim Baden die Büx« von ihm abgleitet und dergestalt die Kluft, das krasse Missverhältnis zwischen der unabsichtlich komischen Vorstellungsbildung und ihrem tödlich ernsten Anlass offenbart. Insofern will auch hier »Komik nicht einfach nachvollzogen«, sondern reflexiv revidiert und auf die Ahnungslosigkeit ihres Ursprungs hin durchschaut sein. Als gebrochene »veranlaßt sie den Leser, sie nicht auf sich beruhen zu lassen, sie nicht als Auffassungsnorm zu akzeptieren, sondern eine andere Einstellung zu finden, als sie die Komik zur Verfügung stellt.«[11]

Für *Tadellöser & Wolff* lässt sich dieser generelle Befund zur Leserrolle im Umgang mit gebrochener Komik freilich nur dann werkadäquat konkretisieren, wenn man über die bisherige Stellenlese hinaus das vergleichsweise viel reichere Geflecht jener Passagen in Betracht zieht, in denen Kempowski nicht mit der Darstellung unfreiwilliger, sondern kommunikativ intendierter, von den Figuren seines Romans redend oder anderweitig handelnd erzeugter oder doch mit Blick auf diesen oder jenen Gegenstand, diesen oder jenen Sachverhalt behaupteter Komik aufwartet. Denn vor allem hier, in Erzählblöcken, in denen es auf *histoire*-Ebene ums Komischmachen oder Komischfinden geht, zeigt sich die Darstellungsform gebrochener Komik in ihrer Bedeutung für die Sujetfügung des Romans, dessen aus zahllosen Momentaufnahmen zusammengesetzter Signifikant der erinnerte Alltag und dessen narrative Kohärenz und historische Relevanz stiftendes Signifikat die Fadenscheinigkeit und Brüchigkeit der Lebensform, des Welt- und Selbstverständnisses einer bürgerlichen Familie in der Hoch- und Endphase der nationalsozialistischen Herrschaft in Deutschland sind.

Intendierte Komik manifestiert sich in *Tadellöser & Wolff* zunächst im konversationellen Gebrauch von allerlei Wortspielen, Witzworten und Verballhornungen, die isoliert, für sich genommen, harmlos und freilich auch entschieden passé, aus heutiger Sicht abständig und antiquiert wirken. So im Gebrauch und Wiedergebrauch der zum Buchtitel erhobenen Phrase, einer grammatisch-semantisch paradoxen Verschränkung des Adjektivs »tadellos« mit dem Namen der 1937 arisierten Berliner Tabakwarenfabrik Loeser & Wolff. Der Zigarrenraucher Karl Kempowski und seine Sprösslinge führen das resultierende Amalgam bei jeder Gelegenheit im Mund, um Zustimmung, Lob und gute Laune kommunizieren;[12] hinzu kommt die kaum weniger oft wiederholte Verwendung der gleichfalls scherzhaften Wortkreuzungen »Gutmannsdörfer« (S. 8, 83 u. ö.), »Uppstahneque« (S. 12 u. ö.), »allerhandlei« (S. 22, 108 u. ö.) »Malsoweit« (S. 25, 133 u. ö.) und »Lebenswurst« (S. 34, 71 u. ö.). In Mischung mit mehr oder minder zackigen Munterkeits- und Entschlossenheitsparolen – »Klare Sache und damit hopp!« (S. 45, 50 u. ö.), »Fiß biste patzt« (S. 133, 177 u. ö.) –, Scharaden – »Was ›Kohlöppvehnah‹ heiße, ›ansage mir frisch!‹ ›Die Kuh läuft dem Vieh nach‹, mußte ich dann antworten. Daraufhin wurde ›Gut dem Dinge‹ gesagt.« (S. 14, vgl. 34 und 226f.) – und bisweilen ins Derbkomische, auch endemisch Rassistische ausfahrenden Sprüchen – »Scheiße mit Reiße« (S. 119, 178, 259 u. ö.), »Im Mohrenarsch ist's duster« (S. 183, 365) – bilden sie die Spielmarken des Familientons, der Familiensprache der Kempowskis, eines Idioms, dessen beständige Reproduktion der Aufrechterhaltung emotionaler Wohnlichkeit und Behaglichkeit dient: eines Schutzraums oder, mit Odo Marquards berühmtgewordener Wendung, eines Exils der Heiterkeit[13] in einer zusehends alles andere als heiteren Welt. *Tadellöser & Wolf* ist indessen nicht als familienbiographisch-nostalgische Rekonstruktion dieser bürgerlichen Heiterkeitssphäre angelegt, sondern als ebenso detailreiches wie konturscharfes Erinnerungsprotokoll des Verfalls ihrer Scherzroutinen an die Verderbnis der Zeitläufte, in die die Familie Kempowski wie das Gros der Deutschen damals durchaus verstrickt ist, und zwar in Abhängigkeit von den politisch-militärischen Glückswechseln des NS-Regimes teils mit verblendeter Begeisterung, teils in geduckter Anpassung.[14] In den Interferenzstrukturen gebrochener Komik wird dies auf packende und allemal gedankenweckende, das historische Wissen, den psychologischen Sinn und die moralische Urteilskraft des Lesers herausfordernde Weise darstellungsgegenständlich.

Auch hierzu eine Reihe von Beispielen – zunächst anhand des Motivstrangs der Wiederholung von Scherzreden, Wortwitzen und Witzworten, die gegen ihre narrativen Kontexte abzuschotten das sicherste Mittel ist, Kempowskis Roman verharmlosend misszuverstehen.[15] Statt anderer greife ich aus dem familieneigenen Vorrat an Redemitteln zur Erzeugung von Komik und guter Laune die circensisch-akrobatisch angehauchte *Kein-Grund-für-Zweifel*-Formel »Klare Sache und damit hopp!« heraus.

Ihren ersten Auftritt hat sie im 5. Kapitel, am Ende eines Gesprächs bei Tisch, in dem Vater Kempowski über »Birnen, Bohnen und Speck« (S. 44) nach den Ereignissen des zurückliegenden Schultages fragt: »Ob er denn nun drangekommen sei oder nicht!?« (S. 45) Die Unterhaltung nimmt freilich eine unerwartete Wendung ins Ernste und außeralltäglich Bedeutsame, als Robert von seinem Lehrer Dr. Otterstedt berichtet:

Dr. Otterstedt habe nach der inneren Wahrheit gefragt, sagte mein Bruder. Nach der inneren Wahrheit?

Ja, nach der inneren Wahrheit.

Der war im Krieg schwer verwundet worden, Zweihundertvierzehner, hatte oft starke Schmerzen.

»Aber tadellose Anzüge«, sagte mein Bruder.

»Ja, gut dem Dinge. Klare Sache und damit hopp!« (ebd.)

Zwar bleibt unbestimmt, von welcher oder von wessen innerer Wahrheit hier die Rede ist, und entsprechend unbestimmt, ob man sich den kriegsversehrten Pädagogen als von religiösen, ethisch-moralischen oder, nochmals anders, politischen und rechtlichen Fragen bewegt vorstellen soll oder darf; deutlich wird aber, dass in dem winzigen Stück Dialog über ihn eine Reflexionszumutung abgewehrt wird, die sich mit einem unerwartet schwergewichtigen Wort wie überdies in Verbindung mit der Appellqualität einer persönlichen Leidensgeschichte meldet. Die Abwehr (oder Abwiegelung) erfolgt zunächst durch Robert Kempowskis Hinweis auf intakte Äußerlichkeiten (»tadellose Anzüge«), nach dieser Vorlage aber durch Vater Karls Sprung in konventionell freundliche Scherze – »hopp!« –, womit die häusliche Welt wolkenloser, weil über alles Wesentliche schon verständigter Heiterkeit wiederhergestellt scheint. Es wäre indessen ganz abwegig anzunehmen, dass die dargestellten Redehandlungen dazu dienten, leserseitig Einverständnis und Vergnügen abzurufen. Unverkennbar ist ja doch das zurückzuckend Beschränkte des väterlichen Griffs nach Schema-Komik, die in der zitierten Passage denn auch nicht ausgespielt, sondern durch die anordnende Hand des Autors als Produkt von Verständnis- und Empathiedefiziten ausgestellt und durch interferierenden Ernst, dem sie sich nicht gewachsen zeigt, gebrochen wird.

Nun mag man einwenden, dass das erörterte Beispiel zwar die psychologische Funktion emotionaler Selbststabilisierung und in eins damit den Übertünchungs- und Beschönigungscharakter der familieninternen Scherzroutinen der Kempowskis sehen lasse, nicht aber die Darstellung ihres selbstverschuldeten Verfalls an die politische und moralische Verderbnis der Zeitläufte. Indessen rückt eben dies in späteren Passagen auf verstörende Weise in den Vordergrund, so dass man mit Blick auf unser Thema nicht nur von einer diskontinuierlichen Folge isotoper Passagen, vielmehr von deren Anordnung nach einem Steigerungs- und Zuspitzungsprinzip sprechen darf.[16] Man vergleiche hierzu im 10. Kapitel ein in die Zeit des Überfalls auf Polen Anfang September 1939 fallendes Gespräch, in dem in Nachahmung des Vaters nunmehr der große Sohn den jokosen Satz »Klare Sache und damit hopp!« pausbäckig im Munde führt:

> »Was sagt der Wehrmachtsbericht?« fragte mein Vater. Er hängte vor den Lautsprecher ein rotes Schild:
>
> Denke dran, daß das Abhören ausländischer Sender unter Strafe steht.
>
> »Don Pedro Gutsmann«, sagte mein Bruder, »klare Sache und damit hopp!« Erstmalig hätten auch Verbände der Waffen-SS in den Kampf eingegriffen. »Was glaubst du, wie die reinhauen, da wächst kein Gras mehr, alles Mus und Grus.«
>
> »Ja«, sagte mein Vater, »total iben, da wird nicht lange gefackelt.« Der Hitler wisse, wo Bartels seinen Most hole. Die seien bald erlederitzt. (S. 92)

Anders als in der kleinen Szene, in der sich der masochistisch belastete Manfred, ein pubertierender Junge, die grausigen Folgen eines Bauchschusses durch ihm sinnlich einleuchtende Vergleiche ausmalt, treiben in diesem Bild die dargestellten Personen mit Entsetzen Scherz. Nicht exzessiv, gewiss, nicht entfesselt, sondern im Gestus radiohörender Bonhomie, eines temperierten und allerdings durch die eintreffenden Vormarschmeldungen erregten Zufriedenheitshumors, der sich zu kernigen Sprüchen, ulkigen Reimen, Redensarten und Wortspielen aufgelegt findet. Umso erschütternder die Interferenz, die Kempowski zwischen den Äußerungen dieses übrigens durchaus politischen Humors – in »erlederitzt« dürfte eine Anspielung auf den in Nazideutschland geschichtspolitisch venerierten Tabakgroßhändler und Kolonialpionier Adolf Lüderitz stecken[17] – und ihrem furchtbaren Gegenstand mit minimalem Zeichenaufwand erzeugt: An die Gräueltaten deutscher Einsatzgruppen beim Angriff auf Polen wird durch einen einzigen nachrichtenoffiziell vermummten Satz in indirekter Rede erinnert. Aber für historisch informierte Leser – und man darf annehmen, dass Kempowski für historisch informierte und nicht etwa für ignorante Leser*innen schrieb – genügt die Wiedergabe der trockenen Meldung, dass erstmalig auch Verbände der Waffen-SS in den Kampf eingegriffen hätten, vollauf, um den Versuch, der besprochenen Welt des Krieges draußen im heimischen Ambiente drinnen humoristische Lust abzugewinnen, ins Anstößige und recht eigentlich Abstoßende kippen zu lassen, und zwar auch dann, wenn man die Asymmetrie zwischen der *in eventu*-Perspektive der Figuren und dem *ex eventu*-Wissen von Autor und Leser in Rechnung stellt, also wiederum Ahnungslosigkeit, schuldhafte freilich, als Ermöglichung der feixenden Reden mitdargestellt findet. So oder so: Im plötzlichen Licht des nicht von ungefähr unmittelbar nach »hopp!« einfallenden Nachrichtensplitters ist die vorwiegend dialogische Modellierung des Willens, sich aus deutschnationalem Sentiment (und ersichtlich im Sog der Klischees und Schablonen eines diskursiven Männlichkeitsrituals zwischen Vater und Sohn) in regimetreue Siegeslaune zu witzeln, unverkennbar auf die Provokation, das Befremden des Lesers angelegt und dergestalt auf die Kritik des national- und kriegsideologischen Syndroms, das in dem auf der Bühne des bürgerlichen Wohnzimmers von einst vorgeführten Komisierungsverhalten *zum Ausdruck kommt*.[18]

Er wolle nicht entlarven, meinte Kempowski 1972 in einem Interview mit Volker Hage, sondern »die Larven zeigen«.[19] Diese Selbstaussage scheint mir sehr genau die Funktion zu treffen, die die Darstellungsform gebrochener Komik in *Tadellöser & Wolff* mit Bezug auf die ursprünglich zeitgeschichtliche, inzwischen oder doch demnächst geschichtliche Thematik des Romans erfüllt: Indem sie die komischen Larven der Figuren in Kontexten zeigt oder auf Kontexte relativiert, deren politisch-moralische Kalamität es inakzeptabel und in diesem Sinne ›unmöglich‹ macht, sie in naiver, pseudonaiv evasiver oder zynischer Weise ins Komische zu ziehen, wird gebrochene Komik zum Medium einer *Hermeneutik der Verstrickung*, die uns verstehen und dem zuvor fragen lässt, warum »ganz normale Bürger« wie die Protagonisten dieses allenfalls ironisch distanziert noch »bürgerlichen« Romans sich unter Hitler verhielten, wie sie sich eben verhielten.

Noch einmal: Akte des Komischfindens und Komischmachen treten in *Tadellöser & Wolff* nicht als Adiaphora und nicht als Harmlosigkeiten in Erscheinung. Vielmehr werden sie vom arrangierenden Autor[20] auf die Angelegenheiten einer zutiefst problematischen, vom Nationalsozialismus und seinen Verbrechen nicht bloß umwitterten, sondern durchdrungenen Lebenswelt bezogen und so ihrerseits problematisch: durchs Darstellungs- und Reflexionsmedium gebrochener Komik. Dass es so ist, zeigt sich auf vielfältige Weise, mit emblematischer Intensität aber in einer für Kempowskis Schreibart charakteristischen Folge von Bildern im 4. Kapitel des Romans. Es ist da von sonntäglichen Kinobesuchen der Geschwister Walter, Robert und Ulla die Rede:

> Kindergewühl. Es gongte und der Vorhang färbte sich grün, rot und orange. Unter dem schrillen Pfeifen der Kinder schütteten Stan Laurel und Oliver Hardy einem Lebensmittelhändler Eier über den Kopf. Und der ließ ihnen dafür die Taschenuhren durch die Zentrifuge laufen.
>
> Neben Robert saß man nicht gut. Der stieß einen immer an, ob man das eben gesehen habe, ja?

Hinterher hieß es, der Film sei epochal gewesen oder »prachtach«.

Einmal gab es den Film »Morgenrot« mit Adele Sandrock. Das war ein Reinfall. Wir wollten immer lachen, aber da gab es nichts zu lachen.

Nach dem Kino ging es ins Lesecafé. Dort saßen Freunde vom Jachtklub.

Juden unerwünscht! (S. 28)

Um die durchaus sinnbildliche, den unscheinbaren Berichtsgestus ihrer sprachlichen Form kategorial übertreffende Qualität dieser Passagen auf sich wirken lassen zu können, muss man selbstverständlich wissen, dass der mit Adele Sandrock besetzte Weltkriegs- und U-Boot-Film *Morgenrot* aus dem Jahre 1933 nicht irgendein Film war, der Slapstick-Erwartungen enttäuschte, sondern ein von der NS-Propaganda geschätztes und weidlich genutztes Produkt bellizistischer Indoktrination mit cineastischen Mitteln.[21] Und selbstverständlich muss man gleichfalls wissen, welche Rolle das in perzeptionsgenauer Wiedergabe ohne Anführungszeichen zitierte Wort »Juden unerwünscht!« seit 1933 vor deutschen Geschäften, Lokalen, Eingängen vieler Ortschaften und so denn auch vor dem Eingang zum Rostocker Lesecafé (!) als Positions- und Aggressionssignal der von den Nationalsozialisten und ihren Anhängern betriebenen Ausgrenzung der jüdischen Bevölkerung spielte.[22] Weiß man beides und ist man zudem in der Lage *innezuhalten*, um dem von Kempowski auf engstem Raum zu einem vielsagenden Netz von Echobeziehungen verdichteten Erinnerungsmaterial nachzusinnen, so erkennt man, dass der Satz »Wir wollten immer lachen, aber da gab es nichts zu lachen« hier nicht einfach das Protokoll der ausnahmsweisen Frustration eines kindlichen Vergnügungshabitus ist, im narrativ generierten Kontext gebrochener Komik vielmehr ein Inzitament zur Reflexion auf die ethische

Problematik dieses Habitus und seiner lebensgeschichtlichen Pseudomorphosen. Denn Kempowski *zeigt*, wovon die Intention aufs Vergnügen an komischen Gegenständen innerhalb und außerhalb des Kinos absehen muss, um sich in einer von Ungerechtigkeit und Gewalt entstellten Welt die Illusion anschaulicher Erfüllung zu verschaffen: Juden unerwünscht![23]

Es ließe sich noch länger fortfahren in der Kommentierung von Erzähleinheiten, die das in einer menschengemacht schlimmen Zeit Fadenscheinige und gesteigert Bedenkliche von Komik als Erlebnisstil und »Auffassungsnorm« (Preisendanz) ins Licht rücken. Analytik und Pragmatik, Struktur und Funktion der hier thematisch gewesenen Darstellungsform dürften indessen ungefähr deutlich geworden sein, so dass ich mich auf zwei letzte Hinweise beschränken darf, die ihrerseits zu genaueren Untersuchungen am Text anregen mögen. Ich denke zum einen an die Schilderung der verordneten Lustigkeit eines »bunte[n] Abend[s]« der HJ im 7. Kapitel (S. 55–58), die als Kaskade von Zitaten indoktrinationspragmatisch zusammengewürftelter Texte – NS-Lyrik, deutsche Kolonialpropaganda, »Wandrers Nachtlied«, Kinderwitze mit Bart – angelegt und durch den Distanzierungseffekt einer typographischen, den kommentarlos kommentierenden Erzählvorgang als Schreibvorgang exponierenden Geste eindrucksvoll ist:

> Hahaha,
>   hahaha,
>   hahaha! (S. 57);

zum anderen an den grotesken Schluss des 14. Kapitels, der die Familie Kempowski als häusliche Lachgemeinschaft zeigt (S. 142f.). Im Taumel vergnügter Erinnerungen – »›O wie isses komisch! Wie isses rasend komisch!‹« (S. 143) – macht sich Mutter Grete dabei mit selbstgefälligem Staunen über die ersten Auftritte von SA-Leuten lustig:

»Ich dachte, das wär'n Ascheimerleute. Ich sagte noch, Karl, was sind das für Ascheimerleute? – Nein, wie isses nun bloß möglich.« (ebd.)[24]

Wirkungs- und darstellungsästhetisch steht auch dieses Bild im Zeichen einer durch Interferenzen gebrochenen Komik, die Gegenmotive und durch Gegenmotive Fragen weckt. Denn der Leser weiß, wovon Frau Grete absieht, indem sie die SA durch den Vergleich mit Ascheimerleuten ins Komische rückt und just so verharmlost: Ihr Mann, der angesprochene Karl, gehört längst selbst zu den Leuten in brauner Uniform.[25] In der Tat also: Wie war es nun bloß möglich?

1 Für den Tagebuchschreiber Kempowski ergiebig, allerdings nur an kommunen Formen und Standardfunktionen des Komischen interessiert: Tom Kindt: »›Ich bin traurig und pfeife vor mich hin‹. Zur Komik bei Kempowski am Beispiel des Tagebuchs *Alkor*«, in: Walter Kempowski. Bürgerliche Repräsentanz, Erinnerungskultur, Gegenwartsbewältigung, hg. von Lutz Hagestedt, Berlin/New York 2010, S. 275–292.

2 Vgl. Carla Damiano/Andreas Grünes/Sascha Feuchert (Hg.): Walter Kempowski Handbuch. Leben – Werk – Wirkung, Berlin/Boston 2020.

3 Hierzu im Anschluss an Souriau, Plessner und Ritter Hans Robert Jauß: »Zum Problem der Grenzziehung zwischen dem Lächerlichen und dem Komischen«, in: Das Komische, hg. von Wolfgang Preisendanz und Rainer Warning, München 1976, S. 361–372, hier S. 366: »Komik […] kann nur empfinden, wer den sens du comique besitzt, d. h. wer als unbeteiligter Beobachter ein Auge dafür hat, im Lichte welcher Normen sich in einer Situation die Komik der Welt entdeckt.«

4 Diese und alle weiteren in Klammern nachgestellten Seitenangaben beziehen sich auf Walter Kempowski: Tadellöser & Wolf. Ein bürgerlicher Roman, München 1971.

5 Vgl. hierzu als spätere Parallelstelle: »Warum lasse Gott all das Schreckliche zu? sagte meine Mutter zu Pastor Vorndran. Was er meine? Ob Gott uns 'reinbrennen wolle? All solche Gedanken gingen ihr durch den Kopf!« (S. 191)

6 Vgl. den folgenden, wenig späteren Abschnitt: »Fremdwörter mußten vermieden werden. Lehnwörter möglichst auch. ›Löschhorn‹ anstelle

von ›Nase‹, das allerdings wär lächerlich. Ein Ersatz für ›Interesse‹ war schwer zu finden.« (S. 128) Und schon früher: »Statt Sexta, Quinta, Quarta, mußte man eins, zwei, drei sagen.« (S. 37)

7 Walter Kempowski: »Brief an Uwe Johnson vom 6.4.1971«, in: U. J./W. K.: »Kaum beweisbare Ähnlichkeiten«. Der Briefwechsel, Berlin 2006, S. 10.

8 Wolfgang Preisendanz: »Zum Vorrang des Komischen bei der Darstellung von Geschichtserfahrung in deutschen Romanen unserer Zeit«, in: Das Komische (Anm. 3), S. 153–164, hier S. 160f.

9 In Anlehnung an Lotmans Unterscheidung zweier Typen von Ästhetik, einer Ästhetik der Identität, die »auf der vollständigen Identifikation der Lebenserscheinungen, die dargestellt werden, mit dem Auditorium bereits bekannten und in das System von ›Regeln‹ eingegangenen Modellschablonen« beruht, und einer Ästhetik der Opposition, die auf die so oder so organisierte Störung bzw. Zerstörung solcher Modellschablonen und der an sie gebundenen Lesererwartungen setzt (vgl. Juri Michailowitsch Lotman: Die Struktur des künstlerischen Textes, Frankfurt am Main 1973, S. 433ff.), spricht Preisendanz allerdings nicht von gebrochener Komik, sondern von einer »Komik der Opposition« (Preisendanz: »Zum Vorrang des Komischen bei der Darstellung von Geschichtserfahrung in deutschen Romanen unserer Zeit« [Anm. 8], S. 161). Ich halte dies aus einer Reihe von Gründen, allen voran strukturdeskriptiven, für terminologisch unvorteilhaft.

10 Zur Einführung des Masochismus-Motivs vgl. Kapitel 4 (S. 31f.) und 6 (S. 48f.). Nach der Lektüre von Kempowskis Aufzeichnungen aus den Jahren der Entstehung des Romans muss man übrigens vermuten, dass er insoweit eigene Lebensprobleme verarbeitet hat. Vgl. etwa den Eintrag vom 23.12.1969: »Hamburg, ich allein, wollte zum Psychiater wegen Masochismus allgemein. Kam nicht durch wegen Riesenverkehr. Telefonberatung.« (Walter Kempowski: Wenn das man gut geht! Aufzeichnungen 1956–1970, hg. von Dirk Hempel, München 2012, S. 601)

11 Preisendanz: »Zum Vorrang des Komischen bei der Darstellung von Geschichtserfahrung in deutschen Romanen unserer Zeit« (Anm. 8), S. 164.

12 Vgl. die Erstverwendung in Kapitel 1: »Wenn mein Vater die Abendpost durchgesehen hatte – ›Tadellöser & Wolff!‹ – spielte er meist noch lange Klavier. Das konnte ich bei offner Tür gut hören!« (S. 11) – und nach etlichen Wiederholungen (z. B. S. 43, 100) die Erläuterung des Sinns der Phrase gegenüber einem Außenstehenden vom Land: »›Tadellöser & Wolff? Was soll das eigentlich bedeuten?‹ Na, gut dem Dinge, weiter nichts. So rede man eben in der Stadt. ›Gutmannsdörfer‹, das sei auch so ein Schnack. Wenn man was gut finde, dann sage man einfach ›Gut-

mannsdörfer‹. Oder ›Schlechtmannsdörfer‹, oder ›Miesnitz & Jenssen‹.« (S. 356)

13 Vgl. Odo Marquard: »Exile der Heiterkeit«, in: Das Komische (Anm. 3), S. 133–151. Zu Odo Marquard und Walter Kempowski s. auch den Beitrag von Mark Schweda und Kai Sina in diesem Band.

14 Charakteristisch für Kempowskis konstellierende Darstellung der Dynamik dieser Verstrickung, ihres attentistischen Auf und Ab und ihrer aus deutschnationalen Dispositionen fließenden Motive ist die Resonanz- und Kontrastbeziehung zweier Passagen, deren Synopse dem Leser über einen Abstand von mehreren hundert Seiten angesonnen wird. Im 13. Kapitel (Berichtszeitraum Frühjahr 1941) steht dies: »Im Wohnzimmer über dem Sofa hing eine Europakarte. Bunte Stecknadeln: Wie Deutschland immer größer wird. Die Stecknadeln waren mit roten Wollfäden verbunden, aus dem Nähtisch. / ›Verdun gefallen‹ hatte der Nachrichtensprecher lakonisch gesagt, als sei das nichts Besonderes. / ›Donnerwetter!‹ rief mein Vater, ›großartig!‹ Eines Tages würde man doch wohl ein Führerbild kaufen. Vielleicht das im Mantel, wo er so von hinten kuckt. ›Da sieht er ganz vernünftig aus.‹« (S. 132) Im 37. und letzten Kapitel wird das so eingeführte Motiv der Erwägung eines Führerbild-Kaufs in einer Passage über häusliche Vorkehrungen für den bevorstehenden Einmarsch der Russen in Rostock dann folgendermaßen aufgenommen: »Auf alle Fälle eine Kiste mit Weckgläsern vergraben, hinten, im Garten von Dr. Krause. / Auch die Orden. / Die Schießscheiben abnehmen, die gingen nicht so ohne weiteres kaputt. (›Hoffentlich schimpft Vati dann nicht.‹) / Da mußte Großvater mit der Axt herangehen. / Und den Säbel auch wegschmeißen. / (Es war doch gut, daß man kein Führerbild gekauft hatte.) / Und die Winterhilfsplaketten, da waren ja überall Hakenkreuze drauf. / Den Brüdern im bedrängten Land – / warmfühlend Herz, hilfreiche Hand. VDA / ›Und Junge, deine Uniform!‹« (S. 470) Dass übrigens in *Tadellöser & Wolff* die Haupt- und Symptomfiguren der verantwortlichen Elterngeneration, soweit sie den Krieg denn überleben, auch aus gehabtem Schaden zu elementaren politischen Einsichten nicht finden, macht das Schlusskapitel am Beispiel der markant faktenwidrigen und verstockt sentimentalen Kaiserzeitnostalgie Grete Kempowskis deutlich: »Dahin müsse man wieder zurück, zur Kaiserzeit. Nicht: schwarz-rot-senf. Diese politischen Versammlungen immer. Oh, sie wüßte es noch wie heute. […] Diese verschiedenen Strömungen, widerlich. […] Kaiser Wilhelm habe es jedenfalls verstanden, Frieden zu halten. Oh, sie wüßte es noch: die Puppe hochgehalten, als er zum Rennen fuhr, und die Kaiserin so genickt: ›Du gutes Kind.‹« (S. 472f.) Und so weiter.

15 Kempowski hat ein entsprechendes Muster der Fehlrezeption, das durch Eberhard Fechners Verfilmung des Romans für ein Millionenpublikum (1975) nicht unwesentlich begünstigt worden sein dürfte und das einem in Gesprächen über *Tadellöser & Wolff* noch heute in Gestalt einschlägig dekontextualisierter Zitatkaskaden entgegenschlagen kann, übrigens klarsichtig vorausgesehen. Gewiss lasse sich sein Roman auch als »Witzbuch« missbrauchen, räumte er 1972 in einem Interview mit Volker Hage ein. Vor Missbrauch sei eben nichts geschützt; man könne schließlich »auch die Bibel als Zigarettenpapier benutzen«. Weshalb der distanzlose Nachvollzug und das gesteigert distanzlose Nachplappern des auf komische Effekte abzielenden Phrasenschatzes der Kempowskis dem Roman unangemessen sind, deutete Kempowski mit der ihm eigenen Lakonie an: »[I]m ›Tadellöser‹ steht viel Schlimmes«, und eben das Wissen um dieses Schlimme im Leser zu wachzurufen und mit den Mitteln literarischen Gedächtnistrainings wachzuhalten, sei eines der zentralen Anliegen seines Buches: »Ich will nicht das Gelächter, ich will mehr Verständnis.« Vgl. Volker Hage/Walter Kempowski: »Eine Art Gedächtnistraining«, in: Akzente 19 (1972), S. 340–349, hier 343f.

16 Dass es sich so verhält, kann hier nur behauptet und exemplarisch illustriert, nicht zureichend belegt werden. Eine einschlägige Untersuchung dürfte indessen wichtige Aufschlüsse über die schubweise Verstärkung der ›fallenden‹, (in Grenzen) kataklystischen Linie im Bau des Romans erbringen.

17 Zur Biografie Lüderitz': https://www.deutsche-biographie.de/sfz54904.html. Im Februar 1939 lief in Rostock ein nach ihm benanntes Schnellbootbegleitschiff der NS-Kriegsmarine vom Stapel.

18 Vgl. als einschlägige Fortsetzung aus den gelegentlichen Erinnerungen Karl Kempowskis an seinen Kriegseinsatz in Flandern folgende Stelle des 12. Kapitels – den Redeanlass liefert ein Besuch am Bett des an Scharlach erkrankten Walter, den der Vater mit Heftchenliteratur über den Ersten Weltkrieg versorgt: »Reistörtchen in Gent. / Trotz Bitten der Leute hatten sie ein Klavier requiriert. / Klare Sache und damit hopp! / Die hätten immer wieder gebeten und gebettelt, aber nein … Krieg ist Krieg.« (S. 116) Ganz gleich, ob der zwischen die Berichtssätze in indirekter Rede gepresste Unbedenklichkeitsausruf als in der wiedergegebenen Situation geäußert vorzustellen oder im Sinne eines stehenden Redeattributs der Figur als nachträglich vom Erzähler assoziiert und einmontiert zu verstehen ist, »Klare Sache und damit hopp!« wird vom unmittelbaren Kontext nach links und rechts Lügen gestraft und so, anstatt im Lesevorgang als ein unverfängliches Wort mit trivialkomischer Ladung passieren zu können, zur sprachlichen Kennmarke eines durch und durch bedenk-

lichen Heiterkeitshabitus distanziert, der die Wirklichkeit der Anderen ignoriert.

19 Volker Hage/Walter Kempowski: »Eine Art Gedächtnistraining« (Anm. 15), S. 343. Vgl. ebd.: »Das Wort ›entlarven‹ würde ich nicht benutzen. Die Personen meines Romans sind ja keine Spitzbuben. Sie sollen gekennzeichnet werden: was ist mit denen eigentlich los?«

20 Vgl. auch hierzu Volker Hage/Walter Kempowski: »Eine Art Gedächtnistraining« (Anm. 15), S. 343: »[I]ch richte an.«

21 Vgl. Sigrid Lange: »Morgenrot«, in: Filmgenres. Kriegsfilm, hg. von Thomas Klein, Marcus Stiglegger und Bodo Traber, Stuttgart 2006, S. 61–65.

22 Vgl. statt anderer die zahlreichen Belege in: Die Juden in den geheimen NS-Stimmungsberichten 1933–1945, hg. von Otto Dov Kulka und Eberhard Jäckel, Düsseldorf 2004. Zu den begriffs- und sachgeschichtlichen Hintergründen der in Rede stehenden Beschilderungspraxis vgl. Aurélie Audeval: »›Unerwünscht‹. Die internationale Dimension eines Begriffs«, in: Geflüchtet – Unerwünscht – Abgeschoben. Osteuropäische Juden in der Republik Baden (1918–1923), hg. von Nils Steffen und Cord Arendes, Heidelberg 2017, S. 177–181.

23 Vgl. die sprechende Wiederaufnahme des Zitats ganz am Ende des Romans, der so eben nicht nur *en passant*, sondern an tektonisch entscheidenden Stellen ein Roman über die nationalsozialistische Diktatur als Zustimmungsdiktatur ist: »Wann der Papierhändler Heinemann wohl das Schild ›Der Deutsche grüßt Heil Hitler‹ von der Tür abschraubte? Den Augenblick mußte er klug wählen. / Juden unerwünscht.« (S. 467)

24 Variationen dieses Vergleichsmotivs in Kapitel 18 (S. 184) und 21 (S. 230).

25 Vgl. hierzu den Schlussabschnitt des 1. Kapitels, das eigentliche Eröffnungsbild der dem Roman angelegenen Hermeneutik der Verstrickung: »Die ganze Familie wurde fotografiert. / Die Mutter im Pelerinenkleid, Robert beim Segeln und ich im Hamburger Anzug. / Vater sogar als SA-Mann unter einer Birke.« (S. 15)

Beiträgerinnen und Beiträger

Frieder von Ammon ist Professor für Literaturwissenschaft an der Universität Leipzig.

Carsten Dutt ist Präsident der Hans-Georg Gadamer-Gesellschaft für hermeneutische Philosophie und geschäftsführender Herausgeber der Zeitschrift *Archiv für Begriffsgeschichte.*

Hanna Engelmeier ist wissenschaftliche Mitarbeiterin am Kulturwissenschaftlichen Institut Essen.

Daniel Fulda ist Professor für Neuere Literaturwissenschaft an der Martin-Luther-Universität Halle-Wittenberg.

Maren Horn ist wissenschaftliche Mitarbeiterin im Literaturarchiv der Berliner Akademie der Künste.

Kevin Kempke ist wissenschaftlicher Mitarbeiter am Institut für Literaturwissenschaft der Universität Stuttgart.

Tom Kindt ist Professor für Germanistische und Allgemeine Literaturwissenschaft an der Universität Fribourg.

Dieter Lamping ist emeritierter Professor für Allgemeine und Vergleichende Literaturwissenschaft an der Johannes Gutenberg-Universität Mainz.

Marcel Lepper ist Geschäftsführer der Carl Friedrich von Siemens Stiftung.

Matthias Löwe ist Akademischer Rat an der Friedrich-Schiller-Universität Jena.

Gabriele Radecke ist Leiterin des Literaturarchivs der Berliner Akademie der Künste.

Edo Reents ist Redakteur im Feuilleton der *Frankfurter Allgemeinen Zeitung.*

Mark Schweda ist Professor für Ethik in der Medizin an der Universität Oldenburg.

Kai Sina ist Professor für Neuere deutsche Literaturwissenschaft und Komparatistik an der Westfälischen Wilhelms-Universität Münster.

Tilo Wesche ist Professor für Praktische Philosophie an der Carl von Ossietzky Universität Oldenburg.

Abbildungsverzeichnis

Maren Horn: Ein langer Weg nach Mitte

Abb. 1: Mit freundlicher Genehmigung von Andreas Süß.

Abb. 2: Mit freundlicher Genehmigung von Manfred Mayer.

Frieder von Ammon: Medias in res

Das Echolot. Ein kollektives Tagebuch. Januar und Februar 1943, München 1993, Bd. 1, Titelseite.

Mark Schweda • Kai Sina: Apologie(n) der Bürgerlichkeit?

Abb. 1: Dirk Hempel: Kempowskis Lebensläufe, Berlin 2007, S. 59, Foto: Michael Ruetz.

Abb. 2: Walter Kempowski: Culpa. Notizen zum »Echolot«, München 2005, S. 310.

Maren Horn: Poetik der Mitte im Sinne fortschreibbarer Werke

Abb. 1: WKA 109, Foto: Kerstin Marth.

Abb. 2: WKA 109, Foto: Kerstin Marth.

Abb. 3: WKA 109.

Abb. 4: WKA 126.

Abb. 5: WKA 125.

Abb. 6: WKA 2860.

Daniel Fulda: Mitte, Meer oder Mainstream?

Abb. 1: Walter Kempowski: Das Echolot. Barbarossa '41. Ein kollektives Tagebuch, München 2002, S. 138 und 139.

Abb. 2: Das Echolot. Ein kollektives Tagebuch. Januar und Februar 1943, München 1993, Bd. 1, Frontispiz und Titelseite.

Abb. 3: Walter Kempowski: Das Echolot. Barbarossa '41. Ein kollektives Tagebuch, München 2002, Frontispiz und Titelseite.

Kevin Kempke: Artistik auf mittlerer Stufe

Abb. 1: Walter Kempowski: Hamit. Tagebuch 1990, München 2006, S. 31.

Abb. 2: Walter Kempowski: Sirius. Eine Art Tagebuch, München 1990, S. 275.

Dank

Der vorliegende Band geht zurück auf die im September 2019 an der Akademie der Künste, Berlin durchgeführte Tagung »Poetik der Mitte? Walter Kempowski im literatur- und ideengeschichtlichen Kontext«. Der äußere Anlass war der 90. Jahrestag der Geburt Kempowskis. Die Durchführung der Tagung erfolgte in Kooperation mit der Niedersächsischen Landesvertretung beim Bund in Berlin, Karl-Friedrich Kempowski und, als Vertreterin der Nartumer Kempowski Stiftung, Katrin Möller-Funck. An der Drucklegung der Tagungsbeiträge waren Thorge Neemann und Eva Tanita Kraaz beteiligt. Ihnen allen gebührt herzlicher Dank für die freundliche Zusammenarbeit.

Namensregister

Das Register listet sämtliche im Fließtext der Artikel erwähnten Personen auf. Die Namen literarischer Figuren wurden auch dann nicht berücksichtigt, wenn sie auf realhistorische Personen referieren.

Die Drucklegung dieses Buches wurde ermöglicht durch die freundliche Unterstützung der Akademie der Künste, Berlin, der Fritz Behrens Stiftung und des Departement für Germanistik der Universität Fribourg.

AKADEMIE DER KÜNSTE

Bibliografische Information der Deutschen Nationalbibliothek
Die Deutsche Nationalbibliothek verzeichnet diese Publikation in der Deutschen Nationalbibliografie; detaillierte bibliografische Daten sind im Internet über http://dnb.d-nb.de abrufbar.

www.wallstein-verlag.de

Vom Verlag gesetzt aus der Freight Text
Umschlaggestaltung: Wallstein Verlag
Umschlagabbildung © Renate von Mangoldt
Druck und Verarbeitung: Hubert & Co, Göttingen

978-3-8353-3846-3